GUERRERA DEL AMOR

Glennon Doyle Melton

HarperCollins *Español*

Editora-en-Jefe: *Graciela Lelli*
Traducción: *Ana Belén Fletes*
Adaptación del diseño al español: *Mauricio Diaz*

ISBN: 978-0-71807-410-4

Impreso en Estados Unidos de América
17 18 19 20 21 DCI 6 5 4 3 2 1

Para la abuela Alice, cuyos dedos danzaban sobre
aquellas cuentas y me acercaban a María.

No tengo miedo... Nací para hacer esto.
—JUANA DE ARCO

Preludio

❧

Es casi la hora. Mi padre y yo estamos de pie en un extremo de la larga alfombra blanca, extendida esta misma mañana sobre el césped recién cortado. El jardín en el que Craig pasó su infancia se ha transformado por el otoño que recién comienza y por la promesa que encierra este día. Tengo los hombros descubiertos y siento un poco de fresco, pero elevo el rostro hacia el sol. Entorno los ojos y el sol, las horas y el cielo se funden en un caleidoscopio azul, verde y naranja. Las hojas, el que pronto será mi marido, nuestras familias sentadas bien erguidas con sus mejores galas y yo: todos estamos a punto de convertirnos en algo nuevo. Es un día de conversión.

Estamos esperando a que suene la música para poder comenzar el recorrido breve pero eterno hacia Craig. Lo miro allá, esperando de pie en el otro extremo de la alfombra, tan guapo, tan joven y tan nervioso. Se ajusta la corbata, entrelaza las manos delante de él y a continuación se las mete en los bolsillos. Al cabo de un momento vuelve a sacarlas, deja caer los brazos a los costados, rectos como un soldado. Parece medio perdido y deseo acercarme a él y sostenerle las manos para tranquilizarlo. Pero mis manos están ocupadas: una está en la mano de mi padre y la otra reposa en mi vientre. Soy el puente entre mi pasado y mi futuro. Mientras miro a Craig, los invitados se vuelven a mirarme a mí. Me da vergüenza que me dispensen tanta atención; me siento fraudulenta, como si fingiera ser una novia a punto de casarse. El vestido se me ciñe demasiado a la cintura y llevo pestañas postizas, una diadema de piedras de imitación y unos tacones que me parecen zancos. Me siento más disfrazada que vestida. Pero así es como se supone que se visten las novias y llevo intentando ser la persona que se supone que debo ser desde el día que decidí mantenerme sobria y ser madre.

La música empieza y mi padre me aprieta la mano. Lo miro a la cara. Me sonríe y dice: «Vamos allá, cariño». Entrelaza el brazo con el mío, de manera que todo él me sostiene. Mientras avanzo con mi padre por la alfombra, empiezo a marearme, así que dirijo la mirada hacia mi hermana. Ella aguarda de pie a la izquierda del ministro con su vestido rojo fuego. Lleva el pelo recogido y tiene la espalda recta. La certidumbre que emana de ella ahoga mis miedos. Si hay algún encargado en la sala, es ella. Me sonríe y su mirada inalterable e intensa me dice: *Si sigues caminando, aquí te estaré esperando. Si te das media vuelta y sales corriendo, iré contigo y no volveremos la vista atrás. Hagas lo que hagas, hermana, estará bien. Estoy aquí.* Esto es lo que lleva diciéndome desde que nació. *Todo está bien. Estoy aquí.*

Sigo andando. Cuando llegamos al final de la alfombra, el ministro dice: «¿Quién entrega a esta mujer al matrimonio?». Y mi padre responde: «Su madre y yo». Entonces pone mi mano en la de Craig, que la acepta porque es lo que se supone que debe hacer. A continuación mi padre se va y Craig y yo nos quedamos frente a frente, cogidos de las manos temblorosas. Porque no dejan de temblar. Bajo la vista y me pregunto quién de los dos sostendrá al otro. Necesitamos una tercera persona que detenga el temblor. Miro a mi hermana, pero ella no puede ayudarnos ahora. No hay tercera persona. En eso consiste el matrimonio.

A la hora de pronunciar nuestros votos, le digo a Craig que él es la prueba de que Dios me conoce y me ama. Craig asiente y promete anteponerme a todos los demás el resto de su vida. Yo lo miro a los ojos y acepto su promesa en mi nombre y el de nuestro bebé. El ministro dice entonces: «Yo les declaro marido y mujer». Ya está. Soy una nueva persona. Soy la señora Melton. Espero ser mejor como señora Melton. Espero que surta efecto esta conversión. Es lo que todos esperan en este jardín.

Me propuse escribir la historia de mi matrimonio. La primera vez que la escribí, comencé con el día del casamiento, pues ese es cuando pensaba que comenzaba un matrimonio. Tal suposición fue un error.

Volveremos al día de la boda y a toda la magia terrible que lo siguió, pero, por el momento, comencemos desde el principio. Resulta ser la única opción.

PRIMERA PARTE

1

～

Fui una niña amada. Si el amor pudiera prohibir el dolor, yo
jamás habría sufrido. Mi libro del bebé de cuero con el nombre de *Glennon* grabado en la portada es un largo poema que escribió mi padre. Está lleno de fotos de mi madre que, con ternura
en el rostro, sostiene mi mano de piel rosada y escamosa, con la
pulsera de recién nacida del hospital. Esto es lo que mi padre escribió sobre el día que nací:

> *No fue realmente*
> *un llanto*
> *aquel primer sonido,*
> *sino una algarabía*
> *que anunciaba una maravilla*
> *que jamás*
> *volverá a*
> *repetirse.*
> *No hay sábanas de raso,*
> *no hay sirvientas*
> *ni emisarios cargados de joyas*

no hay trompetas ni natalicios.
¡Dónde están todos!
¡¡Es que no saben
lo que acaba de ocurrir?!
Una princesa ha venido al mundo.

Fui una niña amada. Igual que mi hija es una niña amada. Y, aun así, una noche, vino a sentarse al borde de mi cama, me miró con sus ojos castaños llenos de sinceridad y me dijo: «Soy grande, mamá. Soy más grande que las otras niñas. ¿Por qué soy diferente? Quiero volver a ser pequeña». Lo dijo de forma abrupta, como si no le gustara haber tenido que llegar a decirme tal cosa, como si le diera vergüenza revelar su secreto oculto. Observé sus lágrimas, sus coletas, su brillo de labios y sus manos sucias de haber estado trepando por la higuera de Bengala del jardín. Busqué mentalmente una respuesta adecuada para ella, pero no la encontré. Todo lo que había aprendido sobre los cuerpos, la feminidad, el poder y el dolor se desvaneció al oír a mi pequeña pronunciar la palabra *grande*. Como si ser grande fuera su maldición, su naturaleza, su secreto, su caída en desgracia. Como si ser grande fuera algo que evolucionaba inevitablemente *dentro de ella*, amenazando su contrato con el mundo.

Mi hija no me preguntaba: ¿Cómo puedo gestionar mi tamaño? Mi pequeña me preguntaba: ¿Cómo voy a sobrevivir siendo como soy en este mundo? ¿Cómo ser pequeña como el mundo quiere que sea? ¿Me querrá alguien si sigo creciendo? La miré y no le dije: *Pero tú no pareces grande, tesoro*. No lo parecía, pero yo tampoco. Yo nunca he tenido aspecto de chica grande ni una sola vez en mi vida. Da igual. Mi hija y yo prestamos atención. Sabemos lo que el mundo quiere de nosotras. Sabemos que debemos decidir si ser pequeñas, calladas y no dar problemas o si permitirnos crecer a ser lo grandes, ruidosas y complicadas que fuéramos creadas a ser. Todas las niñas deben decidir si quieren ser fieles a sí mismas o al mundo. Todas las niñas deben decidir si quieren conformarse con la adoración o luchar por el amor. Allí, en la cama, con sus coletas y su dolor, mi hija era yo, la niñita que fuera una vez, la mujer que soy ahora, a la que todavía le cuesta responder a las preguntas: *¿Cómo ser efusiva y libre, y que me amen al mismo tiempo? ¿Voy a ser una dama o voy a ser completamente humana? ¿Confío en la evolución interior y sigo creciendo o lo bloqueo para encajar?*

―

Tengo cuatro años y mi padre es entrenador de fútbol americano en el instituto de secundaria del barrio. La noche que hay partido, mi madre me pone mi abrigo gordo, orejeras y manoplas. Cuando termina, se arrodilla delante de mí a observar orgullosa su trabajo. Está contenta. Me acaricia las mejillas, acerca mi rostro al suyo y me da un beso en la nariz. Entre las dos metemos a mi hermanita pequeña, Amanda, en su abrigado traje de nieve. Amanda es un regalo para nosotros, y mi madre y yo nos pasamos el día envolviéndola y desenvolviéndola. Cuando está vestida, no paramos de darle besos en las mejillas, primero una, luego la otra, mientras ella da pataditas y se ríe, los brazos disparados desde los costados como si fuera una estrella de mar.

Nos metemos todos en la *minivan* y salimos en dirección al instituto. Al bajar, las hojas crujen bajo nuestras botas durante el trayecto a pie hasta el estadio. Subimos unas escaleras cubiertas de palomitas caídas con la música de la banda resonando en mi pecho, el olor a perritos calientes llenando mis pulmones y los gritos del público retumbando en mi cabeza. La noche es un enorme caos, pero mi mano recubierta con la manopla está a salvo en la mano de mi madre, que me indica por donde avanzar. Al llegar a la puerta, las señoras que cobran la entrada sonríen, se llevan la mano al corazón y exclaman: «¡Pero qué monas las tres!». Nos indican con un gesto que pasemos, porque somos las chicas del entrenador, por eso no pagamos. Mamá y yo les sonreímos, les damos las gracias y nos unimos al público reunido en el estadio bajo los potentes focos. Al vernos, los alumnos y los padres guardan silencio y se hacen a un lado para dejarnos pasar. Un camino se abre ante nosotras. La silenciosa reverencia es la respuesta del mundo a la belleza de mi madre. Al verla, la gente se calla y espera, esperanzada, que ella pose la vista sobre ellos. Ella siempre lo hace. Mi madre se toma su tiempo con la gente. Los desconocidos le prestan atención y ella se la devuelve. Es una soberana que reina con bondad. Por eso se queda mirándola la gente. La miran porque es preciosa, pero la fijeza es porque mi madre es amor. Yo siempre estudio detenidamente a mi madre y siempre observo cómo la mira la gente. «Qué niña tan bonita», le dicen a mi madre todos los días personas desconocidas. Tengo que aprender a comportarme porque la belleza es una responsabilidad. La gente espera mucho de ella, al parecer.

Que fui una niña bella se aprecia en las fotos: cabello rizado de color castaño dorado hasta la cintura, piel de porcelana, una sonrisa tan grande como el horizonte y unos brillantes ojos castaños. Cuando personas que no conozco admiran mi belleza, intento devolverles la atención prestada. Entiendo que la belleza es una forma de bondad. Se tiene para entregarla a los demás y yo trato de ser generosa. En un intento de mantener el equilibrio, mis padres me recuerdan con frecuencia que soy inteligente. Soy una lectora precoz y, con cuatro años, ya converso como un adulto. Pero no tardo en darme cuenta de que ser inteligente es más complicado que ser bonita. Los desconocidos se acercan y me dan palmaditas en la cabeza rizada, pero cuando les hablo con confianza y claridad, abren desmesuradamente los ojos y retroceden. Se sienten atraídos por mi sonrisa, pero les repele mi atrevimiento. Se recuperan rápidamente riéndose, pero ya no pueden deshacer el hecho de haberse apartado de mí. Ya lo he sentido. Querían adorarme y yo he complicado las cosas inmiscuyéndome en su experiencia de mí. Empiezo a entender que la belleza despierta el cariño de las personas y que la inteligencia lo ahuyenta. También entiendo que el hecho de que te quieran por tu belleza constituye una situación delicada para una niña. Años más tarde, cuando ya no sea tan bonita, cuando ya no tenga rizos de princesa que acariciar ni una piel perfecta que admirar, cuando ya no sea pequeña, sencilla y preciosa, me pregunto cómo seré digna de ofrecer o de recibir amor. Perder la belleza será como caer en desgracia, me dejará inservible. Será como no haber cumplido con mi parte del trato y el mundo quedará decepcionado. Sin belleza, ¿cómo atraeré el cariño de las personas?

Pero, por el momento, las tres aún somos perfectas. Nos sentamos cómodamente en las gradas a animar a nuestro equipo. Al terminar el partido, bajo corriendo al campo porque mi padre me está buscando, siempre me busca. Me abro paso entre las piernas protegidas con espinilleras de los jugadores y mi padre me levanta en brazos por encima de la cabeza cuando llego hasta él. Sus jugadores se hacen a un lado para dejarnos espacio. Los dos giramos sobre nosotros mismos hasta que las luces del estadio y los gritos del público se funden y el mundo que nos rodea se vuelve borroso. Lo único que sé es que mi padre está debajo de mí. Me vuelve a dejar en el suelo y mientras recupero el equilibrio veo que mi madre y mi hermana se dirigen hacia nosotros. Mi madre mira resplandeciente a mi padre. La luz que irradia es más brillante y más potente que la de todas las luces del estadio juntas. Mi padre la abraza y después toma a nuestro bebé estrella de mar y le besa las mejillas. Los cuatro somos una isla. Esta celebración se repite después de cada partido, ganemos o perdamos. Nosotras somos la victoria de mi padre. Nos damos la vuelta y echamos a andar entre el público asistente —ahora ya no somos una isla, somos una caravana desfilando— y la gente sonríe y saluda y los cuatro regresamos al coche tomados de la mano, cantando el himno de batalla del instituto.

—

Tengo diez años y trato mimetizarme con la esquina del sofá de velvetón del salón de mi abuela. Mis primos se persiguen por las habitaciones, un tornado de chillidos y piel. Estamos en verano y la mayoría de ellos llevan puesto el bañador, como si fuera fácil. Sus cuerpos son ligeros y delgados, parece que flotaran y revolotearan como uno solo, cual banco de peces. Juegan todos juntos, pero jugar requiere perder la autoconsciencia y hacerlo juntos requiere compartir la sensación de pertenencia. Yo carezco de ambas cosas, por eso no puedo unirme a ellos. No soy un pez. Yo soy pesada y solitaria y me muevo en solitario, como una ballena. Por eso me hundo en el sofá y observo desde allí.

Abrazada a un cuenco de papas fritas ahora vacío, me chupo la sal de los dedos en el momento en que una de mis tías pasa junto al sofá y repara en mí. Nos mira a mis primos y a mí alternativamente y dice: «¿Por qué no quieres jugar, Glennon?». Se ha fijado en que no pertenezco al grupo. Me da vergüenza. «Estoy mirando», le digo yo. Ella sonríe y me dice con un tono cariñoso y divertido: «Me gusta tu sombra de ojos». Me toco la cara al acordarme de la sombra morada que me había puesto mi prima Caren esa misma mañana. En el trayecto en coche desde nuestra casa en Virginia a Ohio, iba emocionada porque ese iba a ser el año en que volvería convertida en otra chica. En ese viaje, Caren me transformaría, me convertiría en una persona parecida a ella, que olía como ella, que revoloteaba como ella. Haría que volviera a ser bonita. Así que aquella mañana me senté en el suelo de la habitación de Caren, rodeada de planchas para ondular el pelo y artículos de maquillaje, esperando a ser transformada. Cuando terminó, me dejó un espejo y yo traté de sonreír, aunque el alma se me cayó a los pies. Tenía los párpados embadurnados de morado y las mejillas rosas, pero parecía la misma persona solo que con el maquillaje de mi prima. Y por eso mi tía me mira divertida en vez de impresionada. Yo sonrío y le digo: «Me lo iba a quitar». Dejo el cuenco a un lado y me levanto del sofá.

Subo las gradas de la casa de la abuela al cuarto de baño y echo el pestillo de la puerta. Decido darme un baño porque la bañera es mi escondite. Abro el grifo y el ruido del agua difumina las voces de abajo. Cuando tengo la bañera llena, me desnudo, me meto y me quedo allí flotando un rato. Cierro los ojos y me hundo bajo la superficie. Abro los ojos por debajo a mi mundo de debajo, subacuático, tan silencioso, tan lejano, tan seguro. El pelo se arremolina alrededor de mis hombros y levanto la mano para tocarlo. Tiene tacto de seda y me imagino que parezco una sirena allí debajo. Salgo a tomar aire y vuelvo a sumergirme, vuelvo debajo de la superficie. Al final el agua se enfría, así que dejo que se vaya por el desagüe lentamente y observo cómo va reapareciendo mi cuerpo. Ahí está otra vez. Nunca consigo evitar reemerger. Empiezo a sentirme más y más pesada dentro de la bañera de porcelana, como si la gravedad aumentara exponencialmente, como si la Tierra me estuviera absorbiendo hacia su núcleo. Ya solo quedan unos pocos centímetros de agua y tengo las piernas extendidas y separadas, con esos muslos enormes, y me pregunto: «¿Existirá en el mundo alguna chica tan grandota como yo? ¿Se habrá sentido alguien tan pesada como yo alguna vez?». Al final, me quedo clavada al fondo de la bañera vacía, desnuda, expuesta, encallada. La sensación de estar debajo no dura nunca. Me levanto, me seco, me visto y bajo. Me paro en la cocina por otro cuenco de papas fritas antes de volver al sofá.

La televisión está encendida. Están poniendo un programa sobre una mujer treinta años mayor que yo. Da las buenas noches a sus hijos con un beso, se mete en la cama con su marido y se queda allí tumbada con los ojos abiertos hasta que este se duerme. Al rato se levanta sin hacer ruido y va a la cocina. Se para delante de la encimera y toma una revista. La cámara cierra el foco sobre la chica rubia y esquelética de la portada. La mujer deja la revista en la encimera de nuevo y va a la nevera. Saca un gran pote de helado y una cuchara grande, y empieza a comer con ansia al principio, una cucharada tras otra, como si estuviera muerta de hambre. Jamás había visto comer de esa manera. Come como yo quiero hacerlo, como un animal. Al final, la locura de su rostro es reemplazada por una mirada perdida. Sigue comiendo, aunque ahora lo hace como si fuera un robot. La miro y pienso con una mezcla de pena y alegría: *Es como yo. Se está sumergiendo bajo la superficie.* Se termina el pote de helado, lo mete en una bolsa y lo oculta en el fondo del cubo de la basura. Después va al baño, echa el pestillo de la puerta, se inclina sobre el inodoro y vomita todo el helado. El proceso parece doloroso, pero al terminar se sienta en el suelo y parece aliviada. Me quedo atónita. Pienso: *Esto es lo que yo no he llegado a sentir, el alivio. Así es como puedo desaparecer sin hacerme más grande. Así es como hacer que dure más la sensación de estar debajo de la superficie.*

En cuestión de pocos meses, me dedico a atracarme de comida y a vomitar varias veces al día. Cuando siento que no pertenezco a lo que me rodea, que no soy digna —cada vez que aumenta mi tristeza— bloqueo la sensación desesperadamente por medio de la comida. Entonces, en vez de triste, me siento repleta, que me resulta tan intolerable como estar triste. Así que lo echo todo y este segundo vacío es mejor porque es un vacío extenuado. Ahora estoy demasiado cansada, demasiado destrozada, demasiado débil y agotada para sentir. Me siento mareada y liviana, solo eso. De esta manera la bulimia se convierte en el lugar al que regreso una y otra vez para estar sola, para sumergirme bajo la superficie, para no sentir tanto, para sentirlo todo, a salvo. Bulimia es el mundo que he construido para mí sola, ya que no sé cómo encajar en el mundo real. Bulimia es mi escondite seguro y letal. El lugar en el que la única que puede hacerme daño soy yo. El lugar en el que me siento lejos y cómoda. El lugar en el que puedo tener tanta hambre como quiera y seguir siendo tan pequeña como sea necesario.

❧

Pero hay que pagar un precio por hundirse en la bulimia y ese precio es la hermandad. Hasta elegir la bulimia, mi hermana y yo compartimos una vida. Nada es mío o suyo. Compartimos incluso la mantita de la seguridad. Cuando estoy en la cama, agarro una punta de la tela y extendemos la manta hasta su cama para que ella pueda agarrarse a la otra punta. Y así dormimos, conectadas por una misma manta, durante años. Una noche su lado cae al suelo y yo la recojo, pero no vuelve a pedírmela. Ya no la necesita. Ella tiene menos miedo que yo.

Mi hermana tiene unas piernas largas que utiliza para moverse por el mundo fácilmente, grácilmente, con toda seguridad. Yo no puedo seguirle el ritmo, por eso me construyo la bulimia y vivo en su interior. Como nuestra manta de la seguridad, la bulimia es mía y ella no puede tenerla porque no la necesita. Si existiera una foto del camino de mi vida, uno vería nuestras huellas paralelas hasta que un día yo me senté en la arena y me negué a continuar. Uno podría decir a juzgar por sus huellas que ella se quedó quieta durante años, preguntándose por qué me daba tanto miedo seguir caminando. Preguntándose por qué un día íbamos juntas y al siguiente estábamos solas.

——

Ahora tengo trece años y voy en el asiento delantero de la camioneta de mi padre. Con la vista en la carretera me explica que mi madre y él han encontrado más vasos en mi habitación. Todas las noches me voy a la cama con dos vasos, uno con comida y otro para echar el vómito. Los dejo debajo de la cama y el hedor es un recordatorio constante para todos nosotros de que no estoy mejor. La desesperación de mis padres aumenta. Me han mandado a hacer terapia, me han medicado, me han rogado, pero nada funciona. El asiento del copiloto está más hacia delante que el de mi padre, de manera que me siento enorme y adelantada a la fuerza. Tengo la sensación de ser más grande que él, lo que se me antoja una irreverencia. Tengo el pelo encrespado y naranja, y la piel tan acribillada de granos que me duele. He intentado disimularlo con maquillaje, y ahora me chorrea líquido marrón por el cuello. Me da vergüenza que mi padre tenga que llevarme en coche a todas partes, que deje saber que soy suya. Quiero volver a ser pequeña, lo bastante pequeña como para que tengan que cuidar de mí, lo bastante pequeña como para desaparecer. Pero no soy pequeña. Soy grande. Difícil de manejar. Me doy asco y tengo la impresión de ser una maleducada por acaparar tanto espacio en la camioneta, en el mundo.

Mi padre dice: «Te queremos, Glennon». Me resulta embarazoso porque, sencillamente, no puede ser cierto. Así que lo miro y le digo: «Sé que mientes. ¿Cómo puede gustarle mi cara a nadie? ¡Mírame!». Nada más espetar estas últimas palabras, las oigo y me veo a mí misma pronunciándolas. Pienso: *Glennon, esta actuación tuya es embarazosa. Estás todavía más fea cuando te enfadas.* Me pregunto qué voz soy yo, la que tiene los sentimientos o la que se mofa de ellos. No tengo ni idea de qué es verdad. Lo único que sé es que no soy hermosa, así que quien diga que me quiere lo hace por compromiso. Mi padre se queda atónito ante mi exabrupto, detiene la camioneta a un lado de la calle y me habla. No recuerdo sus palabras.

Supero la escuela intermedia como superaría una ballena un maratón: despacio, dolorosamente, con gran esfuerzo y visibilidad. Pero, luego, durante el verano antes de empezar la secundaria, se me aclara la piel un poco y encuentro prendas capaces de ocultar mi peso apenas existente. Ese verano experimento una epifanía: *Puede que haya estudiado los bancos de peces lo suficiente como para fingir ser parte de uno. Puede que las chicas guapas me acepten si me pongo la ropa adecuada, sonrío más, me río de lo que hay que reírse, estoy atenta a las señales de la líder del grupo y no muestro piedad ni vulnerabilidad. Puede que si finjo estar segura de mí misma y ser una chica guay, me crean.* Así que cada mañana antes de ir al instituto me digo a mí misma: *Aguanta la respiración hasta que llegues a casa.* Echo los hombros hacia atrás, sonrío y entro en el edificio como un superhéroe con su capa. A cualquiera de los presentes les puede parecer que por fin me he encontrado a mí misma. No lo he hecho, claro.

Lo que sí he encontrado es una representante de mí misma lo bastante dura y de moda como para poder sobrevivir en el instituto. La magia de enviar a mi representante reside en que nadie le puede hacer daño a mi yo real. Ella está sana y salva en el interior. Así que por fin he llegado, pero como otra persona. Aguanto la respiración todo el día, mientras estoy en clase, y, cuando llego a casa, me relajo con kilos de comida y el inodoro después. Este ritmo se adapta a mí. Me hago popular entre las chicas, que perciben que sé algo que ellas desconocen. Al final comienzo a darme cuenta de que los chicos se fijan en mí. Cuando paso a su lado en el pasillo, me conduzco de una manera que anuncia: «Ahora sí puedo jugar a este juego». Y a continuación me acomodo en el tablero de ajedrez aguardando que dé comienzo la partida. Como pasa inevitablemente con todos los peones, salgo escogida.

❧

Tengo un vivo recuerdo de la primera vez que el sexo me sucede: Camel Light. Un día después de clase en mi segundo año de instituto, me encuentro tumbada en la estrecha cama de mi novio de último curso, tratando de recuperar el aliento debajo de su peso al tiempo que me pregunto cuánto tardará eso del sexo. Los Eagles suenan en el radiocasete y las primeras notas de «Hotel California» me hacen sentir vacía y asustada. Mientras él se remueve sobre mi cuerpo como un bebé gigante y ansioso, yo recorro la habitación con la mirada y veo un paquete de Camel Light sobre la cómoda. Hay un encendedor verde posado en diagonal sobre el paquete, y por un momento el encendedor y los cigarrillos me recuerdan a nosotros dos, tirados el uno sobre el otro de cualquier manera con la intención de utilizarnos mutuamente de un modo rápido y práctico. Entiendo que yo soy el encendedor. Al final, mi novio deja de retorcerse, pero se queda encima de mí. «Hotel California» sigue sonando. Me pregunto si la duración de la canción formará parte de su mensaje: *La vida no solo es extraña e inútil, sino también demasiado larga.* Después de aquella tarde, me lleva al cuarto de la lavadora del sótano de la casa de sus padres. Solo quería que nuestra primera vez fuera especial.

Una cálida mañana de verano después de décimo curso, mi

mejor amiga y yo vamos a la tienda de mascotas del barrio a ver a los animales. Mi amiga está pensando en tener sexo con su novio y me pregunta cómo es hacerlo. Yo miro cómo juegan los gatitos en su jaula y me fijo en que uno se abalanza sobre el rascador que tiene cerca. Señalo al gatito y digo:

—El sexo es así. Yo soy el rascador y Joe se abalanza sobre mí cuando le entran las ganas. Mi cuerpo es un juguete con el que le gusta jugar, pero en realidad yo no le intereso. Es como si, cuando me toca, no me estuviera tocando *a mí* en realidad. El sexo no es algo personal en realidad. Se da la circunstancia de que soy su novia, y puede contar con mi cuerpo para jugar con él. Para mí es algo un poco infantil. Como esos gatos que se abalanzan sobre sus rascadores o niños que juegan con los juguetes de otros niños mientras hacen caso omiso el uno del otro. Pero he aprendido un truco: dejo ahí mi cuerpo hasta que acabe de una vez y yo salgo de mi cuerpo y me pongo a pensar en otras cosas. En ropa que me voy a poner y cosas así.

Me doy la vuelta y la miro directamente antes de añadir:

—El sexo no lo tengo yo en realidad, simplemente es algo que le ocurre a mi cuerpo mientras estoy ahí, esperando a que se termine. Pero no creo que Joe lo sepa. O que le importe.

Mi amiga me mira fijamente en silencio. Por su cara sé que le he contado demasiado. Esa no es la parte de mí a la que se le permite hablar. No es mi representante. Espero y entonces ella dice:

—Qué raro. En la tele parece divertido.

—Lo sé —digo yo—. La verdad es que no es como en la tele. Al menos para mí. Pero da igual.

Mi amiga vuelve su atención hacia los perros y yo me vuelvo con los gatitos. Tengo dieciséis años y quiero que mi mundo vuelva a ser pequeño, solo gatitos, perritos y mi mejor amiga.

Unas semanas después, mi amiga se acuesta por primera vez con su novio. Me llama y me dice:

—No sé de qué me hablas. Es lo mejor del mundo. Es alucinante.

Después de aquello, dejo de hablar de sexo. Solo finjo, con mi novio y con mis amigas, que es alucinante. El sexo, las amistades, el instituto, ser yo. *Sí, verdaderamente alucinante.*

⸺

Una tarde de verano observo a Joe mientras cruza el estrado para recoger su diploma de manos del director del instituto. Mientras sus amigos y él lanzan sus birretes al aire, yo permanezco junto a la pared, entusiasmada de ser una parte secundaria de esta celebración, de pertenecer, junto a ellos. Tras la ceremonia, me lleva en coche a su casa con Van Halen sonando a todo trapo en el equipo de música. Allí, en el asiento del copiloto junto a un recién graduado en secundaria —mirando las estrellas a través del techo solar del coche— me siento libre e importante y afortunada y poderosa. Esa noche, durante la fiesta de graduación, los padres de Joe le hacen un regalo: una caja de condones. Se va una semana a la playa con sus amigos al día siguiente, así que los necesitará, le dice su madre guiñándole un ojo. Él se ríe y su familia también. Nadie me mira para ver si no me resulta extraño que mi novio vaya a necesitar condones en un viaje al que yo no voy. Sonrío. Qué divertido. ¡Condones! *Chicos*, ya se sabe.

Joe se despide de mí con un beso y se va de vacaciones con sus amigos y sus condones. Dos días más tarde, Rob, un chico al que conozco desde la primaria, viene a mi casa. Salgo al porche y Rob me dice tartamudeando y con una sonrisa nerviosa que tiene algo que contarme. Me dice que fue a la playa y se enteró de que Joe había pasado la noche anterior en el calabozo. Lo arrestaron porque una chica de último curso lo había acusado de violación. Es la comidilla de todos los que han ido a la playa, y Rob quiere que yo me entere por él antes de que la noticia llegue al resto de la comunidad. Me dice que la policía lo ha dejado en libertad sin cargos esa misma mañana debido a «contradicciones» en la declaración de la víctima. Le doy las gracias, me despido de él y espero a que Joe vuelva a casa. Le pregunto por la violación y él me cuenta, riéndose, que es una acusación falsa. No rompo con él. Mis amigas y yo manejamos la situación declarando públicamente que la chica que acusó a Joe de violación estaba borracha, que era estúpida, celosa y mentirosa. No creo que nadie creyera realmente que mentía, pero jamás lo admitimos entre nosotros. No sé si es porque no nos importa sencillamente o por respeto a las normas entendidas pero nunca reconocidas que rigen la vida en el instituto, a saber: poner en duda y traicionar a otras chicas con el fin de mantener la buena fama entre los chicos populares. Unas semanas después me encuentro con la víctima en el vestuario del gimnasio al que va mi madre. Paso junto a ella con la cabeza alta. Ella baja la suya y desvía la mirada. Me recorre una sensación electrizante de desafío y victoria.

Joe y yo seguimos escuchando a Van Halen, bebiendo y haciéndolo en el cuarto de la lavadora de sus padres durante un año más. Cuando por fin rompo con él, llora mientras yo lo miro sin dar crédito. Pienso para mí: ¿Por qué lloras? ¿Qué vas a perder que merezca la pena conservar? Pero no digo nada. Me echo otro novio, otro sótano, las mismas fiestas, diferentes marcas de bebidas alcohólicas. Sé cómo permanecer bajo la superficie por la noche; a la luz del día, esconderse resulta más complicado.

❧

A comienzos de mi último año de instituto, estoy al final de la cola en el comedor, con mi bandeja en la mano, observando el océano de mesas de cafetería. Intento decidir cómo mostrarme distante mientras busco un sitio libre. ¿Cómo recorrer el suelo resbaladizo con estos tacones? ¿Cómo evitar que se me suba el vestido ceñido mientras llevo la bandeja en la mano? ¿Cómo ocultar el acné con esta luz fluorescente? ¿Cómo parecer una chica chévere cuando no paro de sudar? Todos los días la misma historia. Cientos de alumnos como nosotros hemos llegado a este comedor con dos obligaciones contradictorias: ser invulnerable mientras haces dos de las cosas que más vulnerable te hacen sentir: encajar y comer. Esta sala es como *El señor de las moscas* y la única manera de sobrevivir es ocultar la debilidad. Mi debilidad son mis necesidades: la aceptación y la comida. Estas necesidades son demasiado humanas para el instituto. Así que aquí estoy temiendo que haya llegado el día en que mi yo verdadero, hambriento, sudoroso y necesitado se quede muy cerca de la superficie y los tiburones empiecen a nadar en círculos a su alrededor. Antes de dar un paso al frente deseo con todas mis fuerzas que tuviéramos asignados los sitios. Miro el mar de rostros y entiendo que todos nos estamos ahogando en la libertad. ¿Dónde están los adultos? Los necesitamos.

He tardado demasiado y ahora tengo a alguien detrás. Finjo que acabo de ver a una amiga que me hace señas con la mano y mando a mi representante hacia nadie. Al final encuentro un sitio libre en una mesa de celebridades de segunda del instituto. La mesa no está demasiado por encima ni tampoco por debajo de mí, es un buen sitio, seguro. Me siento y trato de entablar una charla con ellos, pero me cuesta. Me siento ridículamente expuesta. No quiero quedarme varada delante de todos. Quiero estar sola y debajo de la superficie. Los nervios me convencen para que coma demasiado teniendo en cuenta el vestido que llevo puesto. Tiro la bandeja a la basura y salgo de la cafetería con paso vacilante en busca de mi alivio: el cubículo del cuarto del baño. Al llegar me encuentro con un montón de chicas que están haciendo cola. No hay privacidad, no va a funcionar. Sigo por el pasillo hacia otro cuarto de baño. Está lleno de chicas retocándose el maquillaje, riéndose, cotilleando, ocultándose. El tercer cuarto de baño que me encuentro está fuera de servicio. La comida se está asentando en mi estómago y si tardo mucho más será demasiado tarde. Estoy sudando y el corazón me late muy deprisa, y me veo quitándome los tacones y echando a correr por el pasillo. La gente delante de sus taquillas se da la vuelta para mirarme. Estoy montando una escena. Observo cómo me miran y algo se rompe en mi interior. En vez de buscar un baño más, me dirijo hacia la oficina de la escuela. La secretaria me pregunta si tengo cita. Yo la miro y pienso: ¿Cómo va a tener cita alguien tan desesperado? La desesperación no se planea. Si solo ayudan a chicos que tienen cita, jamás ayudarán a nadie que necesite ayuda de verdad. Paso de largo, abro la puerta de la orientadora y me siento delante de ella. La orientadora levanta la vista de sus papeles, alarmada.

—Estoy muy cansada. Me siento muy incómoda. Creo que me voy a morir. Llame a mis padres. Tienen que llevarme al hospital. No puedo con la vida. Tienen que ayudarme.

No sé lo que quiero decir. No sé si es una amenaza de suicidio o simplemente una observación pasiva. Creo que estoy pidiendo un hospital para mi cuerpo porque tengo la sospecha de que está roto. Pero también tengo la sensación a juzgar por la manera en que me mira de que la orientadora sospecha que es mi mente la que está rota. Llama a mis padres y esa misma tarde me llevan a un lugar para las personas con la mente rota.

En la sala de ingreso del hospital psiquiátrico, mi familia y yo observamos a la enfermera registrarme el bolso en busca de cualquier cosa que pudiera utilizar para autolesionarme. Saca mi rastrillo de afeitar y una barrita de cereales, los sostiene en alto sonriendo con pesar y a continuación mete cada una en una bolsa de plástico con cierre hermético con mi nombre. Mis padres tienen gesto serio, pero sé que las lágrimas están a punto de aflorar a la superficie. Las mías también, pero en mi caso son lágrimas de alivio. Y pienso: *Sí, por favor, llévese todo lo que me asusta. Sí, sí. Impida que vuelva a hacerme daño. Dejen que me esconda aquí. Dígame qué hacer, cómo vivir. Sí. Lléveselo. Lléveselo todo.*

Mi hermana me mira también, con los ojos muy abiertos. Está confundida y asustada. Sé que intenta ser valiente, pero nadie sabe en qué consiste la valentía en ese momento particular. ¿Ser valiente es dejar que me vaya con esta enfermera o tomarme de la mano y sacarme de aquí? Nadie lo sabe. La enfermera me dice que me despida de mi familia y yo obedezco. Abrazo primero a mi padre, después a mi madre y luego a mi hermana. Está temblando y tengo que hacer un gran esfuerzo para no derrumbarme allí mismo a causa del sufrimiento y la vergüenza que le estoy haciendo pasar. Hago lo que tengo que hacer. La suelto y sigo a la enfermera por un pequeño pasillo. Mi familia se queda en la puerta, viéndome marchar. Me paro y me doy la vuelta para mirarlos. Me asusta lo pequeños que parecen los tres hechos una piña bajo la fría luz fluorescente de color blanco del pasillo. Ellos están juntos y yo me voy sola. Así es como tiene que ser. Están ellos y estoy yo, y yo no puedo encajar en su mundo y ellos no pueden, no deben, acompañarme al mío. Ellos no necesitan lo que yo necesito. Doblo la esquina y desaparecen por completo; ahora soy solo yo, en mi mundo. Entro en mi nueva habitación y deshago la maleta de nuevo. Debajo de la ropa encuentro un trozo de papel con un mensaje escrito en la caligrafía de mi hermanita. Es la letra de la canción *Héroe*.

Tardaré otros veinte años en comprender lo que mi hermana de catorce intenta decirme. ¿Cómo es que ella era la única que sabía lo que me pasaba y cómo arreglarlo?

Cuando despierto a la mañana siguiente en el hospital, lo único que tengo que hacer es lavarme los dientes. No tengo que ducharme, vestirme o maquillarme porque aquí no hacen falta disfraces. Así que me lavo los dientes y doy vueltas por el pasillo, esperando a que suene el primer timbre para ponerme a la cola con el resto de los pacientes para que nos den nuestras medicinas. No charlamos en la cola. Todo el mundo parece sentirse cómodo con el silencio. Aquí no hay normas sociales tácitas que supuestamente tengamos que cumplir y, al ser consciente del alivio que supone, siento que mis músculos se relajan, mis hombros caen y tomo aire profundamente. Después de las medicinas, tenemos terapia de grupo. Nos sentamos en círculo en los sitios que se nos asignan, mirándonos todos. Contamos nuestra historia. Si no nos apetece sonreír, no lo hacemos. A la mayoría no le apetece. Estamos aquí porque estamos cansados de sonreír.

Un día, una chica con cortes en los brazos me dice:

—Mi madre me ha enviado a este sitio porque dice que nadie se cree una palabra de lo que digo.

Yo la miro y me dan ganas de decirle: ¿Ve que tus brazos dicen la verdad? ¿Igual que yo lo hago en el inodoro? Para cuando llegamos al hospital, la mayoría de nuestras familias nos consideraban unas mentirosas insensibles, pero no empezamos siéndolo. Empezamos siendo personas excesivamente sensibles que siempre decían la verdad. Veíamos que la gente a nuestro alrededor sonreía y repetía: «¡Estoy bien! ¡Estoy bien! ¡Estoy bien!» y no nos sentíamos capaces de acompañarlos en su fingimiento. Nosotros teníamos que decir la verdad, que no era otra que: «La verdad es que no estoy bien». Pero nadie sabía cómo manejar la situación de que otro le dijera la verdad, así que buscamos otro modo de decirlo utilizando cualquier cosa: drogas, alcohol, comida, dinero, nuestros brazos, otros cuerpos. Representábamos nuestra verdad en vez de contarla en voz alta y la situación se volvió un verdadero infierno. Pero nosotros solo intentábamos ser sinceros.

Mi compañera de habitación se llama Mary Margaret. Es anoréxica. Sin poder hablar con mi hermana pequeña, dejo que Mary Margaret ocupe su lugar durante un tiempo. Hablamos en voz baja de noche, todas las noches. A una de ellas, después de que apaguen las luces, le hablo de mi bisabuelo. Le cuento que trabajaba en una mina de carbón en Pittston, Pensilvania, y que todas las mañanas mi bisabuela le preparaba una tartera con la comida antes de que fuera a la mina. Era un trabajo peligroso porque dentro de la mina flotaban toxinas invisibles, letales para los mineros, pero ellos carecían de la sensibilidad suficiente como para notar el veneno, y por eso a veces llevaban un canario en una jaula a la mina. El canario era muy sensible a las toxinas, de modo que se convirtió en su salvavidas. Cuando los niveles de toxinas eran demasiado altos, el canario dejaba de cantar y el silencio era la señal que indicaba a los mineros que debían salir de la mina. Si no se daban prisa, el canario moriría y, poco después, también ellos.

Le digo a Mary Margaret que yo no creo que estemos locas, creo que somos canarios. «¿Puede que no nos inventemos lo que nos pasa, sino que seamos capaces de sentir el verdadero peligro que flota en el aire?». Le digo que creo que el mundo está más que un poco envenenado y que nosotras podemos percibirlo. Le digo que en muchos lugares se aprecia a los canarios. Son los chamanes y los poetas y los sabios, pero no aquí. «Somos los que están en la proa del *Titanic* gritando: "¡Iceberg a la vista!" mientras los demás bailan. No quieren parar. No quieren saber lo roto que está el mundo, así que deciden que los que estamos rotos somos nosotros. Cuando dejamos de cantar, en vez de inspeccionar el aire, se deshacen de nosotros. Este lugar es donde guardan a los canarios», digo.

Hablo sobre los canarios durante un rato y Mary Margaret guarda silencio, así que decido que comparte mi epifanía. Pero, cuando termino, la miro y me doy cuenta de que se ha dormido. Me bajo de la cama y voy a la suya. Cubro su pequeño cuerpo con las sábanas y le doy un beso en la frente. Pesa treinta y dos kilos y parece un pajarito demasiado cansado para cantar. En ese momento me pregunto si mi amiga morirá pronto. Me pregunto si morir es la única advertencia que Mary Margaret le ha dejado al mundo. Me permito confiar en que tal vez aquí dentro estemos fuera de la mina. Tal vez juntas en esta pequeña y austera habitación estemos a salvo de las toxinas.

Una noche, muy tarde, Mary Margaret y yo dejamos por escrito la promesa de protegernos mutuamente para siempre. Firmamos nuestros votos con ceras porque no nos permiten tener lápices. Mary Margaret me hace prometer no comerme las ceras. Yo le digo que tal vez ella debiera. Nos reímos. Aquí nos sentimos lo bastante seguras como para reírnos. Pero, cuando llega el momento del alta médica, ya no nos reímos.

❧

Si pudiera retroceder a la mañana que me dieron el alta, les diría a mis padres: «Sé que tengo que salir de aquí, pero no quiero volver allá. No quiero volver al instituto. Hay demasiadas toxinas y no puedo respirar». Pero no digo nada. Le aseguro a todo el mundo que ya estoy bien. Estamos en la semana de celebración de la vuelta al instituto de antiguos alumnos, me han nominado para que forme parte de la corte y me han votado «Líder más destacado» de los de último año. Poco después de que me den el alta en el psiquiátrico, estoy sentada en el borde de un descapotable con un precioso vestido azul, saludando al público que ha acudido al desfile. Mi madre y mi abuela me pasean en el coche delante de la gente y noto que están llenas de esperanza. Hemos pasado mucho y ahora estoy aquí, admirada por todos. Para ellas es algo así como una victoria. Pero yo sé la verdad. Tienen que conocerte para que puedan quererte, y ninguna de estas personas que me aplauden me conoce. Conocen únicamente a mi representante. Este no es el desfile de la victoria para mí, sino para ella. Ella es la que saluda. Yo soy la que se esconde bajo la superficie conteniendo el aliento. Ella es la estrella; yo, la paciente del psiquiátrico.

Mientras saludo, pienso en el papel que me han encomendado: «Líder más destacado». Tiene sentido. Soy buena líder porque se me da bien cumplir las normas. Entiendo que hay dos conjuntos de normas en el instituto: el conjunto superficial que profesan los adultos y las normas ocultas, tácitas pero comprendidas, que son las de verdad, irrefutables. Son las normas ocultas, las que de verdad dictan cómo debe ser una chica: delgada; bonita; callada; invulnerable; popular por seguir la corriente a los chicos poderosos. El sexo, el alcohol y los trastornos alimenticios son, sencillamente, las formas que tiene una chica de instituto de honrar las normas ocultas y pasar al otro lado. De la infancia a la edad adulta. De la invisibilidad a la fama. Existe un tipo de vida que se supone que toda chica de éxito debe construir, y la bulimia, el alcohol y el sexo son las herramientas necesarias para ello. La banda que llevo sobre el vestido anuncia: *Has seguido las normas ocultas por todos los medios necesarios. Has sacrificado tu salud y tu cuerpo y tu dignidad, y lo has hecho con buena cara. No has dejado que tus sentimientos o tus preguntas perturben el transcurso del universo. Has permanecido pequeña. No has ocupado demasiado espacio. En ningún momento has salido a la superficie y cuando lo has necesitado —cuando has necesitado oxígeno— te has ido a otra parte, para respirar lejos de nosotros. Ni te hemos conocido siquiera. Bien hecho.*

➤

Nada más llegar a la universidad, busco un banco de peces en el que esconderme. Lo encuentro en la vida griega. El juego aquí es nuevo y conocido al mismo tiempo. Las normas, por supuesto, son estas: la delgadez es belleza; la belleza es poder; el poder es que los chicos se fijen en ti. La interesante diferencia entre la universidad y el instituto es que en la universidad las normas ocultas son reconocidas públicamente. Los chicos de la fraternidad cercana cuelgan de vez en cuando un cartel en el marco superior de la sala de fiestas del edificio que dice: CHICAS GORDAS NO. Sé que esta es una norma oculta desde los diez años, así que realmente me alivia ver que se dice en alto abiertamente. Ahora que los hombres han dejado de ocultarla, las mujeres dejamos de ocultar nuestros esfuerzos por cumplirla. En mi fraternidad son tantas las mujeres abiertamente bulímicas que una tarde se hace público un comunicado: «Tiren de la cadena cuando vomitan, por favor. Encontrarse vómito por todas partes no da buena imagen a las visitas». La bulimia no supone problema alguno, siempre y cuando tires de la cadena después de vomitar. Demuestra dedicación, respeto a las normas. *Chicas Gordas No*, ya sabes. Vuelvo a casa después de mi primer año y, tras un restrictivo régimen alimenticio, ejercicio excesivo y bulimia, pierdo casi siete kilos. Me decoloro el pelo, me compro un vestidor completo de prendas diminutas y regreso a la universidad para mi segundo año, lista para el juego. Una vez más, estoy entre las elegidas.

Empiezo a salir con un chico de una exclusiva fraternidad. Que a una chica la elija un miembro de tan discriminatorio grupo de chicos es la victoria definitiva. He hecho creer a todo el mundo que soy una de las chicas bonitas. Sigo a este chico a todas partes y sus hermanos de la fraternidad me cuidan y me brindan acceso a todos los lugares secretos que me apetezca ir. Vuelvo a estar en el juego. Todos los fines de semana, hordas de mujeres esperan al otro lado de la puerta del sótano de la fraternidad deseando llegar al principio de la cola para que uno de los chicos la mire de arriba abajo y después compruebe si su nombre está «en la lista». Como es natural, su entrada nunca va a depender de que encuentre su nombre o no, sino de su aspecto y su reputación. Tiene que ser sexy o ser facilona. Una de las dos cosas tiene que cumplirse. Ahora me pregunto: ¿Para qué hacíamos cola para ellos? ¿Por qué no bebernos nuestra propia *maldita cerveza y bailar en el maldito sótano propio de nuestra fraternidad?*

Gracias a mi novio, yo siempre llego a la cabeza de la cola, dejando atrás a esas otras chicas menos poderosas y menos delgadas que yo. Acceder a otro sótano oscuro más lo es todo y yo tengo ese acceso garantizado. Allí puedo emborracharme hasta perder la conciencia y ser arrastrada a una relación sexual que no recordaré.

Mi novio es bueno y amable. Lejos de la matriz de la vida en el campus, nos amamos. Voy con él de visita a casa de sus padres en alguna ciudad del medio oeste y hablamos y nos reímos hasta tarde todas las noches. Fuera del campus se nos permite ser humanos. Me escribe poemas y juntos planeamos la música que sonará en nuestra boda, el himno de nuestra película favorita de Quentin Tarantino. Pero de vuelta en el campus no hay lugar para el amor. Una noche me deja un tierno mensaje en el contestador y un hermano de su fraternidad roba la cinta.

Sus hermanos la ponen en una reunión a la que asisten todos los miembros. Cuando los otros oyen a mi novio decirme: «Te quiero» empiezan a partirse de risa y a llamarlo mariquita. Así que mi novio aprende a representar su papel, que consiste en mantenerme en el sótano. No ser un mariquita. Mi trabajo consiste únicamente en ser una chica fácil. No me interesa nada de la universidad, aparte de beber, los chicos y arreglarme para salir a beber con los chicos.

Arreglarme es una constante; es el ritual que me mantiene unida a la realidad. El proceso comienza hacia las cuatro de la tarde, cuando me siento lo bastante estable como para salir de la cama y empezar a beber otra vez. Me llevo una cerveza a la ducha, cierro los ojos y dejo que el agua resbale sobre mí, que se lleve la suciedad, el sexo y la vergüenza de la noche anterior. Después, me seco, tomo mis herramientas —secador y planchas para el pelo, maquillaje, tacones, top de tubo, minifalda, más cerveza— y empiezo la dura transformación de calamidad enferma en representante de la belleza, a prueba de balas. Estoy tan orgullosa de este proceso, tan segura de mí misma cuando soy así, que, si termino demasiado pronto, empiezo de nuevo desde la ducha. Cuando llevo encima la armadura completa, me dirijo al sótano y me quedo hasta tarde con los chicos, duermo allí y los gano en todos los juegos de ver quién bebe más y quién se mete más rayas de coca. Estoy siguiendo las normas. Estoy ganando otra vez.

Diez años después mi novio de la fraternidad se casará con una mujer a la que adoro. Ella dirá que a él le llevó un tiempo superar nuestra relación. Dirá que una noche estaban discutiendo y él se volvió distante. Que ella le dijo: «¿En qué piensas?», y él le respondió: «En Glennon. A ella le importaba todo un carajo». Su mujer entendió que, para él, ese era el mejor cumplido que se le puede hacer a una mujer. También entendió que no era ningún cumplido. Una mujer a la que le «importa todo un carajo» renuncia a su alma en nombre de las normas. No hay una sola mujer en la tierra a la que le importe todo un carajo, ninguna mujer es tan fría; lo único que hace es ocultar su fuego. Probablemente la esté consumiendo por dentro.

2

TERMINO LA UNIVERSIDAD, lo que suscita tanto agradecimiento como suspicacia acerca de mi *alma mater*. Vuelvo a la ciudad de mi familia y alquilo una casa adosada con mis dos mejores amigas, Dana y Christy. Encuentro trabajo como profesora de tercer curso de primaria y, pese a que cada mañana tengo que dedicar las primeras horas a despejarme y recobrar la sobriedad, soy buena profesora. El amor que siento por mis alumnos es lo que me mantiene con un pie en la tierra, lo que pierdo nada más salir del aparcamiento del colegio cada día para ir a la tienda a comprar un par de botellas grandes de vino. En cuanto llego a casa, tomo una gran bocanada de aire y me sumerjo entre copa y copa de vino hasta que vuelvo al punto de partida. Hasta que estoy lo bastante entumecida. Sigo atracándome de comida para vaciarme después, pero beber hasta perder la consciencia se ha convertido en lo que más me gusta hacer ahora. Dana y Christy me acompañan la mayoría de las noches, pero yo no bebo como ellas. Ellas lo hacen para calmarse; yo lo hago para desaparecer. Lo consigo casi siempre. La mayoría de las noches me desmayo y, al despertar, la única manera que tengo de saber qué ocurrió la víspera es confiar en lo que me cuentan Dana y Christy. Lo que dije; lo que comí; lo que rompí. Ellas siempre me ayudan a recordar. Soy su proyecto. Al final, rompo con mi novio de la fraternidad. A los dos nos preocupa en secreto lo mucho que bebe el otro, pero, como dejarlo es algo inconcebible, no merece la pena sacar el tema. Además, lo cierto es que fuera del campus las normas son diferentes. Ahora estoy en el mundo real, así que ahora tengo que estar con una persona adulta sana y triunfadora. Esas cosas son más importantes ahora que ser guay, y el acceso a los sótanos no significa nada. Cuando le digo que es hora de seguir cada uno por su lado, se echa a llorar. Estoy sin pareja dos semanas. Da miedo y resulta extraño ser un peón sin dueño.

La mañana del Cuatro de Julio, Dana y yo nos mezclamos con la riada de personas que inundan las calles de D.C. celebrando desenfrenadamente el Día de la Independencia yendo de bar en bar. Al igual que los otros miles de asistentes, Dana y yo miramos a la gente que pasa, mitigando la resaca con más alcohol ingerido sin tregua, esperando a que pase algo interesante. No hay donde resguardarse del sol implacable, así que allí nos quedamos, derritiéndonos. Tiro la colilla a la acera y la piso con mi sandalia. Con la otra mano me hago visera sobre los ojos y recorro con la vista la multitud. Al reparar en Craig, contengo la respiración. Lo recuerdo. Iba un año por delante de mí en el instituto y era intocable, una estrella del fútbol, con ese brillo de salud y maravilla que buscan o crean los entrenadores. Tras la graduación, jugó al fútbol en la universidad y llegó hasta los semiprofesionales. Se rumorea que ahora es modelo. Muestra una seguridad en sí mismo tan abrumadora y está tan guapo ahí de pie, en mitad del cruce, que estoy segura de que el rumor es cierto.

Enciendo otro cigarrillo mientras lo observo detenidamente. Es alto y fornido, y tiene un abundante pelo negro. Tiene cruzados los brazos perfectamente modelados sobre un torso de lo más atractivo en una postura despreocupada. Siento la impetuosa necesidad de ponerle la mano sobre el brazo para ver lo cálida y suave que es su piel y comparar el tamaño, el color y la temperatura de mi mano con la de su hombro. Parece que me dejaría hacerlo. Tiene arruguitas alrededor de los ojos de mirada amable. Parece cómodo en su piel suave y bronceada, y me doy cuenta de que sonrío cada vez que lo hace él. Me resulta exótico y seductor, pero, a la vez, rodeados de tantos desconocidos, me recuerda de casa. Crecimos en los mismos pasillos de las mismas escuelas de la misma ciudad. Venimos del mismo lugar. Lo *reconozco*. Se ríe por algo que dice la preciosa mujer que está a su lado, y empiezo a sentirme mareada de deseo. Necesito ponerme a su lado y tocarlo y hacerle reír o no volver a verlo en la vida. Esto de estar en medio me resulta doloroso.

El dolor se intensifica cuando amplío el marco de visión y me doy cuenta de que en realidad Craig está rodeado de hermosas mujeres. Cuatro de ellas forman un semicírculo en torno a él, como si él fuera el sol y ellas intentaran calentarse con su calor. Son todas asombrosamente bellas. Un metro ochenta de estatura como mínimo, el pelo largo y ondulado enmarcándoles el rostro libre de todo maquillaje. Son como un anuncio de dentífrico. Nada más verlas me siento una paleta. ¿Para qué intentarlo cuando existen mujeres como esas? Intento apagar mi deseo de tocarle el brazo buscando aspectos detestables de aquellas mujeres. Las piernas para empezar. Las cuatro tienen unas piernas largas y tonificadas que exhiben con unos pantaloncitos muy cortos, pero no en plan guarra, sino con un estilo deportivo. Las personas deportistas no tienen nada que hacer en una celebración que consiste en ir de bar en bar a menos que su deporte sea el de encestar pelotas de pimpón en vasos llenos de cerveza. En segundo lugar, no beben en los vasos de plástico rojo propios de esa forma de celebración, sino agua embotellada. ¿Agua en una fiesta etílica?

La conclusión que saco es que estas mujeres son, de hecho, unas impostoras. Da la sensación de que iban a competir en un torneo de vóley playa por el Cuatro de Julio, pero se han metido por la calle equivocada y están esperando a que su entrenador del equipo olímpico o su patrocinador de aceite para el broceado vayan a rescatarlas. Quiero que se vayan para poder dejar de desear y empezar a olvidar que existen personas así. Así que es totalmente sin sentido que avise a Dana con un codazo y le pregunte, señalando a Craig:

—¿Te acuerdas de él?

Dana mira en dirección a Craig y, al reparar en él, se le ilumina el rostro. Sugiere que nos acerquemos a saludar.

—Creo que no. ¿Estás de broma? ¡Míralo! Es demasiado guapo para ir a hablar con él y las dos estamos demasiado sobrias para decir nada. ¡Y mira a esas chicas! Nada de saludar. Ni hablar.

—Craig era mi vecino. El chico más amable del mundo. Y saludar no es tan difícil como tú crees —dice Dana.

—Saludar no es el problema —respondo yo—. El problema es lo que viene después. ¿Qué hacemos? No, por favor. Quedémonos aquí con nuestros preciosos vasos, bebiendo solas tranquilamente. Todo es perfecto. ¿Por qué tienes que estropearlo siempre que bebemos metiendo personas y cosas que asustan?

Dana pone los ojos en blanco y se va. Yo me quedo mirándola mientras ella zigzaguea entre la gente en dirección a Craig y soy consciente de que estoy repentina e inaceptablemente sola en mitad de una calle abarrotada de gente. Elijo la menos aterradora de mis limitadas opciones y la sigo. Craig nos ve avanzar hacia él. Sonríe y nos hace gestos para que nos acerquemos como solo saben hacer los tipos que están totalmente seguros de ser el destino de toda mujer. Estoy segura de que todas las personas junto a las que paso oyen lo fuerte que me late el corazón. Me sitúo a un lado del círculo tan cerca de Dana como puedo. Todos ellos me superan en altura. Me miro los pies y bebo a sorbitos mi cerveza.

Craig está abrazando a Dana y a continuación se acerca a mí. El nivel de mi sistema de alerta de terror pasa del amarillo al rojo. Sonríe y me dice amablemente:

—Hola. Me acuerdo de ti. Glennon, ¿verdad? ¿Qué tal te ha ido?

Me ha tomado desprevenida. Estoy acostumbrada a que los hombres se dirijan a mí de forma sinuosa y huidiza, con sarcasmo e indirectas. La forma de hablar tan directa de Craig me resulta alarmante. Y, para colmo, me está mirando directamente a la cara. Me da la impresión de que le apetece hablar con la Glennon real, no con mi representante. Y a mí me parece que esto es sobrepasar atrozmente los límites. Me quedo mirándolo un momento hasta que oigo que Dana dice:

—¿G? ¿Estás bien?

¡Sí! Esa soy yo. ¡Yo soy G! ¡Me acuerdo! Pero no tengo ni idea de cómo responder a la segunda pregunta de Craig: ¿qué tal te ha ido? ¿Por qué ha tenido que empezar con una pregunta tan complicada? Me gustaría poder pensar en una respuesta, pero lo único que se me ocurre es: ¿Qué cara tengo de día? No tengo ni idea. No estoy acostumbrada a preocuparme por los detalles, pero de repente los detalles me parecen algo importante. ¿Qué estará viendo Craig realmente al mirarme tan directamente? ¿Me habré dejado algún pelo facial? ¿Los ojos rojos? ¿Tendré algún punto negro suelto? No lo sé. Lo único que sé es que yo no me había inscrito en este examen. Toda esta luz y esta proximidad y esta conversación sincera se me antojan totalmente inapropiadas para una celebración de este tipo. Tengo que salir de aquí.

—Hola. Estoy bien. Genial. Sí, soy Glennon. Estoy bien. ¿Y tú? Dana, tengo que hacer pis —me oigo decir.

Dana me mira con los ojos como platos y su cara forma la pregunta: ¿Pero qué demonios haces? Yo la agarro de la mano y levanto mi cerveza en dirección a Craig y sus atléticas amigas en una señal que espero que transmita exactamente: *¡Hasta luego! ¡Me alegro mucho de haberte conocido! ¡Estoy muy ocupada y soy muy importante y tengo que irme! Que les vaya bien con todo ese resplandor y esas piernas y, por supuesto, ¡no dejen de beber agua! ¡Espero que se cumplan todos sus deseos olímpicos!* Me alejo de Craig arrastrando a Dana entre la marea humana en dirección a la seguridad de un bar lleno de gente. Miro hacia atrás y me doy cuenta de que Craig me está mirando.

Cuando por fin entramos en el bar, me acerco directamente al camarero y le pido dos chupitos. Le paso uno a Dana, que se me queda mirando un momento hasta que termina soltando una carcajada.

—Vale. No ha salido mal. Qué normal eres, Glennon. Normalísima.

Se bebe el chupito, golpea la barra con el vaso y añade, visiblemente confundida:

—Pues a mí me parece que le *gustas*.

La idea me parece ridícula y cierta a partes iguales. Le digo que debe ser por mi encanto y mi habilidad social, mi altura y mi sobriedad. Me río, pero me doy cuenta de que me habría gustado quedarme más tiempo y haberme esforzado más por relacionarme con Craig. Me gustó estar a su lado. Me gustó la sensación que me produjo que me mirase. Me había asustado, pero estaba consciente. Quería que estuviera a mi lado ahora, siendo alto, seguro de sí mismo y bueno. Quería que me rodeara los hombros con el brazo, que me reclamara y me dijera que soy buena. Quería que me invitara a formar parte de su anuncio de dentífrico. Me paso el resto del día hablando con tipos borrachos, sinuosos y huidizos, pensando en Craig y su halo dorado, sus brazos y su amabilidad.

Aquel mismo día, más tarde, Craig y yo nos volvemos a encontrar, esta vez en un bar cargado de humo, oscuro y perfecto. Agradezco que Craig se haya deshecho del agua y de las chicas olímpicas, no veo a ninguna a la vista. Ahora reboso seguridad en mí misma y, según me acerco, noto que el equilibrio de poder que hay entre los dos ha cambiado. Craig se aparta de la chica con la que está hablando y me sonríe como si estuviera esperándome. Cuando me coloco a su lado, busco su brazo con la mano y veo que la chica se va. Ya no estoy nerviosa. Tal vez no sepa cómo comportarme con el niño dorado cuando es de día, pero sí sé lo que hay que hacer de noche. Detalles como los rostros y las respuestas a ciertas preguntas no tienen tanta importancia ahora. Los dos tenemos cuerpo, bastante tenemos en común. Bailamos hasta que Craig me pregunta si quiero ir a «ver su casa». Le digo que sí porque ese ha sido nuestro destino desde que me sonriera por primera vez doce horas antes. Tomamos un taxi y me presenta a algunos de sus amigos, pero después nos vamos a su habitación y nos acostamos. No me acuerdo de nada. Lo único que recuerdo es que a la mañana siguiente me despierto tarde y estoy en la cama con este chico que siento que está fuera de mi alcance y a la vez me resulta tan familiar.

Me despierto antes que Craig, así que me da tiempo a examinarlo de cerca. Parece invencible tanto en horizontal como en vertical. Vuelvo a ponerme nerviosa. Esta es precisamente la parte de *después de saludar* que había intentado evitar. Craig abre los ojos, sonríe y me rodea con los brazos.

—Hola —digo, sintiéndome bastante fuerte por el esfuerzo.

Él sonríe y me dice:

—Hola a ti.

Y sin decir nada más decidimos que la única manera de pasar la incomodidad de estar en la cama desnudo con un desconocido es enrollarnos. Lo hacemos. Es extraño y distante, como siempre ha sido el sexo para mí. Después, nos vestimos y me lleva en coche a casa. Me llama al día siguiente y al otro y no volvemos a dormir separados ni una noche en los cuatro meses siguientes.

〜

Me encuentro bien estando con Craig, como si me hubiera faltado hasta entonces su bondad y su luz. Cuando le pregunto qué es lo que le gusta de mí, me dice:

—Eres emocionante y no necesitas nada. Haces que sienta que yo soy lo único que te importa. Me siento bien cuando estoy contigo.

Su intención es buena, pero me deja sin respiración. Quiero decirle: *Sé que te hago sentir bien porque soy una experta. Pero, cuando me miras, ¿me ves como si te fuera un espejo o hay algo más? ¿Ves algo aquí que te guste? Quiero que te fijes en algo que me salga bien, más allá de hacer que te sientas bien contigo mismo. ¿Qué me dices de mí? ¿Puedes ayudarme a averiguar quién soy?* Pero no digo nada. Conozco las normas.

〜

Unos días antes del Día de Acción de Gracias, descubro que estoy embarazada. Ni nos cuestionamos siquiera qué vamos a hacer. Craig me lleva a la clínica y nos sentamos en silencio, la vista fija en revistas pasadas de fecha, dos desconocidos desnudos otra vez. Al final, Craig me mira de soslayo y me susurra:

—¿Estás bien?

—Sí. De verdad, estoy bien. Totalmente —contesto yo, asintiendo con la cabeza. Y ahí lo dejamos. Cuando me acerco a la recepción para pagar, Craig saca una tarjeta de crédito, pero yo le hago un gesto negativo—. No, yo me ocupo.

No quiero ser una molestia para él. Quiero ser independiente. Aún nos incomoda el hecho de pagar a medias en los restaurantes, ¿cómo vamos a pagar a medias un aborto? Una enfermera de gesto serio dice mi nombre y la sigo al interior de la clínica para la operación. Duele más de lo que esperaba.

Un rato después, Craig está delante de mí en el porche de enfrente y abre la puerta de la casa que comparto con Dana y Christy. Entro detrás de él y dejo que me conduzca hasta el sofá y que me tape con la manta. Permanecemos sentados juntos unos minutos, hablando de otras cosas. Me dice que su amigo va a dar una gran fiesta esa noche, pero que él no piensa ir porque prefiere quedarse conmigo. Me pregunto por qué me cuenta todo esto, pero no le pregunto.

—Puedes ir. Estoy bien —le digo, aunque espero que no haga caso a esta ridícula sugerencia.

Pero, en vez de ello, me mira y dice:

—¿Estás segura?

Es la respuesta incorrecta a la pregunta que nos ha planteado el día. Se me hace un nudo en el estómago, pero sonrío y mando a mi representante a hablar por mí.

—Por supuesto, estoy bien. Ve. Te llamaré mañana.

Craig me trae un vaso de agua, me da un beso en la frente y se va. Miro por la ventana y lo veo en su coche alejándose de mí, del aborto y de este día incómodo, camino de una noche desenfadada y más agradable. Me siento tan sola en el silencio que me retumban los oídos. Quiero tomar el coche y salir detrás de Craig, pero no puedo porque no está bien salir de fiesta el mismo día que te han practicado un aborto. Se supone que tengo que estar triste y seria. Así que me quedaré aquí en silencio esperando mientras Craig está por ahí libre porque un aborto no contempla norma alguna que tenga que cumplir él. Y porque no sabe que lo que ha ocurrido nos ha ocurrido a los dos. Por primera vez me pregunto si Craig no será ese niño bonito y dorado después de todo.

Me quedo sentada intentando estar tranquila y se me ocurre que no hay nada más intolerable que el silencio. Hasta que ocurre algo peor. De repente empieza a sonar música a todo volumen en el piso de arriba y del sobresalto rompo a sudar. El corazón me retumba en el pecho y la cabeza me da vueltas. Tardo un momento en darme cuenta de que es el despertador de Christy y un poco más en reconocer la voz de Stevie Nicks. Oh, Dios mío, su voz. Su voz es peor que el silencio; es una sirena, insistente. Su voz hace que me duela todo el cuerpo, como si me estuviera sujetando y operándome sin anestesia. Su voz y la música son sinceras, rebosantes de añoranza, y parece que las dos se dirigieran a mi corazón. Hoy no es día, ni vida, para pensar en mi corazón. Necesito que la apague. Me envuelvo con la manta y me dirijo a las escaleras. La manta arrastra y hace que me tropiece, así que al final dejo de tratar de caminar y termino subiendo las escaleras a gatas. Al llegar arriba me levanto y corro a la habitación de Christy. La voz de Stevie suena aún más fuerte y más cerca, como si estuviera dentro de mí haciéndome unas preguntas horribles. ¿Puedo manejar el paso de las temporadas en mi vida? Encuentro el despertador, tiro del cable enchufado a la pared y vuelve a reinar el silencio. Así, sin más, de la música al silencio. Del todo a la nada con solo desenchufar. Gracias a Dios. Me tumbo boca arriba en el suelo de la habitación. Me quedo mirando el techo tratando de respirar, tratando de calmar los latidos de mi corazón. Me llevo las manos al vientre porque siento unos pinchazos horribles. Pero es mejor que el dolor del corazón. Este dolor es mejor. Me quedo ahí tumbada un minuto, preguntándome cómo puede nadie escuchar música estando sobrio.

La música invita a sentir, pero el silencio invita a pensar. No, gracias, a ambas cosas. Necesito una copa. Necesito una copa.

Necesito lo opuesto a la música y el silencio: alcohol. Bajo a la cocina envuelta aún en la manta. Me entra el pánico cuando veo que solo hay tres botellas de vino vacías, pero entonces veo la botella de whisky encima del frigorífico y vuelvo a sentirme a salvo. Acerco una silla, me subo, agarro la botella, bajo rápidamente y me acerco a la encimera. Pongo whisky hasta la mitad del vaso y lo completo con Sprite caliente y sin burbujas que lleva semanas en casa. Llevo tanto tiempo cortando el whisky con agua que me temo que ya no funcione, pero al primer trago me sabe a azúcar y quema justo como tiene que ser. El calor que me produce empieza en la boca, desciende por la garganta, se distribuye por el estómago y ahora puedo decir que también por dentro estoy cómodamente envuelta en una manta cálida, una manta que me calma y me acuna suavemente para que me duerma. Respiro hondo y mi cuerpo se destensa. Se me han calmado las manos, están estables ahora. Ya no necesito la manta exterior, así que dejo que caiga al suelo. Me apoyo en la encimera y sigo llenándome el vaso. Me bebo tres en cinco minutos y ahora llega mi parte favorita, la tormenta después de la calma. Empiezo a notar que se me va la cabeza. Mi yo asustado, nervioso y desmañado se ha ido a dormir y mi otro yo se ha despertado. Aquí está. Aquí estoy. Poderosa, despreocupada, a prueba de balas. *Mírame. Todo estaba mal y lo he arreglado, ahora está mejor*, me digo. Soy una artista y mi medio soy yo. Ya no tengo miedo.

Sujeto la botella como si fuera mi pareja de baile y sonrío, mientras regreso dando vueltas al salón, cálida por dentro y entumecida por fuera. Esto está mejor, mejor incluso que si Craig se hubiera quedado conmigo, mucho mejor. Recuerdo lo segundo que me preguntó Craig: ¿Quieres ver mi casa? Esta es mi casa: borracha y sola. Aquí no existe el dolor y no tengo que actuar para nadie, excepto para mí. Aquí todo sentimiento está aprobado y yo soy la música.

Dos horas más tarde entran en casa Christy y Dana, riéndose, con sendas bolsas de comida. Dejan de reírse al verme y se me quedan mirando. Estoy sola en el sofá, acurrucada en una nube de humo, abrazada a mi botella de whisky vacía. Sé, a juzgar por su expresión, que tengo peor pinta de lo habitual. Yo las miro y me echo a llorar porque entiendo que eso es lo lógico en ese momento. Necesito una excusa para estar tan borracha y tan sola a esas horas de la tarde, así que empujo la botella hacia ellas como si fuera a hacer un brindis y digo:

—Hoy me han practicado un aborto.

Tengo la sensación de que mi tristeza es una actuación más que un sentimiento real. Me pregunto si tendré un aspecto glamurosamente trágico, como Marilyn Monroe. Apelo a *A Candle in the Wind*. Necesito que Dana y Christy sigan queriendo rescatarme. Eso es lo que importa.

Dana deja la bolsa en el vestíbulo, se echa en el sofá y me abraza el cuerpo entero. Apoya la cabeza contra la mía y me dice:

—Ay, G, ay, G.

Christy se queda mirándonos, de pie, con el abrigo puesto aún, sin soltar sus bolsas. Parece furiosa. Pero no conmigo, conmigo nunca. Las dos están siempre de mi lado.

—¿Y dónde diablos está Craig? ¿Te ha dejado aquí sola? —pregunta.

Le digo que no es culpa suya, que él no sabía que yo estaba disgustada.

—Le dije que se fuera.

—Me da igual lo que le dijeras. Es por el jodido sentido común —dice ella—. Que él no tiene. Yo lo mato. La puta que le parió, lo voy a matar.

Bien, pienso. *Sí, esto está bien. Enfádense con Craig. Pero no se enfaden conmigo. No se enfaden conmigo por haber ido a abortar y no me pregunten por qué siempre terminamos en el sofá, bebiendo y llorando. Siéntanse y beban conmigo. Por favor, siéntanse y beban conmigo.* Y lo hacen. Así es como nos demostramos lo que nos queremos este día. Dejan la compra en el vestíbulo y nadie la guarda en su sitio. Nos pasamos horas bebiendo, hasta que amanece tras una larga noche. Cuando el sol se levanta, Christy llama a Craig y lo pone a parir. Creo que vuelve y me pide disculpas, pero es posible que lo haya soñado. Ninguna se acuerda del todo. El objetivo es no acordarse.

Después de aquella noche, no dejo de beber con la frecuencia necesaria para mantener una vida. Empiezo a faltar al trabajo. Envían mis facturas a mis padres. Dejo de llamarlos. Se me avería el coche y lo dejo abandonado en un aparcamiento. Cuando la policía lo encuentra, llama a mis padres. Cuando me preguntan por lo ocurrido, les miento. Cuando mi padre va a recoger el coche, mira en la guantera y encuentra la denuncia por conducir bajo los efectos del alcohol. Viene a mi trabajo a decirme que la ha encontrado. Dice que leer la denuncia lo horrorizó y lo enfadó tanto que fue a ver a un cura. No le pidió ayuda para arreglar lo que me pasaba. Le pidió ayuda para poder seguir viviendo siendo mi padre y no poder arreglar lo que me pasaba. Es lo más sobrecogedor que me han dicho nunca. ¿Mi padre había ido a ver a un cura? ¿Para que lo ayudara a aceptar mi alcoholismo? ¿Quién va a seguir intentando arreglarme entonces? He empujado a mi padre a pedirle ayuda a *Dios. Ayuda para sí mismo.* Tengo miedo porque mi padre está amenazando con dejar de tener miedo. Me pide que vaya a casa después de trabajar para hablar.

—De acuerdo, iré —le digo, pero no voy, sino que salgo por ahí y me emborracho como una cuba.

Mi teléfono suena a la mañana siguiente y no deja de sonar en todo el día. En algún momento de la tarde, me doy la vuelta en la cama y contesto. Es mi madre y parece muy enfadada.

—Ven aquí ahora mismo, Glennon. Ya.

Su voz es insistente, da miedo. Me levanto y miro a mi alrededor. Sé que debería cambiarme, pero estoy tan mareada que no me acuerdo de cómo se hace, así que decido ir tal como estoy. Sigo llevando la ropa de la noche anterior, tacones de diez centímetros incluidos. Es ridículo, pero también práctico. Voy al coche tambaleándome y me meto un chicle en la boca para tratar de enmascarar el olor a tabaco y alcohol. Conduzco hasta casa de mis padres con el piloto automático.

Los dos me están esperando en la puerta y entro en la casa de mi niñez con la cabeza gacha, avergonzada por la ropa que llevo puesta, avergonzada por cómo huelo, avergonzada por tener los ojos rojos, avergonzada por llevar la noche y la suciedad a un lugar tan luminoso y tan limpio como ese. Me siento en el sofá y miro las paredes llenas de fotos de cuando estaba en el colegio. Observo mi cara en todas ellas, buscando alguna pista que me diga cuándo se torcieron las cosas. Ahí estoy en primero, segundo, tercero, llevo coletas y sonrío, pero se me ve triste en comparación con las fotos de mi hermana, colgadas junto a las mías. ¿Por qué estaba triste? ¿Por qué estoy triste ahora? Me pregunto si mis padres se preguntan lo mismo cuando se sientan en este sofá por las tardes a ver las noticias, si se preguntan adónde me fui y dónde estoy ahora. Ya no buscamos una solución, ahora nos conformamos con una explicación.

El sol que se cuela por los enormes ventanales me hace daño. La cabeza me retumba y tengo que ponerme la mano sobre los

ojos a modo de visera en mitad del salón. Mis padres están sentados en sendas sillas enfrente de mí con aspecto triste, enfadado e
impotente. A mi madre le tiembla la voz cuando mi padre y ella
me preguntan lo de siempre: ¿Por qué sigues haciéndonos esto?
¿Por qué sigues mintiendo? ¿No nos quieres ni un poquito? Yo
estoy sentada en el sofá, tratando de recibir sus preguntas, pero
soy como una receptora sin guante. La expresión de mi rostro es
neutra, pero la parte de mi corazón que no está podrida duele.

Sí que los quiero. Los quiero y también quiero a mi hermana y
a mis amigas. Creo que quiero a los míos más de lo que suele hacer
la gente. Mi amor es tan abrumador, tan aterrador, tan incómodo
y tan complicado que tengo que ocultarme. La vida y el amor
me exigen demasiado, sencillamente. Todo duele. No sé cómo la
gente puede dejar que duela tanto. Simplemente no puedo con
tanto dolor. Tengo que hacer lo que sea necesario para no sentir
tanto dolor. Pero lo que tengo que hacer para evitarme el dolor
hace daño a los demás. Mi supervivencia significa que tengo que
seguir haciendo daño a los míos. Pero no porque no los quiera,
sino porque los quiero demasiado. Lo único que puedo decir es
que sí los quiero, pero suena tan débil, como si fuera mentira, y
oírlo no les suaviza el gesto.

Me quedo sentada mirándome las manos y me acuerdo de una
historia que había visto en las noticias sobre una mujer que había sufrido un derrame cerebral y había perdido la capacidad de
hablar de la noche a la mañana. Al despertar, su mente funciona-
ba perfectamente, pero no podía hablar. Así que se quedó donde
estaba e intentó comunicar con la mirada el horror que suponía
estar encerrada en sí misma. Su familia no podía traducir lo que
decían sus ojos. Pensaron que sufría muerte cerebral. A mí me
ocurre lo mismo. *Estoy aquí. Estoy bien por dentro. Tengo cosas que
decir. Necesito que me ayuden a salir. Los quiero. Mi secreto es que*

estoy bien aquí dentro. No sufro muerte cardíaca. Nadie conoce este secreto mío. Y, ahora, incluso las personas que más me quieren se han cansado de buscarme aquí dentro. Ya casi han perdido toda esperanza de que siga con vida. Están pensando en suspender los trabajos de rescate. Porque, aunque siga viva, mi caso no produce empatía. No he sufrido un derrame. Yo me he hecho esto a mí misma. Me he quedado atrapada yo sola. Y puede que ni siquiera esté ahí después de todo. Puede que no haya nada más que este yo que ellos ven, puede que siempre haya sido así.

Mi padre sigue haciéndome preguntas. «¿Qué quieres ser, Glennon? Tú sabes que nunca podrás ser una Barbie rubia de un metro ochenta, ¿verdad? ¿Tienes algún héroe en este mundo?». Me confunden todas estas preguntas. ¿Qué tiene que ver Barbie conmigo? Entonces miro a mi frito pelo rubio platino decolorado y el top de tubo con lentejuelas, el sostén con relleno y los tacones de aguja. ¿Por qué llevo esta pinta? ¿Por qué me visto así y llevo el pelo de un color que no se parece remotamente al mío? ¿Por qué siempre tengo que intentar ser más alta, más rubia, más delgada, más borracha? No sé cómo responder. Ojalá hubiera alguna revelación pendiente, algún horrible secreto de mi niñez que nos proporcionara la explicación para que pudieran sentir lástima por mí. Ojalá alguien me hubiera hecho daño, para que pudiera achacárselo, *ese es el porqué*. Pero nunca he tenido excusa para ser como soy. Así que intento responder a la pregunta del héroe.

—Quiero ser como mamá —susurro.

Me siento avergonzada de mi propia respuesta. Mi madre es amable, buena, hermosa, sincera. Que yo quiera ser como ella es ridículo, pero nadie se ríe. Porque lo que he dicho es patético e imposible, pero no por ello menos cierto. Me ha salido de dentro. Me esfuerzo por decir otra verdad. Les cuento lo del aborto. Esto sale de mi forma exterior, de mi representante. Es una manipulación, una excusa. El aborto no explica los quince años pasados de mi no vida, así que no les he ofrecido una verdad realmente, sino más dolor. Los dos dejan caer la cabeza aún más. Hunden los hombros aún más. No se acercan a mí. No me abrazan ni me dan palmaditas en la cabeza ni lloran conmigo. Así es como sé que se ha suspendido la búsqueda.

Se levantan y salen juntos de la estancia, dejándome otra vez en el horrible silencio. Estoy sentada y miro por la ventana la casa de madera pintada que mi padre me construyó cuando tenía ocho años. La primera vez que jugué en ella, vi una araña y no volví a entrar. Lleva décadas en el jardín, vacía, ignorada. Mirándola en este momento, casi me parte en dos el dolor. ¿Por qué tuve siempre tanto miedo de jugar? ¿Por qué no puedo apreciar lo que me dan?

Mis padres regresan.

—Se acabó, Glennon —dice mi madre—. Si no dejas de beber, no podemos seguir estando en tu vida. No podemos quedarnos quietos esperando a ver cómo te matas o cómo matas a otro. No puedes seguir destrozándonos.

Mi madre es el poli bueno, así que ver que ahora está haciendo el papel del duro es un mensaje para mí. Asiento con la cabeza. Entiendo que la reunión es una intervención. Entonces mi madre dice que acaban de llamar al cura del que me habló mi padre. Me dicen que me está esperando, así que tengo que atravesar toda la ciudad e ir a la iglesia católica local. Siempre estoy triste, pero casi nada me sorprende. Ahora lo estoy, sorprendida.

Dios es un nuevo enfoque al problema de ser lo que soy. Aparte de la asistencia semanal obligatoria a una iglesia católica, Dios no ha estado nunca muy presente en nuestra vida familiar. Me sorprende que si la única carta que nos queda es la de Dios, debemos estar realmente desesperados. El último intento de mis padres es, literalmente, una intervención divina.

—Está bien. Iré.

Me levanto y salgo de la casa. Voy a la iglesia porque sé que mis padres van a llamar para asegurarse de que he ido. Al menos yo espero que lo hagan. Voy a la iglesia porque siento que ni Craig ni mis amigas ni mis padres van a poder rescatarme. Se me han acabado los lugares a los que ir, así que acudo a Dios.

3

ESTÁ OSCURO Y conduzco despacio. Cuando veo el campanario de la iglesia, giro y aparco en el aparcamiento de grava debajo de una farola. Me quedo sentada en el coche un rato, tratando de esforzar algunas emociones. Tendré que llorar delante del cura, eso seguro. Abro la puerta y salgo del coche. Camino tambaleándome sobre mis tacones entre la grava. Por el camino intento aplastar un poco el pelo estropajoso, limpiar el maquillaje corrido de los ojos y estirar el top para que me tape la tripa. Llevo veinticuatro horas con la misma ropa. Llego a la entrada de la iglesia y, al poner la mano sobre el pomo de bronce de gran tamaño, me doy cuenta de que estoy temblando. No he comido nada desde anteayer. «No podemos quedarnos quietos esperando a ver cómo te matas», habían dicho mis padres. *No me estoy matando*, pienso mientras abro la puerta. *Simplemente no hago lo necesario para vivir. Tiene que haber una diferencia.*

Entro en el vestíbulo de la iglesia y las pesadas puertas se cierran tras de mí. Hace frío y está oscuro dentro. Me quedo quieta un segundo, esperando. No ocurre nada, nadie sale a recibirme. Así que miro un poco más hacia el interior y veo que hay otra sala. Cruzo la puerta de cristal y entro. El interior es de color rojo, aterciopelado, sereno y cálido. El incienso flota en el aire y siento que el espacio interior de mi persona y el que me rodea no están tan vacíos y tan solos ni son tan vastos; los siento más sólidos, más seguros. Me siento envuelta, como si hubiera salido de mi vida para entrar en un lugar mejor. Ni demasiado iluminado ni demasiado oscuro. El techo está a la altura justa y me hace sentir que tengo el tamaño adecuado. Hay sitio suficiente para poder sentirme libre, pero no suficiente para sentirme insignificante. Veo la luz vacilante de las velas sobre una bandeja delante del altar y me acerco a ellas, despacio, a lo largo del pasillo central como una novia, tambaleándome sobre mis tacones. A medio camino, tropiezo con la alfombra y se me tuerce el tobillo. Me siento en el suelo y me desabrocho las delgadas tiras de los zapatos. Cuando me levanto, con los tacones en una mano, las plantas de mis pies tocan la alfombra roja de terciopelo y la suavidad se extiende agradablemente como una ola por mi interior hasta llegar a la cabeza. Tienen que haber fabricado aquella alfombra para calmar las plantas de los pies descalzos. Sigo andando y no me paro hasta llegar a la bandeja con las velas. ¿Serán deseos? ¿Representarán las oraciones de otras personas?

Levanto la vista y veo que estoy al pie de un cuadro de gran tamaño de la virgen María con el niño en brazos. Miro a la virgen y ella me mira a mí. No siento un vuelco al corazón ni tampoco que retumbe; se llena y late con ritmo constante, insistentemente. El corazón me llena el pecho, pero no duele, así que no dejo de mirarle a los ojos a la virgen. La virgen resplandece, mientras que a mí me envuelve una luz suave e perdonadora. Lleva puesto un manto y la cara limpia. Yo llevo un top de tubo y la cara sucia, pero la virgen no está enfadada conmigo, así que no me molesto en taparme. La virgen María no es lo que la gente cree. Ella y yo somos iguales. Ella me ama, lo sé. Me estaba esperando. Es mi madre. Es mi madre sin temor por mí. Me siento delante de ella y quiero quedarme ahí para siempre, descalza, con la virgen y su bebé en torno a esta hoguera de velas votivas. No sé si creo en la virgen María, pero sí creo en ella en este momento. Es real. Es lo que necesito. Es el refugio que buscaba. Mis padres me han enviado al lugar adecuado.

Estoy ahí mirando a la virgen María cuando se abre una puerta detrás de mí. Me giro y veo a un cura. Por un momento siento miedo. Sé que intenta no mostrar la sorpresa que le produce ver mi ropa, mi cara y mis pies desnudos. Pero se ve que está sorprendido. Sonríe, pero es una sonrisa tensa. Parece cansado, exasperado conmigo ya. Me saluda y me pide que lo siga. No quiero hacerlo. Quiero quedarme con María porque ella no está cansada. Quiero decirle que está bien, que se puede ir, que ya he encontrado lo que necesitaba. Pero no digo nada. Tan solo me levanto y salgo de la sala de María a un pasillo oscuro y estrecho. Allí no hay alfombra y se me están congelando los pies. Se detiene delante de una puerta cerrada, la abre y entra. Entiendo que tengo que seguirlo, pero antes me siento en el suelo y me vuelvo a poner los zapatos. Tardo un siglo en abrocharme las tiras. El rostro me arde, las náuseas se apoderan de mí y deseo que me diga que no me los ponga, que entre descalza, pero él se limita a esperar y observar.

Cuando por fin termino de ponérmelos, levanto la vista y el cura me indica que tome asiento en la silla que hay frente a él, al otro lado de su enorme escritorio de madera. Me levanto, me acerco a la silla y me siento. Mi silla es pequeña y de plástico; la suya es grande y de cuero. Quiero pedirle una manta para taparme y entrar en calor, pero guardo silencio. Aguardo sentada, mirándolo hasta que me pregunta qué hago aquí. Le cuento lo del aborto y después lo del alcohol y las drogas porque necesito una excusa para el aborto. Intento contarle la historia con tristeza, intento que me tiemble la voz, intento parecer joven y perdida. Siento como si hace cuatro minutos dejara de estar perdida, pero me parece que es importante mostrar apariencia de estar perdida delante de este hombre. Esta es mi obligación en este lugar y tengo que hacer mi trabajo para que él pueda hacer el suyo y acabemos con ello. Se reclina en su asiento, cruza las manos delante de su cara y me escucha. Su rostro no sufre cambio alguno en todo el tiempo. La única emoción que muestra es seriedad. Todo esto es muy, pero que muy serio, y parece crucial para él que yo lo sepa.

No me gusta estar aquí. La luz del fluorescente es molesta y no quiero que tanta luz artificial me ilumine con el aspecto que tengo y sintiéndome como me siento. Y no hace una temperatura agradable para mí. El cura ve que estoy temblando y sé que está pensando que soy alguna especie de yonqui, y lo soy, pero también tengo frío. Él lleva pantalón largo, manga larga y cuello alto. Está bien tapado. Mi piel está al aire. Quiero volver con María, a la calidez y la luz suave, sincera, real e perdonadora de las llamitas de las oraciones de la gente.

Tan solo un momento antes estaba con María, que parecía entender que a veces el amor duele tanto que tienes que cortarlo con alcohol, comida y abortos provocados. Pero ahora estoy aquí con este cura, el portavoz de Dios, mirándome con las manos cruzadas y su actitud de desaprobación ante tanta tontería. Un momento antes, Dios era una madre, pero ahora es un administrador. Antes estaba en el vientre de Dios, y ahora estoy en su despacho, esperando mi castigo. A través de sus manos cruzadas, el cura empieza a decir cosas extrañas, como: «Cuando veas a tu hijo en el cielo, no estará enfadado contigo, sino que estará esperándote pacientemente a las puertas del cielo. Tu bebé te perdona. Tu bebé será plenamente aceptado por Dios porque Dios no hace responsables a los niños de los pecados de sus padres». Suelta estos datos inexpresivamente, sin emoción, como si fuera la policía leyéndome mis derechos, como si hubiera repetido esas mismas palabras un centenar de veces. ¿Cómo podría saber él todas esas cosas sobre mí y sobre Dios y lo que ocurre después de que te practiquen un aborto? ¿Y cómo puede saber este hombre lo que es ser joven y sentirse aturdida y mala y buena y dura y blanda, embarazada y asustada? María lo sabe.

Por fin, parece que el cura está terminando.

—Tú también puedes recibir el perdón, pero antes tendrás que arrepentirte.

Y se produce un silencio.

Está claro que se supone que tengo que responder.

—Está bien. Me arrepiento. ¿Por dónde empiezo? ¿A quién debo pedirle disculpas? ¿Al bebé? ¿A mis padres? ¿A Craig? ¿A usted? ¿A todo el mundo?

Me pregunto si sabrá que lo único que hago es pedir disculpas. Lo único. *Lo siento, lo siento mucho, siento ser así.* Toda mi vida es una disculpa, y eso no ha mejorado las cosas en lo más mínimo. María lo había sabido. Lo había entendido: una mujer no necesita que le digan una vez más que es mala. Lo que necesita que le digan es que es buena. María no me pidió que me arrepintiera. Me pidió que descansara. Pero ahora, sentada en el despacho del cura, veo cómo funcionan las cosas en este sitio. Tengo que arrepentirme para poder ir a descansar con ella. Hago lo que me piden. Me disculpo.

—Lo siento mucho. Quiero ser mejor.

El cura asiente nuevamente y me ofrece unas palabras mágicas que debo repetir veinte veces. Recibiré el perdón cuando lo haga.

Yo asiento y retrocedo veinte años. Estoy en la piscina de mi barrio, haciendo cola para comprar un helado. El heladero vende paletas a un dólar, mientras que un chaval de secundaria que se ha colado en la parte trasera del camión reparte helado sin que lo vea. El heladero no se imagina lo que está ocurriendo a sus espaldas. Me pregunto si el cura sabe que, mientras él está aquí cobrando por el perdón, la virgen María está ahí detrás repartiéndolo gratis. Debe ser que no lo sabe y por eso insiste en que el perdón de Dios tiene un precio. Yo finjo que me lo creo y le prometo que pagaré para poder volver con María, que está detrás del camión repartiendo perdón gratis para todos.

El cura me dice que me puedo ir y me siento profundamente aliviada. Lo único que quiero es volver a la sala iluminada con velas, descalzarme sobre la cálida alfombra y aspirar el aroma de Dios. Le doy las gracias al cura en voz muy baja y él me da permiso para marcharme de un modo que reafirma su desaprobación, y no me sorprende. Lo que sí me sorprendió antes fue la aprobación de María. Tengo que volver allí donde sé que recibiré aprobación. Me excuso y vuelvo tambaleándome por el oscuro pasillo, cruzo la puerta de cristal, recorro el pasillo alfombrado y llego hasta María. Sentada delante de las velas y de María y su bebé, me acuerdo de algo que escuché una vez sobre iglesias que dejaban dormir en los bancos a las personas que no tenían hogar. Me siento como si no tuviera hogar. Me pregunto si el cura me dejará dormir aquí esta noche. Pero en ese momento oigo que la puerta se abre. Es el sonido más doloroso imaginable, peor que el silencio, peor que la música. Esta vez no me doy la vuelta. El cura carraspea y me dice que tengo que irme. Que tiene que cerrar. Me entran ganas de llorar. Pero en vez de llorar, le suplico.

—¿Por la noche? ¿Por qué cierra por la noche? Por la noche es cuando la gente necesita este lugar.

—Hay muchas cosas de valor aquí.

—Ya lo sé. Lo sé —le contesto yo. Pero él no sabe a qué me refiero, así que me disculpo—. Lo siento. Ya me voy.

Me levanto y salgo de allí. No me da tiempo a despedirme de la virgen y su bebé.

En el vestíbulo veo una pila de agua bendita. Me paro y meto las dos manos en el agua hasta las muñecas. Después, empujo las pesadas puertas y salgo a la fría noche. Atravieso el aparcamiento tambaleándome hasta mi coche. Nada más sentarme detrás del volante me miro las manos. Me chupo el agua bendita de los dedos para introducirla en mi interior. Luego arranco y salgo de allí. Voy llorando todo el camino hasta casa. No lloro por el aborto o por mis padres o porque soy alcohólica. Lloro porque quería quedarme con María. Mientras lloro, me doy cuenta de que no estoy fingiendo tristeza. No estoy actuando. Estoy triste. Me siento triste pero auténtica. María ha visto a mi yo bueno atrapado en mi interior. Alguien lo ha visto y eso hace que sienta que mi yo bueno existe de verdad. Ojalá el cura no fuera el encargado. Ojalá yo hubiera encendido una vela por mí misma. Ojalá le hubiera pedido a María que se acordara de mí.

4

~

ME MANTENGO SOBRIA dos semanas. Mi estrategia para estar sobria es ser más rápida que mi adicción, convertirme en un blanco móvil para que mi dolor no encuentre dónde aterrizar. Me quedo hasta tarde trabajando, organizando trabajos adicionales para mis alumnos. Reorganizo los muebles de la casa y compro demasiados zapatos. No dejo de moverme de un lado a otro del salón mientras veo la televisión. Paso los días sin detenerme, pero en cuanto el sol se pone, mis nervios se despiertan. Craig intenta ayudarme a pasar la noche presentándose en mi casa con cerveza sin alcohol. Nos sentamos juntos en el sofá a beber, pero es como intentar ir a alguna parte en coche sin gasolina. La conversación es forzada y el sexo, torpe. El alcohol nos empujaba al mismo mundo, pero ahora es como si viviéramos en mundos paralelos. Sin el alcohol nos sentimos solos juntos.

Una noche, Craig insiste en que salgamos y vayamos a la fiesta que da un amigo común. A mí me parece una idea muy mala, pero voy para evitar quedarme totalmente sola. Nada más llegar a la fiesta, vuelvo a estar en el instituto intentando mostrarme distante durante un leve ataque de pánico por mi inseguridad. No sé dónde ponerme o con quién quedarme o qué hacer con las manos o qué cara poner. No dejan de ofrecerme bebida y yo no sé qué decir. Veo a la gente pasar a mi lado, coqueteando y bebiendo, y me pongo furiosa. ¿De qué se ríen? ¿Qué es lo que tiene tanta gracia? No soy capaz de ver qué es lo que me parecía tan interesante de aquello. Y ¿por qué estamos todos parados no más en un solo cuarto? ¿Esto es lo que llevamos haciendo durante una década de vida? ¿Quedándonos parados en una sala? Aun así, me muero de ganas de volver. Quiero volver a entrar en ese mundo, pero no llevo encima el alcohol que necesito para lograrlo. Me quedo en un rincón y, cuando ya no veo manera de seguir regodeándome en aquella incomodidad y aquella sensación de estar de más, le digo a Craig que tiene que llevarme a casa. Al salir de la fiesta me quedo mirando las botellas de vodka, de whisky y de ron que hay en la encimera y pienso, *eso soy yo*. Mi personalidad, mi coraje y mi sentido del humor están atrapados dentro de esas botellas y no las puedo tocar. No estoy aquí, estoy ahí. ¿De qué sirve estar sobrio si ni siquiera me *gusta* mi yo sobrio? Empiezo a esconder botellas de vodka debajo de la cama y a beber sorbitos antes de salir a cualquier parte. Me digo a mí misma que beber forma parte de la rutina de preparación. El alcohol es una herramienta de transformación, igual que el maquillaje y el secador de pelo. Forma parte de la armadura que mi representante necesita para sobrevivir ahí fuera. No volveré a enviarla al mundo exterior sin la preparación adecuada. Si la vida no quiere que beba, que deje de ser tan jodidamente aterradora.

Al final, claro, empiezo a beber a la vista de todos otra vez.

—Estoy bien, de verdad —le digo a Craig, Christy y Dana—. Solo tomaré unas copas por la noche.

Ellos no dicen nada. No tienen que hacerlo. Al cabo de una semana, bebo hasta perder la conciencia otra vez. Todas las tardes, Craig y las chicas me dicen lo que hice la noche anterior.

Yo escucho sonriendo abochornada. ¿Cuenta para algo tu vida cuando no te acuerdas de la mitad? ¿La has vivido de verdad? Me paso otros seis meses más así, viva a medias. Viva a medias es lo máximo que puedo soportar.

—

Un día de mayo, me despierto al mediodía, desorientada y deshidratada. Al girarme me doy cuenta de que Craig no está. Me ha dejado una nota junto a la cama: «¡Esta noche te llamo!». Sé que Dana y Christy tampoco están porque toda la casa está en silencio. Esa es la diferencia entre nosotros: todos bebemos, pero Craig y las chicas hacen otras cosas además de beber. Yo no. Yo bebo y me recupero de haber bebido. Alternar entre ambas cosas requiere todo mi ser. Saco los pies de la cama y los apoyo en el suelo, me pongo un pantalón de deporte y una sudadera, y me envuelvo bien en mi manta. Bajo las escaleras despacio, tomo una botella de agua y un tarro de mantequilla de cacahuete y me siento delante de la televisión. En cuanto me siento cómoda, me llega a la nariz el olor a ceniza del cenicero lleno que está encima de la mesa de centro y las náuseas me obligan a ir corriendo al baño. Ahora estoy en el suelo, abrazada al inodoro. Me sentiré bien en cuanto lo eche todo. Cada convulsión hace que me retuerza y entre vómito y vómito, apoyo la mejilla en el borde frío del asiento. Cuando ya creo que he terminado, vuelvo al sofá apoyándome en la pared y en los muebles para no caerme. Las náuseas no se pasan. Dos horas más tarde, sigo sentada en el suelo, inclinada sobre el inodoro. Me viene a la cabeza en ese momento que la noche anterior me pareció que el top ajustado que llevaba me hacía mucho pecho. Ahueco la mano debajo de una teta y la levanto. Demasiado volumen, pienso, demasiado peso, demasiado sensible. *Mierda, mierda, mierda*. Apoyo la mejilla en el borde del inodoro otra vez.

A las cinco, me siento lo bastante estable como para ir en coche a la farmacia. Busco la prueba de embarazo más barato y un bote de pastillas para el terrible dolor de cabeza que tengo. Lo pongo todo en el mostrador y espero con la cabeza gacha. Voy directo al baño nada más llegar a casa, a hacer pis en el medidor. Dejo el test en el mueble del lavabo y me siento en el suelo a esperar. Noto el frío de las baldosas en la parte posterior de los muslos y la solidez de la pared en la espalda. Me quedo ahí sentada hasta tener la certeza de que han pasado los tres minutos. No quiero volver a levantarme, así que me aúpo un poco sujetándome al borde del lavabo, palpando a ciegas hasta dar con el test, lo agarro y me lo pongo sobre las piernas. Tengo los ojos cerrados. Lo que menos deseo ahora mismo es abrirlos. Veo una crucecita azul en el visor rectangular. Leo el prospecto y confirmo que la cruz significa que el test es positivo. Sí, estás embarazada. *Estoy embarazada*.

Al principio, lo único que siento es una sed horrible. Me levanto muy despacio apoyándome en la pared y, como no hay ningún vaso, me inclino y junto las manos ahuecadas debajo del grifo para recoger agua y beber, manojo tras manojo. El agua me salpica la cara y se me cuela por la sudadera, empapándome rápidamente. Me vuelvo a sentar y me quedo mirando fijamente la crucecita azul. Lo que ocurre a continuación no es tanto una decisión como un descubrimiento.

Me doy cuenta, tal como estoy sentada en el suelo, de que sí voy a tener al bebé. Me golpea una ola de vergüenza al cobrar conciencia de esta decisión, mayor incluso que la que sentí cuando puse fin a mi embarazo la otra vez. Bajo la vista y me miro las manos temblorosas, los pantalones sucios, la mugre que hay en el suelo del baño. Soy alcohólica. Soy bulímica. No puedo querer a un bebé porque solo sé hacer daño a las personas que quiero. No puedo enseñar a otro a vivir porque yo estoy viva a medias. Nadie en este mundo, ni siquiera yo, me consideraría digna de ser madre. Pero da igual. Aquí, mirando la crucecita azul, soy incapaz de negar que alguien haya decidido que sí soy digna. Alguien, algo, me ha enviado esta invitación. Varias cosas son verdaderas a la misma vez: estoy vacía y sola, soy una adicta y, así y todo, he recibido esta invitación. Me pregunto quién será ese alguien tan persistente. Pienso en María con su bebé y su mirada de aprobación. Pienso en que ella me invitó a que me acercara tal como yo era. Pienso en cómo María repartió perdón y dignidad como si la gracia divina se repartiera a diestro y siniestro. Me atasco con la frase, no puedo dejar de darle vueltas. *A diestro y siniestro*. Tal vez la gracia divina sea gratuita. A disposición de todos. Incluso de mí. Esto me abruma, me llena, me cubre, me convence. Decido creer. Algo en mi interior dice sí a la idea de que Dios existe y está intentando hablar conmigo, intentando amarme, intentando invitarme a volver a la vida. Decido creer en un Dios que cree en una chica como yo.

El Dios en el que decido creer es el Dios del cuarto de baño. Un Dios con unas expectativas ridículamente bajas. Un Dios que sonríe a una alcohólica tirada en el suelo, borracha y asustada, y le dice: *Aquí estás. Te estaba esperando. ¿Estás lista para hacer algo hermoso conmigo?* Miro la crucecita azul y decido que voy a dejar que sea lo que tenga que ser. Dejaré de considerarme indigna de invitaciones y confiaré en quien hace la invitación. Pondré a prueba la posibilidad ridícula y absurda de estar a la altura de la llamada de una manera que ni yo misma alcanzo a vislumbrar aún.

Sí, pese a que todas las pruebas me indican lo contrario, voy a creer que soy digna, me dice mi alma. Me preparo en caso de recibir una respuesta. *Sí, gracias*, me digo una vez más. *Considéralo*

*mi confirmación de asistencia a la invitación. Más uno. Me gustaría
volver a la vida, por favor. Me gustaría ser madre. ¿Y ahora qué?*

Miro al techo esperando encontrar a Dios, pero lo único que
veo son unas manchas oscuras de una fuga de agua. Cierro los ojos
y me acuerdo de la virgen María, con su niño en brazos, sonriendo
e insistiendo en que nadie está enfadado conmigo, que solo estaban esperando una respuesta afirmativa por mi parte. Es hora de
empezar, me dice. *Pero estoy asustada y confundida, soy una chica
joven, soltera, que se ha quedado embarazada. Y yo, dice ella.* Y entonces, sentada en el suelo del cuarto de baño, recuerdo que hoy
es el día de la madre. *Hoy es el día. Que sea lo que tenga que ser.*

Me recorre una sensación cálida de paz absoluta hasta que sale a
la luz la segunda verdad, despacio, pero con la misma tenacidad que
la crucecita minutos antes: tener a este bebé significará estar sobria.
Oh, Dios mío. Esa es la diferencia entre Dios y el alcohol. Dios
quiere que hagamos ciertas cosas. El alcohol bloquea el dolor, mientras que Dios insiste en que te cures. Dios trabaja con la verdad y
la verdad te hará libre, pero al principio te dolerá y de qué manera.
Mantenerme sobria será como caminar hacia mi propia crucifixión.
Pero eso es lo que se requiere. Es el precio de levantarme.

Alargo la mano para abrir la puerta del baño y salgo a gatas
al pasillo. Necesito el móvil. Me asusta estar allí fuera, porque el
pasillo es grande y no hay nadie, y yo necesito que me sostengan.
Me levanto y voy corriendo a mi habitación por el teléfono para
volver al diminuto baño. Cierro el pestillo y vuelvo a sentarme en
el suelo, apoyada contra la pared. Sigo con la prueba de embarazo en
la mano. No pienso soltarla. Es la demostración de que he recibido
una invitación. Llamo a mi hermana, que responde al segundo tono.

—Necesito ayuda, hermana. Tengo que recuperarme. No sé
qué hacer.

—¿Dónde estás?

—En el suelo del cuarto de baño.

—Quédate ahí. Llego en media hora.

Este es el punto en el que los pasos de mi hermana se vuelven a unir con los míos en el camino de nuestras vidas. Me sacaba kilómetros de ventaja, pero, nada más oír las palabras que había estado esperando oír (el momento en que dije *necesito ayuda*), dio media vuelta y desanduvo el camino. Salió corriendo todo lo rápido que pudo, levantando la arena a su paso, llorando, para volver al punto exacto en el que me hundiera en la arena casi veinte años atrás. Cuando me alcanzó, se inclinó sobre mí, me tomó la mano y me ayudó a levantarme. Me sujetó con firmeza al ver que me temblaban las piernas. En ningún momento me pidió explicación o disculpa alguna. Simplemente me dijo: *Estoy aquí.*

—

Nos detuvimos delante de una iglesia en una parte de la ciudad en la que no he estado nunca. Subimos los escalones de la entrada, abrimos las puertas y entramos. Pasamos por delante de los despachos y el santuario y bajamos al sótano en el que se celebra la reunión. Abro otra puerta y me siento dentro del círculo que forma el primer grupo de personas honestas que he conocido desde que salí del psiquiátrico. Parecen muy cansados, machacados pero reales. No hay representantes en este círculo. Al comenzar la reunión noto que los presentes hablan un idioma que reconozco como el idioma de la verdad. No digo nada, y esto está bien. Aquí no tengo que hacer nada en nombre de la normalidad social. El juego se ha acabado para nosotros, menos mal. Estas personas están dispuestas a dejar de fingir y empezar de nuevo. Me siento segura con ellos. De vuelta a casa tras la reunión le digo a mi hermana que voy a ir a casa de Craig a decirle lo del bebé. Me pregunta si quiero que me lleve y yo le digo: «No, esto lo tengo que hacer yo sola. Es hora de dejar de fingir y volver a empezar».

Más tarde, estoy sentada en el borde de la cama de Craig, escuchándolo enumerar desesperadamente nuestras «opciones». Me oigo decir: «Lo cierto es que voy a tener a este bebé, me da igual lo que pienses». Me doy cuenta de que es la primera vez que digo: *Esto es lo que quiero, así que es lo que voy a hacer*, en vez de: *¿Qué es lo que tú quieres? ¿Qué quieres que haga?* El cambio toma a Craig por sorpresa, que se sujeta a la pared para no caer. No puedo ayudarlo a pasar este derrumbe porque me está costando todo lo mío mantenerme firme. Pero estoy decidida. Craig me mira como si no me conociera. No me conoce. Soy nueva. Todas las normas han cambiado para mí. Lo que sienta por mí este hombre ya no es mi mayor preocupación.

Así que nos sentamos, el uno al lado del otro, dos desconocidos otra vez, con un ser desconocido creado por accidente entre los dos; cada uno de los dos está completamente solo y a la vez no volverá a estarlo nunca más. He decidido que estoy lista para dejar de destruirme y empezar a crear. Ya he aceptado la invitación y nadie volverá a convencerme de que no valgo la pena. Nunca más. Me han invitado y he aceptado la invitación. Mi respuesta afirmativa es definitiva. A partir de ahora, cuando perciba un *No* en una expresión facial, en un tono de voz, en un gesto de desaprobación hacia mí, en mi propia mente, mi respuesta mental será: *A la mierda*. *A la mierda* es lo que le digo al miedo, a la duda, a la vergüenza, a cualquier forma de *No, Glennon, no es para ti*. *A la mierda* es todo lo que tengo por ahora. Es mi coraza. Mi oda a María. Mi oración y mi grito de batalla.

Al día siguiente por la noche, Craig y yo vamos a ver a mis padres para contarles lo del bebé. Se los ve agotados y preparados para la batalla al mismo tiempo. Mi madre me mira pasando de largo a Craig y dice: «No hace falta que te cases con él, Glennon. Podemos criar a este bebé juntos». Es lo más valiente que nadie me ha dicho jamás. El resto de la conversación es muy duro. Mis padres nos preguntan cosas que no estamos preparados para responder, como dónde viviremos o si nos vamos a casar. No lo sabemos. Ni siquiera somos capaces de mirarnos cuando nos lo preguntan. Resulta humillante reconocer todo lo que no sabemos.

De vuelta a casa, Craig envuelve el pánico que siente en una capa de entusiasmo.

—¡Sé que podemos hacerlo! ¿Y si buscas un apartamento y yo otro, y paso el fin de semana contigo y con el bebé?

Intenta aferrarse a su antigua vida al tiempo que vive la nueva. Yo lo entiendo, pero no va a funcionar. No lo necesito tanto. O lo necesito más que eso.

—Podría funcionar, pero tendríamos que romper antes. Debemos seguir adelante juntos o por separado, pero no voy a vivir en un punto intermedio. Tienes que tomar una decisión y no quiero que la culpa influya en ella. Ya has oído a mis padres. Me ayudarán. No nos pasará nada al bebé y a mí.

Nos paramos delante de un semáforo en rojo y Craig se vuelve hacia mí. No parece aliviado, parece herido. Me confunde su expresión de dolor. Solo intento no mostrarme necesitada. ¿Quiere que lo necesitemos o no? No lo sé. Él no lo sabe.

Decidimos tomarnos un tiempo. Me deja en casa y subo a acostarme. Por la mañana cuando salgo de casa, veo una ficha pegada con cinta adhesiva en la puerta de mi coche. «Todo saldrá bien». Es la letra manuscrita de mi padre. Debe haber venido en coche en plena noche a dejarme el mensaje. Y yo lo creo.

⟡

No me tomo mis días de sobriedad de uno en uno, porque cada día es una eternidad. Me digo que tengo que hacer las cosas de una en una. Empiezo a ver mi vida como un sendero. Solo puedo contar con que va a aparecer el siguiente paso una vez que me he comprometido con el anterior. Esto es lo primero que me digo cada día al despertar: ¿qué haría una persona sobria, normal y adulta ahora? Se levantaría y haría la cama. Se prepararía el desayuno. Se tomaría un vaso de agua. Se ducharía y se iría a trabajar. Así que hago todas esas cosas, de una en una. Y, como estoy haciendo lo correcto, espero que la vida empiece a ser maravillosa. Me quedo horrorizada al entender que la sobriedad es realmente horrible. Durante las dos primeras semanas tiemblo, siento una tremenda picazón y necesito desesperadamente encontrar una forma de escapar. Siento claustrofobia dentro de mi propia piel. Me duele todo. Mi amado entumecimiento ha desaparecido y a cada momento recuerdo por qué empecé a beber. Pero no bebo. No me doy un atracón de comida para luego vomitar. En su lugar, leo libros sobre bebés. Guardo la prueba de embarazo junto a la cama y la sostengo varias veces al día para ver la crucecita azul, para comprobar que sigue ahí. Para recordarme que la invitación que recibí es real.

Una noche, después de varias semanas sobria, me tumbo en la cama y mis ojos tropiezan con un montón de CDs que hay en una esquina del cuarto. Me acerco hasta el montón y hurgo entre ellos hasta dar con el de las Indigo Girls. Lo sostengo en la mano y me pregunto si me atrevo a dejar que canten para mí. Abro la caja, pongo el disco plateado en el reproductor y doy al botón de inicio. Luego me tumbo de nuevo y espero a que la música duela demasiado. Cuando empiezan a cantar, comienzo a sentir ese anhelo que me produce siempre la música. Contengo la respiración, pero rápidamente me doy cuenta de que mi anhelo no es como antes. La música normalmente me hace sentir excluida y melancólica, como cuando miras la foto de una fiesta a la que no te han invitado. Pero ahora me siento incluida, siento que me acercan, como si la música fuera un puente entre esas dos mujeres y yo. Me siento reconfortada. Las Indigo Girls me prometen que está bien sentir mucho y saber poco. Insisten en que mi pena no es nueva, sino antigua ya. Me paso horas escuchándolas y cada canción me hace sentir menos sola y más parte de una hermandad universal, clandestina. Poco a poco, siento que algo parecido al gozo va creciendo dentro de mí. Y ese gozo hace que me ponga en pie y empiece a bailar. Bailo en mi habitación, solo para mí, con Amy y Emily. Nadie me mira, lo que significa que no estoy representando un papel. Estoy bailando, nada más. Dando vueltas y vueltas. Para mí misma.

Esto se convierte en un ritual para mí. En vez de beber, cada noche me encierro en mi habitación con las Indigo Girls. A veces doy vueltas, pero normalmente me tumbo en la cama a practicar lo que es sentir mis propios sentimientos. La música es un lugar seguro para practicar lo que es ser humana. En lo que dura una canción puedo sentirlo todo, dejar que todo venga a mí, la alegría y la esperanza y el terror y la rabia y el amor, y dejar que todo pase. La canción siempre termina. Yo sobrevivo todas las veces. Así es como sé que estoy mejorando: soy capaz de sobrevivir a la belleza de la música. He aceptado otra de las peligrosas invitaciones de la vida: la invitación a sentir.

Parece que mi corazón está haciendo su trabajo, así que me pregunto de qué es capaz mi cuerpo. Y, mientras escucho, entrelazo las manos sobre mi creciente vientre. Siento que mis muslos se expanden, que mis pechos se hinchan y mis mejillas vuelven a estar más llenas. Estoy agradecida por todo ello. Por primera vez en mi vida, quiero ser grande. Quiero seguir engordando para hacer sitio a mi bebé. A veces, estoy tumbada en la cama por la noche, engordando y practicando lo que es comportarse como un ser humano, y me pregunto qué estará haciendo Craig. Si estará por ahí de fiesta o estará también en la cama, preguntándose cómo responder a su invitación.

Al final, Craig me llama y me invita a cenar. Cuando llega a recogerme, lo estoy esperando junto a la ventana. Lo veo bajar de su camioneta y una sensación de cariño y alivio inunda mi cuerpo. Puedo hacer esto sola, pero no quiero. Quiero el sueño. Quiero tener una familia. Después de cenar, me lleva a casa de sus padres y vamos paseando hasta el jardín trasero. Me acompaña más allá del estanque de los peces hasta un columpio que hay bajo un cenador blanco. Mientras yo me siento en el columpio, Craig se arrodilla frente a mí y me ofrece un anillo con un diamante. Cuando me pregunta: «¿Te casarías conmigo?», está temblando. Por un momento me pregunto si lo que le da miedo es que le diga que no o que le diga que sí. Le digo que sí. Craig me pone el anillo en el dedo con una gran sonrisa y se levanta para sentarse a mi lado en el columpio. Me toma la mano y nos quedamos mirando el anillo. Me dice que lo ha comprado con el dinero que tenía en una cuenta que abrió cuando estaba en la escuela intermedia. A los doce años, empezó a cortar el césped para su padre y después amplió el negocio al resto del vecindario. Ganaba veinte dólares al mes y lo fue guardando para algo importante. «No era más que un niño. Ni siquiera sabía que estaba cortándote el césped a ti y a nuestro bebé». Lo miro y lo quiero. Entramos a enseñárselo a su madre, que me toma la mano y me dice que es precioso y que yo también lo soy. Nos abraza y da palmaditas. Vuelvo en coche a casa de mis padres y, como es muy tarde, abro la puerta, subo al piso de arriba y los despierto. Ellos me miran a los ojos antes de mirar el anillo. Tanto mis ojos como el anillo resplandecen, rebosantes de promesa. Habrá una boda. Voy a ser una persona nueva. Estoy lista para dejar atrás la persona que era. A meterlo todo en una caja y guardarla al fondo del armario. Los dos empezaremos de nuevo, juntos.

5

Estoy otra vez en el jardín trasero donde Craig pasó su infancia. Mi padre y yo esperamos el uno junto al otro al final de una larga alfombra blanca a que empiece la música adecuada, para que podamos emprender el camino hasta Craig. Llevo unos tacones tan altos que mis hombros están casi a la misma altura que los de mi padre. Llevo pestañas postizas y una diadema de brillantes falsos en el pelo. Espero que el adorno distraiga la atención de los presentes de mi abultada barriga.

Mi padre me toma la mano, se gira hacia mí y me dice: «Estás tal y como siempre imaginé que estarías cuando llegara este día». No sé qué decir porque yo nunca he imaginado este día. Sonrío y le aprieto la mano. La música empieza y echamos a andar por la alfombra, pasamos junto a mi abuela y mi madre, junto a Dana y Christy, y junto a los tíos y tías de Craig y los míos. Al llegar al extremo de la alfombra, oigo al ministro decir:

—¿Quién trae a esta mujer a contraer matrimonio?

Mi padre responde:

—Su madre y yo.

Miro hacia atrás a mi madre y la veo tan guapa y tan joven.

Lleva un vestido rojo vivo como el de mi hermana y está concentrada, todo su cuerpo está atento de puro amor hacia mí. Me protege y responde por mí, aunque en este momento solo pueda hacerlo con la postura. Está sentada al lado de su mejor amiga, su madre, mi abuela, Alice. Están tomadas de la mano. Espero que estén viviendo el momento que las dos imaginaron.

Mi padre entrega mi mano a Craig. En ningún momento queda mi mano sola. No hay tiempo suficiente. Craig me toma la mano y, de repente, estamos los dos solos, uno frente al otro. Esto se me antoja demasiado intenso, así que aparto la vista de Craig y la dirijo hacia el ministro, aunque sé que es demasiado pronto. Craig me mira y se gira también. Yo lo miro de medio lado y me sorprende lo joven que parece, casi un niño jugando a disfrazarse con el esmoquin de su padre. Me pregunto si Craig pensará lo mismo de mi vestido sin tirantes, mis pestañas postizas y mis brillantes falsos. La posibilidad me produce una sensación de vergüenza y tengo que volver a apartar la vista. Me fijo en que le tiemblan las manos. Está asustado. De repente soy como un charco de ternura por todos nosotros: por Craig, por mí, por mi padre, por mi hermana, por mi madre y por mi abuela, y también por el ministro. Puede que no estemos preparados, pero aquí estamos. Hemos venido por los demás.

Mientras que el ministro mira sus apuntes, yo miro por encima del hombro al resto de familiares sentados en silencio en los bancos blancos que el padre de Craig ha reunido y pintado para este día. Me sonríen con una expresión llena de esperanza y miedo sinceros. Yo les sonrío a mi vez y contengo la respiración. Hay algo en la mezcla de esperanza, miedo y zapatos elegantes que me resulta trágico. Ya no recuerdo la diferencia entre la esperanza y el miedo. No sabría decir si están felices los asistentes. ¿Es este un acontecimiento feliz? ¿Estamos felices? Me siento confundida y avergonzada porque la confusión no es lo que se supone que debe sentir una novia el día de su boda. Los nervios sí parecen apropiados, así que me quedo con la sensación. Estoy nerviosa porque no soy capaz de mirar a nadie en mi propia boda. Me vuelvo hacia el ministro otra vez. Levanto el mentón y siento la espalda rígida. El sol me da en la cara e imagino que sus rayos me sostienen. No sé qué hacer con las manos, así que las entrelazo debajo de la barriga, me tomo las manos yo sola.

Ya no me siento como un charco de ternura. Soy un árbol. Todos los demás pueden sentirse esperanzados y asustados, pero yo no siento ni una cosa ni la otra. Yo estoy decidida, firme y distante. El mundo del que soy responsable está dentro de mí ahora. Solo puedo salvar a este bebé que vino y confió que yo volviera a la vida. No puedo dejar que me distraigan los sentimientos de los demás. Seré fiera y sólida, como mi madre.

Cuando llega el momento de intercambiar nuestros votos, le digo a Craig que él es mi prueba de que Dios me conoce, confía en mí y me quiere. Sé que en realidad me refiero a nuestro hijo. Él es mi prueba. Aún no sé qué es Craig para mí. Él acepta mis votos y comienza a decir los suyos. Se los ha aprendido de memoria, lo que parece prometedor. Promete anteponerme a todos los demás el resto de su vida y yo lo miro a los ojos y acepto su promesa en nombre de nuestro hijo. Sus promesas no pueden ir dirigidas a mí, porque aún no sabemos quién soy. Solo llevo cuatro meses sobria. Tal vez sea ese el motivo por el que todos tienen esa expresión de miedo y esperanza. Oigo al ministro llamarme por mi nuevo nombre, señora Melton. Decido que es mejor que nadie me conociera antes porque ahora soy una persona totalmente nueva. Ya no soy Glennon Doyle. Soy la señora Melton.

La ceremonia se termina y nos hacemos fotos mientras suena *Beautiful Day* de U2. La boda al completo se traslada del jardín de los padres de Craig a casa de mis padres, a seis casas de distancia. Estamos bailando nuestra canción, elegida por Craig, en el salón de mis padres. La voz de Sade repite el estribillo, *¿Crees que me iría de tu lado, cariño? Me conoces y sabes que no.* Me pregunto si Craig estará aprovechando la letra de la canción para decirme que me está salvando en vez de eligiéndome. O si la canción hablará de nuestro hijo también. Puede que nuestra romántica canción de boda sea en realidad una nana.

Nos despedimos de nuestros padres y partimos hacia un elegante hotel en Washington D.C. donde pasaremos nuestras doce horas de luna de miel. Me siento avergonzada cuando el hombre en la recepción nos felicita, como si los tres supiéramos que Craig y yo solo estamos fingiendo ser unos recién casados. Tenemos una habitación preciosa, pero no sabemos muy bien qué hacer, así que me excuso y voy a cambiarme de ropa. Me pruebo tres pares de pantalones antes de que uno por fin me cubre la barriga. El bebé está con nosotros en nuestra noche de bodas y eso me hace sentir segura, sé que no estamos los dos solos. Nuestro hijo es nuestro parachoques, nuestro escudo, nuestra razón. Vamos a cenar y tratamos de hablar de cosas que estén a la altura de un día como este en cuestión de importancia. No se nos da bien conversar, así que optamos por salir a pasear por las calles de Washington D.C. tomados de la mano. Yo intento pensar en *nosotros* y en *nuestro futuro*, pero sobre todo pienso en lo terriblemente duro que es celebrar cualquier cosa sin alcohol. Regresamos al hotel pronto y nos acurrucamos bajo el edredón. Yo llevo un camisón de novia premamá que me envió mi tía, una cosa tan rara que no puedo ni pensar en ello.

Cuando Craig empieza a besarme, estoy nerviosa, como si la situación actual requiriese cierto respeto, porque ahora —con los papeles firmados, la sobriedad y un anillo— el sexo será diferente.

Ahora será sagrado y tendrá un significado. Estoy a punto de entender a qué viene tanto alboroto. Pero, cuando Craig se pone encima de mí, me pongo a mirar la habitación para distraerme, igual que la primera vez e igual que todas las otras veces después de aquella. Entonces, como si me hubieran hecho una señal, cierro los ojos y salgo de mi cuerpo. Cuando se termina, estoy asustada. Se suponía que tenía que ser diferente y no ha sido así. Entrar en el momento que se supone que debes sentirte más conectada que nunca y seguir sintiéndote sola es absolutamente aterrador. Sola como en ningún otro momento.

Me aparto de Craig y me abrazo el vientre. Craig me rodea con sus brazos desde atrás y me dice que me quiere. «Yo también te quiero», le digo yo. Los dos decimos la verdad. Los dos nos queremos. Es como se supone que tiene que ser. Enseguida oigo el cambio en la respiración de Craig. Se ha dormido. Yo estoy despierta y sola. Acabo de casarme. Acabo de vivir mi noche de sexo de recién casados. Estoy tumbada junto a un hombre que me quiere y llevo a su hijo en mi interior. Si aun así me siento sola, no hay nada más que hablar. Siempre me sentiré sola. ¿Y si casarse no es un nuevo comienzo? ¿Y si solo es una continuación? Me temo que hoy no me he convertido en una persona nueva después de todo. ¿Y si no ha habido conversión?

Todo va a salir bien. Tal vez sea un proceso lento. Pero vamos a crecer, conseguiremos convertirnos en lo que tenga que ser, digo en silencio para los tres.

SEGUNDA PARTE

6

Y sí, CRECEMOS. Crecemos y nos vamos acostumbrando a muchas cosas. Craig y yo alquilamos un apartamento y yo aprendo las tareas domésticas fijándome en los anuncios de la televisión en los que salen amas de casa. Siguiendo el ejemplo de una de ellas salgo a comprar diez botes de salsa para marinar pollo. Llamo a Craig al trabajo todas las tardes para contarle lo que voy a preparar para cenar. ¡Esta noche pollo tandoori! ¡Pollo con chipotle al estilo sudoeste mañana! Él no me pregunta nunca si alguna vez comeremos algo que no sea pollo marinado. Y a mí no se me pasa nunca por la cabeza la posibilidad de que existan otras posibilidades. Le preparo la bolsa con la comida a Craig en la que incluyo paquetes individuales de queso, zumos y notas cariñosas de mi parte y de la del bebé. Nunca me pregunta por qué le preparo la bolsa de la comida como si estuviera en la guardería. Nunca se me ocurre pensar que las madres de la tele preparan la comida para sus hijos, no para sus maridos. Todas las mañanas, Craig se pone su traje, me da un beso y recoge de la encimera la bolsa de papel cubierta de corazones que contiene su comida. Lo acompaño a su camioneta, él se sube y se despide de mí con un beso. Yo lo miro alejarse y le digo adiós con la mano hasta que el coche da la vuelta a la esquina y desaparece de la vista. Estoy muy orgullosa de los dos. Somos adultos.

Pasamos los fines de semana decorando el apartamento. Pintamos una pared del salón en tono azul real. La llamamos la «pared decorativa» y nos hace sentir refinados. Nos pasamos un día entero en una tienda de mascotas eligiendo un acuario y siete peces a los que ponemos nombre. Lo instalamos delante de la pared decorativa y los peces plateados del interior se recortan contra el azul oscuro en su ir y venir de un lado a otro del acuario. Es el primer sitio al que llevamos a las visitas. «¡Miren nuestra pared decorativa y nuestros peces!». Cuando hacemos la gira por la casa siempre dejamos para el final la habitación del bebé. Y, al abrir lentamente la puerta, siempre esperamos que la gente contenga el aliento como nosotros.

Cuando llego a la habitación del bebé, me dan ganas de hablar en susurros y entrar de puntillas. La madre de Craig nos hace unas cortinas con ositos por las que se filtra una luz suave directamente sobre la cuna como si fuera un dulce foco. Cada vez que entro, reacciono al foco de luz parándome a observar la cuna. Admiro las mantas en tonos pastel, el corderito de peluche, las sábanas de ositos a juego con las cortinas y pienso: *sí, en esta cuna dormiría el hijo de una buena madre*. Cada tarde al volver de mis clases, paso horas sentada en el suelo de la habitación del bebé. Me siento delante de un montón de pijamas de bebé, los desdoblo, los admiro a la luz y después me los llevo a la cara e inspiro profundamente, luego los doblo pulcramente y los guardo en la cómoda que Craig ha pintado de azul.

Una tarde me doy cuenta de que no me he parado a ver la habitación desde la perspectiva del bebé. Coloco un taburete de la cocina delante de la cuna, me subo y me meto en la cuna. Nada más poner el pie sobre el diminuto colchón, la cuna cruje ruidosamente, pero aguanta mi peso. Me enrosco en posición fetal con la mejilla sobre la sábana y miro a mi alrededor con ojo crítico. Me agrada el olor de las sábanas, pero decido redistribuir los juguetes en la estantería de manera que los de colores más vivos queden a la altura de los ojos del bebé. Me cuesta un triunfo salir. Me apoyo con demasiada fuerza en el lateral y algo se parte. He roto la cama de mi bebé. Me pongo a llorar. Craig oye el crujido y el llanto y aparece en la puerta. Se queda inmóvil un momento intentando comprender qué hace su mujer embarazada colgando precariamente de la barandilla de la cuna. Viene corriendo y me saca. Nos quedamos mirándonos un momento hasta que finalmente digo: «He leído que tenemos que intentar ver la habitación desde el punto de vista del bebé». No lo he leído, pero confío en que alguien haya escrito tal cosa en alguna parte, lo que le da toque de verdadero. Miro a Craig. Está pensando si preguntarme algo más. Al final lo deja no más: «Qué buena madre eres ya. Arreglaré la cuna, no pasa nada. ¿Y cómo se ven las cosas desde ahí dentro?».

Craig me sujeta la mano mientras observo la pantalla del ordenador desde la camilla, tratando de encontrar sentido a lo que aparece en la ecografía. Lo primero que dice el técnico es: «Bueno, es un niño».

Miro a Craig, que dice: «¿Un niño? ¿Entonces es una *persona de verdad*?». Me echo a reír. No puedo creerlo. No puedo creer lo que está pasando. Quiero gritar de alegría, pero me contengo al ver el gesto serio del técnico. Se muestra distante y al principio me enfado por ello. ¿Qué *carajo le pasa*? ¿*Por qué no se alegra*? ¿*Es que no ve que un príncipe está a punto de venir al mundo*? Pero, al mirarla más atentamente, empiezo a asustarme. Se muestra estoica y callada, y evita mirarme a los ojos. Termina el examen y dice que esperemos a que llegue el médico. Se marcha y deja la sala a oscuras. Craig y yo no hablamos.

Entra el médico y nos dice sin miramientos que nuestro bebé tiene un quiste en el cerebro, una mancha en el corazón y el cuello ancho. Dice que son los marcadores que indican alguna «deficiencia a nivel cromosómico». Tiene un gesto serio y adusto, como si estuviera enfadado con nosotros. No sé a qué deficiencia se refiere, así que entiendo que mi bebé va a morir y que es culpa mía. Tiene sentido, por horrible que sea. *No pensarías que después de haber sido alcohólica y haber abortado voluntariamente ibas a tener un bebé sano y a pasarte el día sentada en el suelo oliendo pijamitas tan feliz. Esto es lo que ocurre. Tu bebé se muere.* Es lo que merezco. Me avergüenza haber pensado siquiera que podría llegar a ser feliz. No hay nuevo comienzo, es solo una continuación.

—¿Va a morir mi bebé? —me oigo decir.

—No —dice el médico—. Pero es probable que tenga síndrome de Down.

Vuelvo a respirar. Mi bebé vivirá. Cierro los ojos.

—¿Estás bien, cariño? —me pregunta Craig.

—Sí. Solo necesito un segundo.

Intento imaginar el aspecto que tendrá un niñito con síndrome de Down que forma parte de Craig y de mí. Intento visualizar a mi hijo. La imagen de un niño de dos años se materializa como un regalo. Tiene los ojos almendrados rasgados, la tez aceitunada y unos muslos fornidos. Se aleja corriendo de mí entre risas, pero yo lo alcanzo, lo levanto en brazos y hundo la nariz en su cuello. Los dos nos reímos como locos. Estamos perfectos. La visión me envuelve como si fuera una manta.

Abro los ojos. Yo sonrío, pero el médico tiene el ceño fruncido.

Me disgusta profundamente este hombre. Quiero que deje de fingir que es él quien ordena lo que debemos sentir. Quiero que deje de pensar que nos ha dado una mala noticia simplemente porque ha descubierto parte de quien es mi hijo. Mi hijo será quien es. Yo *quiero* que sea quien es. Busco los ojos de Craig y veo el miedo en ellos, pero también alivio y un brillo que me dice que le dan ganas de matar a este médico. Craig se inclina hacia delante y susurra: «Vámonos». *Sí*, pienso yo, *vámonos*. Le digo al médico que quiero vestirme y él nos dice algo sobre hacer más pruebas; le damos las gracias y nos despedimos de él.

Paramos en una biblioteca de camino a casa. Hay un pasillo lleno de libros sobre necesidades especiales y encontramos varios sobre síndrome de Down. Sacamos un montón de libros, nos sentamos en el suelo y nos pasamos una hora allí, leyendo. A este pasillo, al pasillo de las necesidades especiales, es donde hemos venido a parar. Leemos que la prueba a la que se refería el médico se llama amniocentesis y que una de varios cientos puede terminar en aborto. Me quedo pensando en ello un momento. Otra imagen entra en mi cabeza, esta vez se trata de una montaña rusa con un cartel a la entrada que dice: CUIDADO: UNO DE CADA VARIOS CIENTOS DE VIAJES EN LA MONTAÑA RUSA TERMINA CON LA VIDA DEL PASAJERO. Se lo cuento a Craig y los dos estamos de acuerdo en que no dejaremos que nuestro niño, al que ya hemos puesto el nombre de Chase, suba a esa montaña rusa. No habrá más pruebas.

—Ya hemos tomado una decisión sobre Chase. Los dos somos sus padres. Estamos tomando decisiones como padres —digo yo.

—Este es el día más raro, más aterrador y más guay de mi vida —dice Craig.

Nos quedamos sentados un buen rato uno al lado del otro, con la espalda apoyada contra una librería dedicada a libros sobre educación parental, mirando en silencio a nada en concreto, juntos. Las cosas se están asentando. Algo nos ocurrió en la consulta del médico. Ahora estamos comprometidos el uno con el otro.

Empezamos a entender que ser padres juntos es llegar un día y darte cuenta de que estás en una montaña rusa con otro ser humano. Los dos están en el mismo vagón, asegurados por la misma barra de sujeción, y no pueden bajarse en ninguna circunstancia. No habrá un momento en que los corazones de los dos dejen de subir y bajar al unísono, en que los pensamientos y el pánico dejen de agolparse en su mente en el mismo momento, en que no se les haga un nudo en el estómago al mismo tiempo, en que no se agarren simultáneamente al lateral del vagón al ver las altas montañas que se alzan en la distancia. Nadie, excepto la otra persona que va asegurada a tu lado, comprenderá jamás las emociones y los miedos presentes en tu viaje.

Dejamos los libros en su sitio porque no tenemos tarjeta de la biblioteca. Tener un hijo es una cosa, pero solicitar la tarjeta de una biblioteca es algo muy distinto. Según salimos a la calle, Craig dice:

—¿Crees que saldrá todo bien? ¿Crees que nuestro niño estará bien?

Lo miro y comprendo que cuando tu compañero de montaña rusa tiene miedo, tú tienes que disimular tu propio miedo. No pueden dejar que el pánico se apodere de los dos al mismo tiempo. Deben hacer turnos. Le sujeto por el brazo con fuerza y le digo:

—Lo creo absolutamente. Todo va a salir bien. Va a ser un niño asombroso. Esto forma parte de nuestro viaje.

Sonrío. No porque no tenga miedo, sino porque me siento profunda, firme y serenamente feliz.

Engordo veintisiete kilos porque al bebé le encantan las galletas con pepitas de chocolate y el helado de chocolate con tropezones, y darle lo quiere comer todos los días es importante para mí. Mido un metro cincuenta y dos, así que cada vez me parezco más a un cubo. La mayoría del tiempo soy un cubo eufórico, pero de vez en cuando me pregunto si en vez de curarme de la bulimia no me habré convertido en una medio bulímica, que solo se da atracones de comida, pero no vomita. Craig me dice a diario que estoy fantástica. «¡Estás resplandeciente!». Me compra una máquina que parece una emisora de radioaficionado y me lo pone sobre la barriga después de cenar y lee cuentos infantiles al micrófono. Después nos tumbamos en el sofá en forma de cuchara a ver la televisión. Durante los anuncios, Craig me toca la barriga y dice: «No puedo creer que haya un niño aquí dentro. Hemos creado a una *persona*. No me lo puedo creer». Yo tampoco me lo puedo creer, pero resulta que es cierto.

Una tarde nevosa de enero, Craig y yo estamos en la cama tumbados cuando comienzan las contracciones. Fuera está nevando. Le aprieto el brazo y abro desmesuradamente los ojos. Él se levanta de un salto realizando las técnicas de respiración que hemos aprendido en la clase de preparación al parto. Craig quiere llevarme al coche a toda prisa, pero yo insisto en ducharme, secarme el pelo y maquillarme. Mi bebé está a punto de conocer a su mamá y quiero que piense que soy guapa. Por fin nos metemos en el coche y nos ponemos en marcha. Craig está visiblemente aterrado. No para de hablar sin apartar la vista de la carretera: «Ya casi estamos, cariño. Casi hemos llegado al aeropuerto». Los dolores de las contracciones no me dejan ni hablar, así que ruego en silencio que Craig no esté yendo de verdad al aeropuerto. Para cuando entramos en la sala de espera del hospital yo ya estoy dando gritos y Craig sigue siendo el único que pone en práctica las técnicas de respiración. Una enfermera llega corriendo y se alarma al verme.

—¿Cuánto tiempo lleva así? —le pregunta a Craig.

—Nueve meses —contesta él.

Al principio estoy segura de que ha entendido mal la pregunta, pero después creo que tal vez no sea así. Nos llevan rápidamente a la sala de partos en una camilla. Reconfortado ante los pitidos de los monitores, las máquinas y el personal con bata, Craig se convierte en la pareja perfecta —me frota las piernas, me besa en la frente, relajado en todo momento— hasta que me dan la vuelta para ponerme la epidural. Cierro los ojos, le aprieto las manos sudorosas y lo oigo decir: «¡Santo Dios! ¡Es la aguja más grande que he visto en la vida!». Se produce un silencio y abro los ojos y veo que la enfermera lo mira, sacudiendo la cabeza sin poder dar crédito, y leo sus labios pronunciar en silencio: ¡Vaya hombre! Yo lo miro a Craig y digo en voz alta: «Eso, cariño: ¡vaya hombre!».

Mientras la bendita epidural hace su trabajo, mis padres y mi hermana entran en tromba en la sala de partos. Todos gritamos y nos abrazamos con fuerza. Les pido que busquen en mi bolsa las cartas que les he escrito para darles las gracias por haber creído en mí. En ellas les prometo que han hecho bien al creer en mí esta vez. Mi hermana y mi padre las encuentran y se van a la sala de espera a leerlas. Mi madre se queda y me toma la mano. Noto que intenta transmitirme toda su esperanza y su fuerza a través del brazo. Tiene los ojos llenos de lágrimas y le tiembla el labio cuando me susurra: «Que Dios te bendiga, cariño mío».

Es la primera vez que me lo dice. Estoy emocionada y asustada. Después se va y me quedo mirando a Craig mientras empujo y empujo hasta que sale: Chase Doyle Melton. Le veo la espalda antes de que la enfermera se lo lleve. Está amoratado y no hace ruido. Se me para el corazón. «¿Por qué no llora?», pregunto. Al no obtener respuesta, entiendo que ha llegado el momento de recibir mi castigo. Este es mi castigo. *«¿Por qué demonios no llora?»*, grito. Chase rompe a llorar.

«Está bien, cariño. Está bien. Es perfecto», dice Craig, que también está llorando. Todos estamos llorando a esas alturas. La enfermera me pasa a mi bebé envuelto en una manta. Cuando lo recibo en los brazos siento que, por primera vez en mi vida, no estoy actuando. Su cuerpo ocupa todo el espacio de mis brazos y pienso: *Así que para esto son mis brazos.* En ese momento, me olvido de mi soledad. Soy la madre de este bebé. Es mío. Yo soy suya. Es la llave que llevo toda la vida esperando. La llave que me abre. Chase y yo nos pertenecemos mutuamente.

Unas cuantas horas después de dar a luz, un médico al que no conozco viene a examinar a Chase. Se lo entrego reticente y me fijo bien en el rostro del médico. Al cabo de unos minutos, me lo devuelve y dice: «Tiene un hijo totalmente sano. Felicidades, mamá».

Cuando se da la vuelta para irse, lo detengo.

—Una pregunta. ¿Tiene síndrome de Down?

Él me mira enarcando las cejas y contesta:

—No. Te lo habría dicho.

Miro a mi pequeño y al principio siento que pierdo a la persona que pensé que era, pero después me alegro infinitamente por la persona que sé que es ahora. Siempre ha sido este niño. El niño de ojos almendrados y muslos fornidos que corretea entre risas. Mi hijo. Durante mis muchos años de adicción había dejado de considerarme digna de ser madre. Me comporto como una adulta desde hace solo ocho meses, pero soy la madre de Chase y, cuando miro sus labios rosados, pienso: *Ya no estoy viva a medias. Ahora estoy completamente viva. Tú, mi niño, me has traído al mundo.*

Dos días después, por la mañana, la enfermera se asoma a nuestra habitación canturreando: «Es hora de volver a casa, familia Melton». Lo primero que pienso es que se ha equivocado. En casa no hay médicos ni máquinas ni termómetros modernos. Casa no es el lugar para un niño. Craig me toma la mano y me dice: «Tú y yo, cariño. Podemos hacerlo». Está claro que ha estado ensayando y me siento conmovida. Le pongo a Chase su ropita de ir a casa y luego entro despacio en el cuarto de baño a prepararme para mi nueva vida. Saco de la bolsa los vaqueros de antes de quedarme embarazada más atrevidos que tengo y compruebo, sorprendida, que no me pasan de las pantorrillas. *Pero si el bebé nació hace dos días. Puede que tarde una semana*, pienso. Me vuelvo a poner los pantalones premamá y salgo del baño. «Lista», miento.

La enfermera nos lleva en una silla de ruedas a Chase y a mí a la salida, seguidos por Craig con nuestras bolsas. El aire frío nos golpea en cuanto se abren las puertas automáticas, así que Craig nos lleva rápidamente al coche. Aseguro a Chase en su sillita y me siento a su lado mientras Craig se sitúa en el asiento del conductor. Ninguno de los dos dice nada hasta que estamos a mitad de camino. No podemos creer lo mucho que ha cambiado el mundo durante nuestra breve estancia en el hospital. La ciudad se me antoja abarrotada de gente, de bocinas estridentes y camiones que emiten nubes de gases tóxicos al aire. El tráfico en dirección contraria es una procesión incesante de mortíferos misiles metálicos capaces de eliminar a nuestra pequeña familia en un abrir y cerrar de ojos. Somos un diminuto ejército silencioso en un tanque intentando avanzar en terreno hostil. *Dios mío, tendremos que dejar de conducir*, pienso. Miro las manos de Craig en el volante y veo que tiene los nudillos blancos.

—¿Siempre ha habido tantos coches? —pregunto.

—No sé, pero los odio a todos. Será mejor que no digamos

nada y nos concentremos —contesta él. El resto del viaje, busco consuelo apretando el rostro al de Chase todo lo que puedo. Cierro los ojos e inspiro su aroma. Es lo contrario a oler sales. Su aroma es tan reconfortante y relajante que ya el resto del aire me huele mal.

Contra todo pronóstico, llegamos a casa. Nada más aparcar delante de nuestro piso, le digo a Craig que es un héroe de guerra. Llevamos a Chase al interior y acomodamos la sillita del coche en el centro del salón en silencio. «Bienvenido a casa, cariño», le decimos. Él no responde. Craig y yo nos sentamos el uno junto al otro en el sofá y nos quedamos mirándolo un rato hasta que Craig dice:

—¿Y ahora qué se supone que debemos hacer?

—No tengo ni idea —respondo yo—. Creo que se supone que tenemos que, no sé, darle una vida.

—De acuerdo. Podemos hacerlo —dice él.

Nos quitamos el abrigo y nos ponemos manos a la obra.

⁓

Durante la primera semana como una familia, nos sentamos en el suelo delante de las puertas de cristal correderas a ver nevar. Nos sorprendemos al tocar el cristal y sentir el frío que desprende. Estamos tan calentitos juntos dentro de casa que se nos ha olvidado lo que es el frío. Ponemos música suave mientras escuchamos los arrullos y los gorjeos de Chase, y por eso nos asustamos cuando suena el teléfono, porque nos hemos olvidado de la existencia del resto del mundo. Caliento los biberones al fuego y me doy cuenta de que el reloj aún marca la hora. El recordatorio de que el tiempo pasa me resulta divertido. No existe nadie más que nosotros tres, el mundo desaparece más allá de nuestro piso, no existe más horario que el de Chase ni más camino que el que se repite desde su cuna a la bañera y de la bañera a la mecedora y de la mecedora a nuestro sofá de segunda mano, donde nos acurrucamos a un lado y nos quedamos mirándonos hasta bien entrada la noche.

Cuando llega el momento de retomar las clases, dejo a Chase en la guardería y me echo a llorar al ver por el retrovisor su sillita vacía en el asiento trasero. Me paso todo el día con una sensación de inquietud. Siento que podría salir flotando sin el peso de su cuerpecito suave en los brazos. Un día, la cuidadora sale a recibirme a la puerta y me dice: «¡Chase se ha dado la vuelta solo hoy por primera vez!». La miro sostener en brazos con orgullo a mi bebé y me entran unas ganas terribles de ponerme a gritar. Me estoy perdiendo cosas. De camino a casa llamo a Craig y lo amenazo con dejar el trabajo, así que vuelve a casa temprano. Llevamos a Chase a dar un paseo y detenemos el carrito delante de un arbusto en el que se ha posado un pájaro. El ave trina justo al nivel de los ojos de Chase, y este se ríe por primera vez. Craig y yo nos quedamos pasmados. Nos miramos con ojos como platos y húmedos. La risa de Chase suena como una cascada de burbujas de cristal. Es como cuando en clase de música recorría suavemente el xilófono con el martillo de fieltro desde la lámina más larga, de sonido grave, hasta la más pequeña, de sonido agudo, para escuchar todas las notas en una sucesión ondulada. Es como un arcoíris entero de sonido que se expande desde un extremo del cielo al otro. Craig y yo nos damos cuenta por primera vez que Chase es una persona completa, separada de nosotros, capaz de deleitarse con el mundo que lo rodea. Nos abrazamos y nos echamos a llorar allí mismo, en el patio, mientras Chase aparta la vista del arbusto y nos mira, sin dejar de reírse a carcajadas.

Los tres vivimos tan cerca de la superficie de nosotros mismos que parece fácil tocarnos mutuamente. El primer año de vida de nuestro hijo está lleno de risas y lágrimas. Por medio de las risas y las lágrimas atravesamos nuestra propia piel para tocarnos, los unos a los otros.

⁓

Craig, Chase y yo encajamos a la perfección. Nos reforzamos mutuamente como una trenza. Pero, a medida que Chase va creciendo, Craig y yo nos quedamos solos con más frecuencia. Sin Chase, empezamos a deshacernos. Como niña de Disney que soy, enseguida comprendí que una boda es la línea de meta para una mujer. Creía que lo único que tenía que hacer era cruzar esa línea de meta del día de la boda para sentirme completa y feliz. Entonces podría sentarme a cepillar mi preciosa mata de pelo y planificar el vestido que me pondría para el baile, y no volvería a sentirme sola. Felices para siempre. Pero ahora estoy casada y sigo estando sola. La soledad no era lo que me habían prometido que tendría una vez casada. Me pregunto si estaremos haciendo algo mal, si el matrimonio no está arraigando en nuestro caso. Ansío la hondura, la pasión y la conexión con Craig que supuse que llegaría por arte de magia con el «Sí, quiero». Y, si ese vínculo mágico marido-y-mujer no va a materializarse, entonces al menos quiero construir una sólida amistad. El problema es que ninguna de mis estrategias de construcción de amistad parece funcionar con Craig.

En todas las amistades íntimas que he tenido, las palabras son los ladrillos que utilizo para construir puentes. Para conocer a una persona, tengo que escucharla y, para sentir que ella también me conoce a mí, tengo que dejar que me escuche. En mi caso, el proceso de conocer y amar a otra persona tiene lugar a través de la conversación. Yo desvelo algo para ayudar a que mi amiga me entienda, ella responde de un modo que me hace notar que valora la revelación que le acabo de hacer y añade algo más para contribuir a que yo la entienda a ella. Este toma y daca se repite una y otra vez a medida que profundizamos en el corazón, la mente, el pasado y los sueños de la otra persona. Al final, se construye una amistad —una estructura sólida y protectora que se abre entre las dos—, un espacio fuera de nosotras mismas en cuyo interior podemos introducirnos. Está ella, estoy yo y está nuestra amistad, el puente que hemos construido entre las dos.

A Craig este proceso le parece ajeno. En vez de internalizar mis palabras, reflexionar sobre ellas y construir sobre ellas la relación, da la sensación de que rebotaran en él y resbalaran hasta perderse. Sus respuestas tienen tan poco que ver con lo que acabo de decir que me cuesta superar las ganas de tocarme la boca y decir: ¿Funciona bien? Yo no quería decir tal cosa. Es como si le estuviera ofreciendo mis pensamientos a la nada, de manera que de nada sirven mis esfuerzos por dejar que me conozca. Yo le estoy dando ladrillos y él los tira al suelo. Una noche leo en un libro lo siguiente sobre dos amantes: «Podían mantener una conversación con una sola mirada», y el corazón me da un vuelco de anhelo. Craig y yo ni siquiera podemos mantener una conversación cuando conversamos. Sin ello, no sé cómo llegar hasta él. No tengo más materiales de construcción que esos. Sin el puente entre los dos, siento que estoy atrapada a solas dentro de mí misma.

También parece que nos faltaran los cimientos sobre los que construir. En mis otras relaciones, los cimientos eran los recuerdos compartidos. Craig y yo no tenemos recuerdos compartidos porque es como si a Craig se le olvidara constantemente lo que le cuento sobre mí y sobre mi pasado. Una noche estoy sentada en el sofá pasando los canales de la televisión y me detengo en el programa concurso sobre parejas recién casadas *The Newlywed Game*. El presentador pregunta a los maridos: «¿Cuál es el color favorito de tu mujer?» o: «¿Cómo se llamaba la mascota que tenía cuando era niña?». Los maridos saben esas cosas sobre sus mujeres y yo sé esas cosas sobre Craig, pero estoy segura de que él no sabe esas cosas sobre mí. Craig no podría responder con una sonrisa que el color favorito de su mujer es el azul cielo o que su primera mascota fue una gata tricolor llamada Coco. No podría buscar dentro de su corazón la historia que le conté una vez sobre Coco, que abandonó a sus gatitos en mi armario y yo los estuve alimentando todas las noches con un cuentagotas, pero sobrevivió solo uno. No sería capaz de explicar que le puse de nombre Milagro y que el animalito creía que yo era su madre. Cuando le conté la historia a Craig, yo sabía que era algo importante, pero él no. Sonrió y asintió, y después dejó que resbalara y se perdiera. Cuando mencioné a Milagro meses más tarde, va y me dice: «¿Quién es Milagro?». Comprobar que lo ha olvidado me hace sentir que no le importa y el hecho de que no le importe me hace sentir rechazada. ¿Qué hago? ¿Vuelvo a contarle la historia? ¿O le digo: «Lo que estoy a punto de contarte es importante para mí. Presta atención y recuérdalo. Guarda este trocito de mí en un lugar seguro, por favor, para que podamos construir una amistad sobre ello»? Pasamos los días levantando castillos de arena que sé que el agua barrerá. Tengo ganas de que haya algo sólido, duradero y resistente entre los dos.

En un acto de bondad, decido mantener a nivel operativo las conversaciones con él. Dejo de preguntar: «¿Seguro que me escuchas cuando te hablo?». Seguir pidiendo algo que no puede ofrecerme me resulta desagradable, como darle un rompecabezas que sé que no va a saber armar. Así que intento ajustar mis expectativas. Dejo de sacar a colación los problemas del mundo, las amistades, el libro que estoy leyendo, las confusiones que tengo sobre el pasado o mis sueños de futuro y empiezo a hablar de temas más logísticos, como a qué hora comió o se quedó dormido Chase; qué vamos a cenar; cuándo van a venir a vernos mis padres; el tiempo; el trabajo. Somos educados y amables con el otro, como si nos acabáramos de conocer y estuviéramos tomándonos nuestro primer café juntos. Se me antoja un ajuste significativo y peligroso. Parece que hemos dejado de lado el trabajo que constituye levantar una vida en común para replegarnos cada uno en el interior de su concha. En vez de hacer las paces nos limitamos a mantener la paz. Evitamos el conflicto, pero cada vez estoy más sola y más asustada. Tener algo que decir y nadie que te escuche es estar solo. Esperar menos que una verdadera amistad de la relación más importante de tu vida resulta de lo más deprimente. Todos los días al ver llegar a Craig del trabajo me dan ganas de agarrarlo y decirle: *Estoy aquí, me ofrezco a ti, ¿me oyes?* Pero, en vez de hacer tal cosa, cuando me pregunta cómo estoy, contesto: «Bien, estoy bien».

La conversación es mi material de construcción; el de Craig es el sexo. Para conocer a alguien, para amar y sentirse amado, Craig necesita tocar a la persona y que esta lo toque. Craig utiliza su cuerpo exclusiva y desesperadamente, como hago yo con las palabras. Es como un ciego que lo palpa todo para comprender el mundo que lo rodea: no deja de agarrarme, tocarme, acercarme a él. Cuando me busca, instintivamente me pongo rígida y después trato de relajarme, de mostrarme receptiva, agradecida por su atención como se supone que debo hacer. Quiero ser una buena esposa. Pero mi cuerpo ya ha revelado la verdad. No estoy agradecida; estoy amargada. Siempre que Craig acude a mí para recibir el cariño que necesita, estoy haciendo algo. Estoy ocupándome de Chase, de la casa, de la comida. Me molestan las interrupciones constantes y el cariño de Craig se me antoja más un medio para conseguir un fin. No siento que quiera tenerme cerca porque me ame, sino porque necesita el sexo para aliviar el estrés, y mostrarse afectuoso es la antesala del sexo. Me pregunto cómo se sentiría él si alguien entrara en su oficina cada pocas horas y le pidiera que le masajeara los hombros para relajarse. Me dan ganas de decirle: *¡Déjame en paz! ¡Se han terminado los favores por hoy! Estoy agotada, me agobia el contacto y la necesidad que tiene la gente. ¿Por qué tienes que ser tú también así? ¡Ya eres un hombre adulto! ¿No puedes echar una mano con todo lo que hay que hacer en vez de generar más trabajo? Tengo que ocuparme del niño, corregir trabajos, doblar la ropa. Ayúdame un poco*, es lo que me dan ganas de gritarle. *¡No me pidas más!* No digo nada de eso porque me avergüenza mi frialdad y mi egoísmo. Evito sus insinuaciones como él evita mis palabras, mis historias. Él me está dando ladrillos y yo los tiro al suelo. Sé que está dolido.

—¿Qué te pasa? —pregunto.

—Nada. Estoy bien.

Sabemos que necesitamos ayuda, y por eso nos vamos a un retiro para parejas donde nos dicen que una noche de cita romántica es la respuesta. Enseguida me doy cuenta de que son necesarias tres cosas en esas noches de cita romántica: habilidades conversacionales, química sexual y dinero. Dado que nosotros no tenemos ninguna de las tres cosas, las noches de cita romántica hacen que nuestros problemas resalten en vez de arreglarlos. Nos sentamos el uno frente al otro durante la cena y Craig busca torpemente algún tema de conversación mientras que yo anticipo lo inevitable, es decir, que querrá sexo después. Me molesta la naturaleza de este fenómeno, cena a cambio de sexo, y me enfado conmigo misma por estar molesta. ¿Por qué no puedo sentir deseo en vez de considerarlo una obligación? La respuesta no importa. Forma parte del trato. He llegado a entender que el sexo es un favor inoportuno pero importante que las mujeres conceden a sus maridos a cambio de que las cosas funcionen sin contratiempos. El sistema me resulta extraño pero factible, como comprobar que se ha cambiado el aceite del coche para que nos lleve de un lado a otro. Al volver de nuestra cita, Craig despide a la canguro y yo me preparo para cumplir con mi obligación.

Me desnudo en el cuarto de baño y luego espero debajo de las sábanas. Craig se mete en la cama también y yo trato de estar presente mientras la cosa se desarrolla, trato de sentir algo, pero, en vez de amor, lo que siento es apatía. Me siento tan sola con Craig encima de mí haciendo el amor como cuando estamos hablando el uno junto al otro. Es como si Craig estuviera haciendo su trabajo tumbado encima de mí y yo estoy ahí tumbada, esperando a que termine, haciendo toda clase de ruidos que contribuyan a acelerar el proceso. No puedo soportar el fingimiento, así que me voy de la escena. Me quedo flotando por encima de mi cuerpo, distante, separada, ausente, observando el sexo que me sucede. Craig sigue a lo suyo. No le importa mi apatía ni mi ausencia, y me enfado por ello. ¿Es que no se da cuenta de que no estoy concentrada o es que no le importa? Ahora me siento no solamente agotada, sino también utilizada. Así que, desde mi lugar por encima de la acción, mi mente le ruega a mi cuerpo que aparte a Craig, que se haga un ovillo y recupere su identidad. Mi mente grita en silencio a Craig: *Apártate, APÁRTATE DE MÍ.* Pero el mensaje que envía mi cuerpo es muy diferente. Mi cuerpo se ha comprometido con el hecho de que hay que mantener la paz. Mi cuerpo sabe que solo quedan ya unos minutos y así habremos ganado otra semana. Así que opta por sacrificarse una vez más fingiendo. Moviéndose y haciendo ruidos que tienen la función de comunicar: *Sí, me lo estoy pasando bien.* El sexo me parece una traición hacia mí misma. Me parece una mentira.

Cuando se termina, nos quedamos los dos tumbados en la cama. Me siento sola, asustada y avergonzada. Sola porque Craig no tiene ni idea de lo que acaba de suceder en mi interior aunque estaba dentro de mí cuando sucedió. Avergonzada y asustada porque me siento incapaz de ofrecer o de aceptar amor. De vez en cuando intentamos hablar de ello. Le digo que me cuesta, que tengo la sensación de que algo no funciona en el tema sexual, que sé que soy yo, pero que no sé cómo arreglarlo. Craig se muestra comprensivo, pero no tiene la respuesta. Sé que se siente rechazado. Él quiere estar dentro de mi cuerpo como yo quiero estar dentro de su mente. Pero no puede encontrarme dentro de mi cuerpo porque no vivo en él, y yo no puedo encontrarlo a él dentro de su mente porque él no vive en ella. Me mira con ojos tristes que dicen: *Mírame, estoy aquí. Me ofrezco a ti. ¿Me ves? ¿Me sientes?*

—

Una noche, Craig pasa junto al sofá en dirección a nuestra habitación. «Ven», me dice. Se me cae el alma a los pies y me pongo rígida. Por su voz sé que quiere sexo. Yo no quiero sexo. Quiero mi cuenco de helado en mi rincón del sofá. Estoy muy cansada, pero me levanto y voy tras él. Tengo que ser una buena esposa para que podamos ser felices. Diez minutos. Le prometo al sofá que estaré de vuelta en diez minutos.

Pero, cuando llego a la habitación, Craig no me está esperando metido en la cama tapado hasta el mentón y con una gran sonrisa en los labios como hace normalmente. Está subido a un taburete, buscando algo en el armario. Espero sentada a que saque una caja negra de plástico llena de viejas cintas de vídeo VHS. Se acerca con ella y la pone en la cama a mi lado. Conozco esta caja especial porque yo misma la trasladé de la furgoneta al departamento cuando nos mudamos. Son las cintas que documentan la primera parte de toda una vida dedicada al fútbol. Las conserva porque, antes de que llegáramos Chase y yo, el fútbol era lo más importante para él. Craig parece nervioso, yo estoy confusa.

Entonces empieza a hablar atropelladamente. Me dice que la mitad de las cintas son de fútbol de cuando era pequeño, pero que la otra mitad son cintas de porno. Abro unos ojos como platos y de pronto estoy muy despierta. Miro la caja y no me gusta la idea de que todas esas cintas de la infancia se mezclen con pornografía. Lo primero que pienso es: *Deberían estar en cajas separadas*. Entonces Craig me pregunta si quiero ver algo.

—¿Fútbol o porno? —pregunto yo.

—Porno —contesta él.

—¿Juntos?

—Sí.

—¿Hacen eso las parejas?

—Creo que sí.

Lo que me pide el cuerpo es decir, *No, gracias*. Me digo que no siempre puedo conseguir lo que quiero. El matrimonio es un compromiso.

—De acuerdo.

Me tumbo en la cama y miro la pequeña televisión mientras Craig prepara el vídeo. Llevo las gafas puestas y de repente me siento cohibida por llevarlas. La gente que ve porno no debería llevar gafas a menos que se trate de una bibliotecaria sexy. Me miro los pantalones de franela, la sudadera y los calcetines gordos con corazones, y no me puedo imaginar a nadie con menos aspecto de bibliotecaria sexy que yo. Me pregunto si resultaría muy raro preguntar si puedo ir por mi helado primero. Imagino que el helado de chocolate con tropezones no pega con el porno, así que renuncio de muy mala gana. ¿Por qué no puede contentarse Craig con la comida como yo? La comida es la recompensa; el sexo es más trabajo nada más. Me esfuerzo en sonreír.

Craig se tumba a mi lado, recostado sobre la almohada. Decide que todavía hay demasiada luz en la habitación y se levanta a apagar. Cuando vuelve, empieza el vídeo. Dos mujeres van a entregar no sé qué a casa de un hombre. Las dos tienen el pelo rubio platino y encrespado, y suben por una escalera con tacones de aguja. Me invade un sentimiento de camaradería inmediato hacia estas mujeres porque subir escaleras con esos taconazos es más difícil de lo que parece. Primero tiene lugar un diálogo que parece tan forzado e incómodo como el que tratamos de mantener Craig y yo antes de hacerlo. Y después empieza la parte del sexo. Abro unos ojos como platos e intento por todos los medios mantener una actitud seria respecto a esto. No lo intento lo bastante. Se me escapa una carcajada, pero no porque me parezca gracioso. Es que los calcetines gordos que llevo están justo delante de la pantalla, de manera que veo los calcetines y el sexo al mismo tiempo y ver las dos cosas juntas me resulta absurdo. Craig me mira y se ríe también, pero es una risa falsa. Sé que intenta decidir si me río de los actores o de él. Dejo de reír. Nada más dejar de reír siento ganas de vomitar. El hombre de la pantalla les está diciendo a las mujeres de los tacones lo que tienen que hacer y lo hacen, pero me parecen cansadas. Y ponen cara de estar enfadadas. Me pregunto si Craig se dará cuenta de lo cansadas y enfadadas que parecen. Puede que no, porque está claro que las caras de enfado que ponen se supone que son sexis. Siento un alivio momentáneo al ver que aquí también se mezclan el enfado y el sexo y el cansancio y la obligación. Siento que comprendo a estas estrellas del porno.

En un determinado momento, el porno tiene sobre mí el efecto que se espera de una escena porno. Paso de ser una madre cansada a una persona que realmente quiere sexo. Lo hacemos. Frenéticamente. Me doy cuenta de que esta vez estoy más concentrada que otras veces. Es algo animal. Me fijo en que no estoy pensando en Craig, sino en los actores del vídeo. Esto me desconcierta. ¿Por qué estoy pensando en una escena de sexo repulsivo, triste, furioso y de pelo encrespado en vez de estar presente en lo que estoy haciendo con mi guapísimo marido? Pienso en lo extraño que resulta utilizar un cuerpo para tener una experiencia con otro. Ni aquí ni allí. Y entonces me pregunto si Craig estará pensando también en el sexo falso. ¿Será por eso por lo que tiene los ojos cerrados y este aspecto tan distante? ¿Porque él tampoco está ni aquí ni allí? ¿Está conmigo o con ellas? Pienso: *¿Para qué las necesita? ¿Para qué necesita a esas mujeres enfadadas y cansadas? Tiene a una aquí mismo.*

Cuando terminamos, Craig y yo nos quedamos tumbados en la cama mirando el techo. Estamos buscando algo que decir. Craig se inclina sobre mí con un gesto que podría ser una sonrisa y me da un beso. Me resulta extraño. Besarse se me antoja demasiado tierno, demasiado personal después de lo que acaba de pasar entre nosotros y la televisión. Percibo en este beso una disculpa o una petición de hacerlo de nuevo. Tras el beso me invade una mezcla de miedo, soledad, vergüenza y oscuridad. Esta familiar combinación me hace volver atrás en el tiempo.

Estoy otra vez en la universidad. Es viernes por la noche y la fiesta está en su apogeo. Estoy en el sótano con mi novio y ocho de sus compañeros de fraternidad. Mi novio me rodea con un brazo mientras me enseña una bolsa con cocaína. Me besa en la mejilla y me susurra algo al oído. Está siendo amable y atento, y sus amigos me sonríen, un comportamiento que no es habitual en ellos. Ahora estoy inclinada sobre el espejo encima de la mesa de centro metiéndome mi primera raya. Abro los ojos como platos y mi novio se ríe y me aprieta la pierna. El subidón empieza en la cabeza y me llega hasta los dedos de los pies. A los chicos se les ilumina el rostro y me vitorean. Me miran con adoración. Es emocionante, en parte por la coca y en parte por la sensación de estar recibiendo la aprobación de estos hombres. Entiendo que ahora soy una de ellos. Soy una chica, una chica guay. Qué *guay* soy. Gracias a Dios. Antes de la coca me sentía perdida, pero después he sido encontrada. Estos chicos me han encontrado. Mi novio me ha encontrado. La coca me ha encontrado.

Durante años, meterme rayas con ellos resulta ser el camino más rápido para su amor. Y, cuando no es coca, es marihuana, de modo que nos sentamos completamente colocados sin tener ningún otro sitio al que ir. Y, cuando no hay marihuana, hay alcohol, así que bebemos y nos volvemos ingeniosos y valientes todos juntos. Y, cuando no hay coca ni marihuana ni alcohol, hay comida. Cuando me siento sola y no tengo a nadie con quien unirme, siempre puedo comer. Los atracones de comida me dejan entumecida hasta que llegue la noche y pueda reanudar mi ingesta de amor, coraje y sensación de pertenencia.

Es un sistema eficaz pero insostenible porque cuando más me coloco cada noche, más me hundo cada día. En las primeras horas de la mañana, el sótano de la fraternidad se queda vacío. La gente vuelve a casa de dos en dos llevándose consigo sus drogas y su amor. Al final solo quedamos mi novio y yo en la cama y él empieza a quedarse dormido. Esto significa que la soledad está cerca. No puedo permitir que ocurra, y propongo que lo hagamos, lo que me dará unos minutos más de amor. Pero, al terminar, él se queda inconsciente y yo me quedo sola al final. Así que apoyo la cabeza en su pecho, me abrazo y me dispongo a recibir mi castigo: la tensión y la soledad en la condenatoria quietud del sótano durante horas, hasta que entre la luz del día. Cada mañana veo cómo la despiadada luz se cuela en mi habitación. Mis ojos rebotan frenéticamente desde la televisión encendida a las latas de cerveza, los espejos, las cuchillas, los bongs para fumar marihuana, los pósters de chicas y los demás restos de desenfreno nocturno. ¿Cómo todo esto me pudo parecer glamuroso unas horas antes? ¿Cómo me pudo parecer que era amor? La luz rompe el hechizo y la realidad se parece más al infierno. Respiro débilmente y empiezo a sentir el pánico. *Este no es mi sitio. ¿Cómo he llegado aquí? ¿Cómo puedo salir de aquí? ¿Cómo puedo volver con mi familia? Ya no quiero ser una chica guay. Quiero ser buena. Quiero ser buena.* Todas las mañanas, soy una niña pequeña que se acaba de despertar y está sola y muerta de frío en mitad de un bosque oscuro. Todas las mañanas vuelvo a sentir un terror inmediato y absoluto. Así viví hasta que llegó Chase. Con la oscuridad de la noche llegaba el dichoso olvido, con la luz de la mañana, el terrible recuerdo.

Ahora, por primera vez desde que estoy sobria, vuelvo a sentirme como aquella niña perdida en el bosque. Estoy en la cama con la cabeza apoyada en el pecho de mi marido, pero él ya ha desaparecido. Está dormido y se ha llevado su amor consigo. Estoy sola. Los efectos del porno me han desvelado y mis ojos se van frenéticamente de la televisión encendida a la caja de cintas que está en el suelo. De pronto nuestra habitación me resulta oscura y peligrosa. Estoy intentando entender qué es lo que acaba de sucedernos. ¿Qué es lo que queremos que creemos que nos va a proporcionar el porno? La coca había sido el camino rápido para conseguir el amor. La marihuana, el camino rápido para sentir que pertenecía al grupo. El alcohol, para el valor. La comida, para el consuelo. ¿El porno, para qué? ¿Los cuerpos de otras personas, para qué? ¿Para qué cosa usamos el porno que no podamos encontrar en nosotros mismos?

A la mañana siguiente, espero a que Craig se despierte y le digo:

—No puedo volver a hacerlo.

Él me mira sorprendido y dice:

—De acuerdo. Pensé que te lo habías pasado bien. Pensé que te había excitado.

Se me hace un nudo en el estómago al oír ese «te había excitado».

—No, sí. Supongo que lo hice, sí, más o menos, pero no en un sentido positivo. Me pareció un terreno peligroso, oscuro. No puedo quitarme de la cabeza las caras de esas mujeres. Ellas... Sus caras me recordaron la mía propia muchas veces. El porno de anoche fue la coca y tú, mi exnovio y yo, la chica que era antes. No puedo volver a ser esa chica. Ahora tengo un bebé. Quiero ser madre y esposa. Quiero ser buena. Necesito algo que sea real. Necesito quedarme en la luz. Lo quiero fuera de aquí. ¿Podemos sacarlo de casa? ¿Podemos no volver a meter esta cosa en casa? Por favor. Llévatelo de aquí.

Craig me mira alarmado, pero con ternura. Sé que no tiene ni idea de qué le hablo, pero también sé que no importa.

—Claro, claro. No te preocupes. Lo siento, cariño.

—Prométeme que no habrá más.

—Lo prometo. Me desharé de ellas.

Le estoy agradecida. Quiere que yo me sienta bien por encima de lo que él pueda querer. Lo sé. Amo a este hombre. Pero sigo teniendo miedo. Tiene que ver con la manera en que estaban todas las cintas mezcladas dentro de su caja negra y con cómo era sexo animal y con la manera en que Craig me abraza ahora mismo, con fuerza, pero sin mirarme a los ojos. Percibo el peligro. Y me sorprende y avergüenza lo que pienso: *Te quiero, pero no puedo volver al bosque por ti. Ahora estoy en el sendero y tengo que seguir caminando hacia delante. Chase necesita a alguien a quien seguir y no puedo llevarte a ti también. Demasiadas cosas dependen de mí.*

Esa misma mañana un rato después, cuando entro en la cocina con Chase en brazos, Craig se vuelve desde el fuego donde está preparando huevos y nos sonríe. Es una sonrisa tímida e interrogativa. Me acerco con el niño y Craig deja la espátula para abrazarnos. El gesto es nuestra forma de reconocer lo que ocurrió la noche anterior y acordar que no volveremos a sacar el tema. Tiraremos la caja de la oscuridad y seguiremos con lo que sí hacemos bien: ser una familia.

—

Tenemos dos niñas. La primera se llama Patricia, por mi madre, y la segunda, Amanda, por mi hermana. Tish y Amma. Hermanas. Nos metemos en una hipoteca y nos compramos una *minivan*. Buscamos una iglesia. ¿Se puede querer más? La vida en casa con tres niños es intensa, el amor vibra en el ambiente, pero la cantidad de trabajo que requiere cuidar de mis hijos me deja anonadada. Abandono la enseñanza para quedarme en casa con ellos, sus necesidades son incesantes. El día, desde que amanece hasta que se pone el sol y también durante la noche, es una sucesión constante de reacciones, respuestas, malabares y goteo de temas relacionados con los niños. Es una interminable carrera de relevos y, como soy la única participante, me paso el relevo a mí misma. Estoy agotada.

Craig y yo decidimos que nuestra mejor baza, si queremos sobrevivir, es divide y vencerás, así que ahora nos reímos y lloramos juntos con menos frecuencia. Craig cumple su parte trabajando todo el día y ayuda con los niños por las tardes. Aun así, estoy resentida. Que me habla de una comida en la oficina que se extendió mucho, yo le respondo: «Pues yo he comido los restos de los sándwiches de queso gratinados de los niños de pie junto al fregadero». Que menciona no sé qué sobre un artículo que ha leído, yo le contesto que no tengo tiempo siquiera de pensar en leer. Cuando vuelve de unos encuentros para hacer relaciones públicas, le pregunto si así es como se llama ahora ir a beber cerveza con personas que tienen trabajo. Me avergüenza estar tan amargada y estoy preocupada porque cada vez estamos más distanciados y más encerrados en nosotros mismos. Cuando éramos tres, formábamos un mundo, pero ahora Craig tiene el mundo exterior y yo el mundo de nuestra casa. No hay puente entre los dos.

Cada tarde, Craig entra por la puerta con una sonrisa esperanzada y me pregunta qué tal me ha ido el día. La pregunta es como un foco que ilumina directamente el abismo existente entre lo que es un «día» para él y lo que es un «día» para mí. ¿Que cómo me ha ido el *día*? La pregunta se queda flotando en el aire mientras Amma me mete la mano en la boca, Chase me llama a gritos desde el cuarto de baño para que vaya a ayudarlo y Tish llora en un rincón porque nunca, nunca la dejo beberse el detergente del lavavajillas. Me miro la camiseta de pijama manchada de espaguetis, el pelo sucio y al precioso bebé apoyado contra mi cadera, y lo que quiero decir es:

¿Que cómo me ha ido el día? Eterno. Lo mejor y lo peor. Me he sentido a la vez sola sin estar sola en ningún momento. Aburrida hasta decir basta y completamente abrumada de forma simultánea. Saturada de tanto contacto, desesperada por quitarme al bebé de encima y, nada más dejarla en el suelo, deseosa de oler el dulce aroma de su piel. El día me ha exigido más de lo que soy capaz de dar tanto física como emocionalmente, y a la vez no requiere esfuerzo mental alguno. Hoy he tenido pensamientos, ideas, cosas que decir y nadie a quien decírselas.

Me he sentido maníaca todo el día, a caballo entre el amor y la furia. Al menos una vez por hora miraba sus caras y pensaba que no lograría sobrevivir a la ternura del amor que siento hacia ellos. Y al momento me sentía furiosa. Como un volcán latente, estable por fuera, pero listo para entrar en erupción y escupir lava ardiente de un momento a otro. Y entonces me di cuenta de que a Amma ya no le cabía el pie en su pijama entero y empezó a entrarme el pánico al pensar que esto se acabará pronto, que el tiempo vuela, que esta época, la más dura de mi vida, se supone que es la mejor que voy a vivir. Que esta época brutal es también la más bonita. ¿La estoy disfrutando lo suficiente? ¿Me estoy perdiendo la mejor época de mi vida? ¿Estoy demasiado cansada para estar enamorada como es debido? Ese miedo y esa vergüenza eran como echarme por encima una manta que pesa y pica encima de todo lo que ya de por sí me resulta pesado.

Pero no me quejo, así que, por favor, no intentes darme una solución. No querría que mi día o mi vida fuera de otra manera. Lo único que digo es que es muy difícil explicar cómo es pasar un día entero rodeada de bebés. Es demasiado y ni por asomo suficiente a la vez.

Pero estoy demasiado cansada para decir nada de esto. Soy como un muñeco de cuerda estropeado. Así que me limito a decir: «Ha estado bien». Y le paso al bebé, me recojo el pelo en una coleta, me pongo las chanclas y tomo el bolso. Los niños se dan cuenta de que me estoy preparando para salir y se ponen a llorar y se me agarran a la pierna. Les doy un beso en la cabeza mientras les susurro: «Mamá vuelve enseguida». Y me suelto de ellos.

Salgo a la calle, me subo a la *minivan* y respiro profundamente. Voy a Target y me paseo entre los pasillos de utensilios para la casa. Veo a una mujer con dos niños pequeños en su carrito y me dan ganas de acercarme a ella y decirle: *Disculpe. ¿Cree que está viviendo la mejor o la peor época de su vida? ¿Le da miedo la ira y el amor que siente? ¿Le cuesta hablar con su marido? ¿Siente que tiene alguien que la escuche, que la vea, que la conozca? ¿Se siente perdida usted también?* Pero no puedo decir nada porque todos hemos acordado ceñirnos al guion. Solo tenemos permitido decirnos unas pocas cosas, así que elijo una de ellas. Sonrío y digo: «Tiene unos bebés preciosos». Ella me devuelve la sonrisa y me fijo en el agotamiento y el anhelo que transmiten sus ojos, pero me digo que estoy proyectando mis propios sentimientos. Me doy media vuelta y sigo llenando el carro con cosas que no necesito y que después devolveré. Compra bulímica, lo llama mi padre. A medida que voy llenando el carro, me digo: *Eres madre y esposa, estás sobria y esas son las únicas responsabilidades que te tocan en este mundo. Tienes todo lo que siempre quisiste. Da las gracias por ello.* Lo cierto es que estoy agradecida, pero también confundida. Hemos hecho lo que suponía que teníamos que hacer. Hemos formado una familia, pero ser una familia no ha conseguido que me sienta menos sola.

—

Craig y yo somos buenos padres, pero no somos buenos amigos ni buenos amantes. Me pregunto si elegí al hombre equivocado y Craig, a la mujer equivocada, o puede que sea porque no nos elegimos en realidad. Me pregunto si Craig creyó que era la decisión adecuada en vez de la mujer adecuada. Me pregunto si nos divorciaremos cuando nuestros hijos vayan a la universidad porque ya no tendremos nada de qué hablar. Me pregunto si deberíamos seguir teniendo hijos para no quedarnos sin el pegamento que nos mantiene unidos. Me pregunto cómo sería estar casada con un poeta, quedarse hasta tarde debatiendo sobre ideas y arte, el amor y la guerra, con la suficiente pasión y el brío que nos permitiera discutir con intensidad y hacer las paces con ternura. Me pregunto si mis amigas tendrán con sus maridos lo que a nosotros se nos escapa, sea lo que sea. Me pregunto si todo el mundo tendrá lo que a nosotros se nos escapa. Sobre todo, intento apartar estos pensamientos en cuanto los veo venir. Preguntarse cómo sería el amor verdadero y el buen sexo es como tocar un fogón caliente. Reflexionar sobre estas imposibilidades quema y duele, por eso retrocedo rápidamente. No tiene sentido darle vueltas a los *y si* porque jamás abandonaré a Craig. Es un buen hombre, un padre entregado y un marido amable. Tengo que dar gracias. Me quedaré sola el resto de mi vida si con ello consigo que mis hijos tengan una familia. No puedo tenerlo todo. Lo que tenemos es bastante bueno. Dejo de leer historias de amor y hacerlo me ayuda a dejar de preguntarme por otras realidades.

7

꠷

UN DÍA PASO al lado del ordenador con Amma en brazos y veo que algunos de mis amigos de Facebook están participando en algo llamado «25 cosas». Están publicando listas de datos interesantes sobre ellos mismos y pienso, *Tal vez podría hacer yo también una lista.* Se me ocurre que esta podría ser una forma de llegar a personas fuera de mi hogar, de completar una frase, de decir la verdad, de demostrarme a mí misma y a los demás que aún existo. *Sí, quiero hacer mi propia lista.* Pongo a Amma a dormir, me siento delante del ordenador y empiezo a escribir:

> #1 Soy bulímica y alcohólica en recuperación, pero sigo echando de menos a veces los atracones de comida y el alcohol de esa forma retorcida en que una mujer echa de menos a alguien que la maltrata repetidamente y la da por muerta.

Me quedo mirando mis palabras: duras, audaces y sin remordimientos. Me siento entusiasmada. *Sí. Aquí estoy. Aquí mismo.* Esa no es la Glennon perdida, ni la encontrada señora Melton. No es mi representante. Es mi verdadero yo. Quiero aprender más sobre mí, por eso sigo escribiendo. Mis dedos vuelan, golpean el teclado como si llevaran una eternidad esperando que los liberasen. Escriben frases jugosas, peligrosas, desesperadas sobre temas como el matrimonio, la maternidad, el sexo y la vida; todo fluye con furiosa rapidez, como si a mi verdadero yo le faltara el aire y tratara de sacarlo todo de una vez por si no volviera a tener ocasión de salir a la superficie. Al terminar, me quedo mirando lo que he escrito y siento como si estuviera mirando en un espejo más verdadero de cualquier espejo real. Ahí estoy, mi yo interior, en el exterior. Leo y releo la lista, intentando conocerme, y en ese momento oigo llorar en el piso de arriba. Amma se ha despertado y me necesita. Tendrá que esperar porque yo también he despertado, por fin, y me necesito yo primero. Necesito desesperadamente que otras personas vean esta versión de mí misma, de manera que publico la lista en mi muro y subo a la habitación de Amma.

Una hora después vuelvo al ordenador. Miro la pantalla y lucho por encontrarle sentido a lo que estoy viendo. Mis amigos han compartido públicamente la lista y tengo el buzón lleno de mensajes. Miro el muro y está lleno de comentarios de conocidos y desconocidos. Me siento mal, muy expuesta, arrepentida. He dicho demasiadas cosas y quiero borrarlo todo. Apago el ordenador y me voy. Esa misma noche, con una taza de té caliente, me siento delante del ordenador y empiezo a abrir mensajes.

El primero es de una persona desconocida. Dice así: «No te conozco, pero leí tu lista esta mañana y llevo llorando sin parar horas, son lágrimas de alivio. Tu lista era mi lista de secretos. Pensé que era la única». Abro otro de una vieja amiga: «Glennon, mi hermana es alcohólica. No sabemos qué hacer por ella». Y otro y otro y otro.

«Mi matrimonio se está desmoronando...».

«No sé cómo salir de la depresión...».

«A veces me pregunto si no estoy hecha para ser madre. Me enfado tanto que me gustaría aplastarlos contra el suelo. No lo hago, pero me dan ganas. Siento que soy un monstruo».

Me maravilla la sinceridad y el dolor que percibo. Muchos mensajes son de personas a las que conozco desde hace años, pero estoy descubriendo que nunca llegué a conocerlas. Nos hemos pasado la vida juntos hablando de cosas excepto de lo verdaderamente importante. Jamás sacamos a relucir las cosas duras que podíamos habernos ayudado a sobrellevar mutuamente. Lo único que hemos hecho ha sido presentarnos a nuestros representantes mientras nuestros verdaderos yos trataban de llevar la vida en soledad. Pensamos que esa opción era más segura. Pensamos que de esta forma nuestros verdaderos yos no resultarían heridos. Pero, a medida que leo los mensajes, me queda claro que todos sufrimos de todos modos. Y pensamos que estamos solos. En el fondo de nuestro ser, somos nuestro yo más sensible asomándonos a un mundo de resplandecientes representantes, de modo que la vergüenza se amontona sobre nuestro dolor. Nos estamos ahogando debajo de tantas capas.

A la semana siguiente, mi hermana me trae un ordenador nuevecito y me dice: «Escribe, Glennon. Levántate cada mañana y escribe como la chica que escribió esa lista». Sigo sus indicaciones. Como la forma en que una madre haga lo que sea que quiera hacer es perdiendo horas de sueño, el despertador suena a las cuatro y media todas las mañanas. Me levanto y me dirijo tambaleándome hasta la cafetera que Craig me ha dejado programada. Me voy con el café al vestidor —el cuarto propio mío—, enciendo el ordenador y me pongo a escribir. Como está oscuro fuera y también en el vestidor, me siento segura a la hora de escribir sobre mi oscuridad. Invito a mi yo verdadero a salir a la palestra a hablar de su dolor, su rabia, su amor y su pérdida, pero solo en este momento del día. Nunca me pierdo la cita conmigo misma a esta hora del día porque sé que algo importante está sucediendo en mi armario. Después de escribir me siento más calmada, más sana y más fuerte. Cada demonio interior que arrojo a la página en blanco resulta ser mucho menos aterrador de lo que creía. Voy dejando de tener miedo de mí misma. Me pregunto si será porque tengo que controlar mis niveles de vergüenza diariamente, como un diabético controla sus niveles de insulina. Contar la verdad se convierte en mi verificador de la vergüenza y en mi alivio. Es una bendita purga de la dolorosa saturación de mis secretos. Y es seguro porque la purga se realiza en la oscuridad, frente a una pantalla, de manera que no tengo que ver la reacción de confusión o vergüenza de nadie.

Tras varios meses, me siento preparada para que otros vean lo que escribo y creo un blog. Todas las mañanas al presionar el botón de «publicar» y salir corriendo a ocuparme de mis pequeños, mi mente se queda frente a la pantalla. Me paso el día preguntándome: ¿Lo leerá alguien? ¿Lo entenderá alguien? ¿Responderá alguien? Estoy ansiosa por recibir la retroalimentación de los lectores. Entro en el blog cientos de veces al día y compruebo con gran deleite que la gente está respondiendo. Lo hacen desde sus hogares y desde sus cubículos en el trabajo y desde sus teléfonos, y me dicen: *Yo también, yo también, yo también. Vemos tu lado oscuro y es como el nuestro. No estás sola.* Cada nuevo «me gusta» y cada nuevo comentario es un chute de adrenalina. Me siento comprendida. Me siento encontrada. La comunidad formada por los lectores de mi blog se convierte en mi santuario, mi mundo seguro en el que no hay charla trivial, ni guion, solo la verdad. Con el tiempo, mi blog se hace viral y los agentes comienzan a llamar y me hacen un contrato para que escriba un libro. De repente, nada en ese dolor que siento queda desaprovechado.

Mi desesperación por conocer a Craig y que él me conozca cede. Por primera vez, todas mis necesidades están cubiertas, principalmente por desconocidos. Decido que esto es sano. Después de todo, no está bien esperar que una misma persona cubra todas tus necesidades. Me doy cuenta de que escribo sobre Craig en vez de hablar con él; es más seguro y más natural, y nuestra historia sale más ordenada y mejor de esta manera. Es más fácil comprendernos como personajes que como personas reales. Sé que Craig percibe que me estoy distanciando más de él para encerrarme en este nuevo mundo que he creado. Quiere venir conmigo. Lee todo lo que escribo en el blog y todos los comentarios que dejan los lectores. Con frecuencia, es ahí donde primero se entera de muchas verdades sobre su mujer.

Un día escribo que tuve una recaída porque la noche anterior me había dado un atracón de comida y había vomitado después de años de sobriedad alimenticia. Craig lo lee con el resto de la comunidad y me escribe desde el trabajo. Su correo electrónico dice: «Acabo de leer lo que has escrito. Estoy preocupado por ti. ¿Estás bien? ¿Podemos hablar de estas cosas?». Esa misma noche, nos sentamos en el sofá e intentamos hablar, pero la situación es incómoda y no sé cómo hablarle de mi bulimia o de lo que soy. No hay manera de ser tan sincera hablando cara a cara como cuando lo digo por escrito. Me pregunto por qué me resulta mucho más sencillo sincerarme con desconocidos que con la familia. Sentada en el sofá con Craig, no sé cómo ser mi verdadero yo. Siento que sigo siendo mi representante. El verdadero yo se ha quedado en la entrada del blog y lo único que quiero decir es: *Si de verdad quieres entenderme, léela otra vez, por favor*. Pero, en vez de eso, lo que digo es: «Estoy bien, cariño. De verdad que estoy bien, te lo prometo». Me levanto, lo que para Craig es una indicación de que la conversación ha terminado. Ya no necesito de él lo que necesitaba antes. He encontrado la intimidad que anhelaba en unos desconocidos a través de una pantalla. Los dos lo hemos hecho, como pronto descubriré.

❧

Empiezo a sentirme más cansada de lo normal. Por las mañanas tengo el cuerpo clavado a la cama, como una mariposa en una caja de cristal. Me duelen las articulaciones, se me hinchan las piernas y se me empiezan a hacer calvas en el pelo. Tengo frío todo el tiempo. Dos médicos distintos sugieren que mi enfermedad es mental. Me miro las piernas hinchadas, magulladas, esqueléticas y me pregunto: *¿Mi mente está atacando a mi cuerpo? ¿Mi cuerpo está atacando a mi mente? ¿Algo externo está atacando a todo mi ser?* No sé. Un tercer médico me hace unos análisis de sangre y encuentra pruebas de que tengo la enfermedad de Lyme crónica. Me atiborran de antibióticos durante tanto tiempo que corro el peligro de quedarme inmune. Cada vez estoy más enferma y no sabemos si se debe a la enfermedad o al tratamiento.

Compramos una pequeña sauna y la colocamos junto a la cama. Mi mundo se reduce a los sesenta centímetros que hay entre mi cama y la sauna. Algunos días estoy tan débil que Craig tiene que ayudarme a darme la vuelta. Aparte de esto, apenas nos tocamos. Me duele el cuerpo todo el tiempo y estoy desorientada. Intento terminar una frase, ya sea de forma hablada o escrita. Muchas veces no me acuerdo de quién soy o dónde estoy.

Una noche estoy en la cama, mirando el techo. Me siento muy pesada, como si la cama me estuviera absorbiendo y me fuera hundiendo cada vez más. Pierdo la conciencia. Cuando la recupero, encuentro el teléfono debajo del edredón y trato de llevármelo al oído. Me parece que pesara cuatro kilos y medio. Marco el número de mi hermana y le digo: «Creo que me voy a morir pronto. Tengo miedo. ¿Qué le ocurrirá a mi familia?». Mi hermana se pone a llorar y quiero tranquilizarla, pero ya he dicho todas las palabras de que soy capaz. Se me cae el teléfono. Oigo a los niños jugando en el piso de abajo y por enésima vez lamento que he perdido la capacidad de cuidar de ellos, de estar con ellos siquiera, puede que para siempre. Me desmayo y luego vuelvo a recuperar la conciencia. Esto me ocurre varias veces al día y no es como dormirse y despertarse, se parece más a morirse y volver a la vida. Al abrir los ojos, veo entre la bruma que Craig está dormido a mi lado. Siento que estoy entre dos mundos. Quiero decirle que me lleve al hospital, pero no soy capaz de mover la mano para despertarlo y no tengo energía para formar las palabras. Estoy atrapada dentro de mí. Por dentro le estoy gritando: *Llévame al hospital. ¡Llévame a ver a un médico, un experto, alguien que pueda ayudarme!* Él no se mueve, no abre los ojos y me enfado porque no oye mi grito silencioso. Me estoy desvaneciendo, ya no estoy en casa, sino en mi cama del psiquiátrico, mirando el techo y hablándole a Mary Margaret de los canarios. Le estoy diciendo: *No creo que estemos locas, Mary Margaret. Pero corremos peligro. Si no oyen la primera señal, el canario muere.* Entonces Mary Margaret se desvanece y vuelvo a estar en la cama con Craig. Lo miro y a continuación recorro la habitación con la mirada. *¿Qué me está diciendo mi cuerpo? ¿Qué es lo que me está envenenando? ¿Qué puedo hacer para sacarnos a todos de esta mina?*

Mi amiga Gena viene a verme; estoy gris, empequeñecida debajo del edredón. Se asusta. Craig y ella organizan un viaje para mi familia al piso que tiene en Naples, Florida. Nada más bajarme del avión, noto el calor del sol en la cara y la humedad en las articulaciones, y siento alivio. Al cabo de varios días, las rodillas dejan de dolerme y dejo de encontrarme puñados de pelo en la almohada. Me siento capaz de salir a dar pequeños paseos y de preparar a mis hijos sándwiches para comer. La última noche, Craig me toca la pierna y yo no grito de dolor. Entonces me mira y me dice:

—Deberíamos venir a vivir aquí.

—Sí, deberíamos —contesto yo.

Siento que es lo adecuado. Tenemos que alejarnos de todo excepto de nosotros. Necesitamos tiempo, espacio, sol y palmeras.

Craig llama a su jefe al día siguiente para decirle: «Me mudo a Naples para salvarle la vida a mi mujer». Y él le dice: «Vete».

Tengo miedo porque una crisis de salud es un momento difícil para cambiar de ciudad. Me recuerdo que, como *crisis* significa «cribar», una crisis es el momento ideal para dejar que todo lo accesorio caiga y quedarnos solo con lo realmente importante. Empezamos a cribar. Nos despedimos de los colegios de los niños, los comités de los que formamos parte, nuestros vecinos y nuestra iglesia. Donamos la mayor parte de nuestras pertenencias. Nos liberamos de nuestras responsabilidades y para cuando llegamos a Florida solo tenemos a nuestros niños y el uno al otro. Nos prometemos concentrarnos en descansar, estar unidos y sanar.

Pasamos varios meses disfrutando de la piscina, yendo a comprar al mercado local y dando largos paseos. Nos resistimos a hacer nuevas amistades y a comprometernos con nuevas actividades que puedan complicarnos la vida. Poco a poco voy tomando color, recuperando la fuerza y me siento más feliz. El resto de la familia me imita. Por primera vez no seguimos una estructura prefijada. Craig trabaja desde casa y yo escribo en casa. No tenemos que rendirle cuentas a nadie más que a nosotros. Por las noches Craig y yo nos sentamos en nuestra terraza cubierta a mirar pasarse flotando la cría de caimán que vive en el lago y no dejamos de repetir: «No puedo creer que lo hayamos hecho. Somos las personas de las que teníamos celos. Somos libres. Este es un nuevo comienzo para nosotros».

El fallo en esta forma de pensar radica en que vayas a donde vayas, eres la misma persona. No habíamos escapado de la mina. Nos habíamos llevado el veneno con nosotros. No hay conversión, solo se trata de una continuación.

8

~

UN DÍA, ME entra un virus en el ordenador y me meto en el ordenador de la familia a escribir. Abro un archivo desconocido y aparece la imagen de una mujer desnuda, con gesto hostil que se acercar a gatas hacia la cámara. Retrocedo de un salto en mi silla. Intento salir, pero cuando pulso la «x» de cerrar, otra imagen pornográfica se lanza sobre mí, cada una más obscena que la anterior. Ahora hay dos mujeres, desnudas, de piel pálida, arrodilladas la una junto a la otra en un suelo de baldosas. Un hombre con sonrisa sardónica se acerca a ellas y lleva la cara de las dos mujeres hacia su pene empujándolas por la nuca. Intento cerrar la ventana por todos los medios, pero ahora salta la imagen de dos mujeres desnudas, besándose y sobándose mutuamente mientras un grupo de hombres las mira y se ríen, como si las dos formaran parte de una broma interna de ellos. Las imágenes parecen haber sido diseñadas especialmente para hombres que odian a las mujeres.

Me quedo mirando boquiabierta el ordenador, invadida por una sensación paralizante al comprender: *Qué equivocada estaba. Qué equivocada estaba. Qué equivocada estoy. Pensé que las reglas eran diferentes en mi familia, en este pequeño mundo que había creado.*

Pensé que aquí estaría segura. Pero las reglas son las mismas de siempre. Estoy otra vez en el suelo del cuarto de la lavadora. Estoy otra vez en la fila mirando el cartel de CHICAS GORDAS NO. Estoy sobre los hombros de uno de los chicos de la fraternidad levantando una cerveza y coreando: «Bebemos cerveza y follamos con chicas y no dejamos entrar a otros mariquitas». Soy cómplice de todo. Formo parte de un sistema que está de acuerdo en ponerles implantes a las mujeres, cardarles el cabello, pintarlas y después retocarlas, dominarlas, grabarlas en vídeo, venderlas y burlarse de ellas. En que el sexo es algo que los hombres hacen a las mujeres o ven cómo hacen la una a la otra. Al igual que esas mujeres, yo formo parte de una broma interna para mi marido. Abro una carpeta llena de ficheros de mujeres, todo un mundo de bromas guardadas aquí dentro. Nuestros hijos utilizan este ordenador todos los días. Bajo la tapa del portátil de un golpe y cierro los ojos al tiempo que niego testarudamente con la cabeza. Descubrir lo que mi marido ha estado metiendo en casa todos los días me da náuseas. Igual que ya ocurrió con la caja negra donde se mezclaban las cintas de fútbol y las de películas porno de Craig, los juegos educativos de mis hijos para aprender matemáticas se mezclan con estas imágenes. Me agarro al borde de la mesa para estabilizarme mientras el terror se abre camino en mi mente.

¿Y si los niños han abierto estas carpetas? Se habrían dado cuenta de que uno de sus progenitores habría guardado los archivos a propósito. ¿Qué idea se habrían hecho mis hijas sobre lo que significa ser mujer? ¿Qué idea se habría hecho mi hijo sobre lo que significa ser un hombre? ¿Qué les habrían enseñado a mis pequeños los rostros de esas imágenes sobre lo que se supone que debe sentirse con el sexo? Dios bendito, se habrían envenenado. Habrían sentido dolor y vergüenza, demasiadas capas para que las soporte un niño. Se me ocurre que guardar pornografía en este ordenador es como echar whisky en el vasito de plástico de Amma. Es como dejar unas rayas de coca en el cuarto de juegos. ¿No se puede detener a un padre por eso? Durante un momento me planteo la posibilidad de llamar a la policía. *Llévense a mi marido, por favor.*

Me dan ganas de arrojar este portal de dolor a la pared y verlo romperse en mil pedazos, pero, en vez de hacerlo, me levanto, bajo corriendo al piso de abajo y salgo por la puerta. Quiero salir corriendo, pero siento debilidad en las piernas, así que me siento en el sendero de entrada a la casa, me tapo la cara con las manos y grito. Mi comportamiento me sorprende tanto como las imágenes antes, pero esta rabia de ahora me resulta familiar además. Es como si la furia llevara un tiempo bullendo en mi interior, ascendiendo lentamente a la superficie para terminar por estallar. Me resulta un sentimiento primario, abarcador y ancestral, como un incendio incontrolado arrasador, general y lo bastante impersonal como para quemarlo todo a su paso. Esta ira indiscriminada me asusta, por eso decido estrujarla y convertirla en un láser con el que señalar directamente a Craig.

Ahí sentada en mitad de nuestro sendero de entrada sujetándome la cabeza con las manos, pienso: *Corremos peligro.* Por primera vez en diez años el plural no incluye a Craig. Los que corremos peligro somos mis hijos y yo. *Nosotros* corremos peligro y Craig es la amenaza. Y acto seguido pienso: *¿Y si todo es culpa mía? Ya era fría y luego me enfermé. ¿Y si he empujado a mi marido al porno y ahora estoy recibiendo mi merecido?* Pero, tan pronto como se me ocurrió, lo rechacé. *No. No, no, no. Cada uno es responsable de su propia cordura. Él es débil. Que se joda. Que se joda. Que los jodan a todos.* Decido que no tengo más que ver con Craig ni con ningún hombre. Pero, en el mismo momento de sentir el alivio que me produce esta decisión, pienso en Chase. ¿Cómo voy a borrar a todos los hombres de mi vida cuando mi hijo crecerá y será uno de ellos?

Reúno fuerzas para entrar de nuevo en casa. Mantengo la distancia con Craig hasta que metemos a los niños en la cama y después entro en el dormitorio.

—He encontrado el porno. Me prometiste que no volverías a traer a casa esa mierda. No solo la has traído, sino que la has metido precisamente en el ordenador de nuestros hijos. Eres un mentiroso peligroso. ¿Es que no nos quieres?

Él no intenta defenderse siquiera. No me acusa de estar sacando las cosas de quicio. Deja caer la cabeza y dice:

—Lo siento mucho. Voy a buscar ayuda.

Empieza a ir a terapia. Casi no hablamos de ello, dejamos de simular cariño y no volvemos a mencionar el tema del sexo. No puedo abrirme a algo en lo que no confío, así que me cierro por completo a Craig. Mi cuerpo y mi corazón ahora son míos, y los voy a proteger. Craig y yo nos convertimos en socios y nuestro negocio consiste en criar a nuestros hijos. Somos educados, como deberían ser los colegas de trabajo.

Pero hay mucho más, claro.

❦

Unos meses más tarde me engulle el enorme sofá de cuero negro en la fría consulta del psicólogo de Craig. Las rodillas no me llegan al borde del cojín, de modo que las piernas sobresalen hacia delante como si fuera una muñeca que alguien ha apoyado sobre el respaldo para que se mantenga erguida. Decido que si no llego al suelo con los pies, lo mejor será fingir que no quiero tocarlo. Doblo las rodillas contra el pecho y me abrazo. Soy mi propio escudo.

Craig me ha dicho que le ha contado lo del porno al psicólogo y que este se solidarizó con él porque él mismo había estado a punto de perder a su mujer por razones similares el año anterior. Ahora, el psicólogo está sentado a un metro y poco de distancia de mí y no me gusta su pinta. Sé que intentamos salvar a los otros para salvarnos a nosotros mismos. No quiero formar parte de los intentos de este hombre de salvarse a sí mismo. Además, es asustadizo y torpe, y no deja de lanzarme sonrisas esperanzadas, como si necesitara mi reafirmación de que todo va a salir bien. No tengo idea de si todo va a salir bien, así que mantengo una expresión neutra en el rostro. Estoy acostumbrada a sonreír a todo el mundo, y está claro que este hombre está acostumbrado a recibir las sonrisas de reafirmación de las mujeres. Se hace obvio que mi rechazo a darle la tranquilidad que busca le resulta confuso. Se aclara la garganta y dice:

—Hola, Glennon, gracias por acompañar a Craig hoy a la consulta.

Me siento sacudida emocionalmente al oírlo mencionar nuestros nombres con tanta familiaridad.

El psicólogo continúa:

—Pareces enfadada, Glennon. ¿Quieres compartir con nosotros por qué estás enfadada?

Lo que quiero decir es: *¿Cómo sabe que estoy enfadada? ¿Porque no sonrío?* Craig tampoco sonríe. *¿Por qué una expresión neutra en el rostro de una mujer significa que está furiosa mientras que en el de un hombre la expresión neutra significa eso, neutra?* Pero en su lugar lo que digo es:

—Es posible que esté enfadada.

Me pregunta que por qué y mi respuesta:

—Porque mi marido lleva prometiéndome desde hace años que no ve porno, pero resulta que mentía. Porque ha metido su porno en nuestra casa, donde nuestros hijos pequeños podrían encontrarlo y puede que lo hayan hecho. Porque pone a mis hijos en peligro. Porque busca orgasmos a través de los cuerpos de las hijas de otros padres aunque él mismo tiene dos hijas. Y porque durante diez años ha dejado que yo creyera que tengo la culpa de todos nuestros problemas sexuales. Y puede que no sea así. Puede que yo no tenga la culpa en absoluto.

El psicólogo mira a Craig. Le preocupa cómo pueda tomarse lo que acabo de decir. Mi marido está callado, triste, distante. El psicólogo me mira nuevamente y dice:

—Entiendo. Pero, Glennon, reconozcámosle algún mérito a Craig. Está siendo sincero. Lo está contando todo.

El silencio que sigue ese *todo* es eléctrico y expectante, como la pausa que se produce entre el rayo y el trueno. Los tres nos miramos y, de alguna manera, en ese preciso instante, entiendo que ese «todo» al que ha hecho referencia el psicólogo es lo que nos falta.

Retrocedo dos meses en el tiempo. Estoy de pie junto a la encimera de la cocina y Craig me habla de un amigo del trabajo. Dice: «La engañaba. Fue muy duro, pero su mujer terminó perdonándolo. Vuelven a estar juntos. Ahora son felices». Me sorprendió que me hablara del tema. No quiero que lo haga. No quiero hablar de infidelidades en mi casa, especialmente cuando les estoy preparando la comida a mis hijos. Así que no le hago ninguna pregunta. No miro a Craig y trato de no escuchar con demasiada atención. Pero, ahora, esforzándome por recordar la voz de Craig, percibo el tono de súplica. Oigo lo que en su momento se me pasó por alto: Craig no se refiere solo al matrimonio de su amigo, sino que me está preguntando por el nuestro. Recuerdo que seguí cortando los sándwiches en triángulos perfectos introduciendo bien el filo del cuchillo; cortar, repetir, cortar, repetir. «Creo que él es un capullo y su mujer, boba. Yo recogería a mis hijos y me iría para no volver. Jamás perdonaría algo así. Jamás. Ni en un millón de años», le dije.

Craig guardó silencio. «Sí», dijo finalmente, y se puso a recoger la mesa.

Ahora, en la consulta, me oigo decir:

—Lo cierto es que no creo que Craig esté contándolo todo. No creo que lo haya hecho nunca.

—Glennon, escucho lo que dices, pero conozco a Craig y creo que está siendo sincero —dice el psicólogo con voz quebrada.

Me estremezco y me envuelvo en el jersey. Me fijo por primera vez en que tanto Craig como su psicólogo llevan camiseta y pantalones cortos. ¿Por qué los hombres no tienen frío nunca? ¿Por qué no llevan jersey nunca ni tienen necesidad de acurrucarse ni de esconder los puños en las mangas ni de abrazarse las piernas? ¿Por qué demonios son tan descarados, tan abiertos, tan calurosos y se muestran siempre tan cómodos?

—Tiene razón —dice Craig—. Tengo que decirle algo.

El tono de Craig me produce un escalofrío helado en las venas.

El psicólogo se remueve inquieto.

—Está bien, parece que Craig siente que tiene que decirte algo. Esto se puede hacer de forma correcta o incorrecta. Craig y yo nos veremos unas cuantas veces y después nos reuniremos todos de nuevo para hablar de ello dentro de unas semanas.

De repente suelto una sonora carcajada que suena como si se estuviera produciendo un tiroteo en la silenciosa habitación. Los dos dan un respingo y me complace verlo. La risa de una mujer llama la atención de un hombre de manera más eficaz que las lágrimas.

—Tiene gracia —digo, señalando al psicólogo—. ¡Dice que hay una forma *correcta* y una *incorrecta*! ¡Qué gracioso es usted! —Me interrumpo y dejo de reírme tan abruptamente como empecé—. No, no habrá más reuniones futuras. Craig va a contármelo todo *ahora mismo* —lo miro y mis sentimientos por él son puro hielo. Afilado. Carámbanos—. Empieza a hablar. Y, como te dejes algo, te abandonaré para siempre. Sabes que soy capaz.

Me levanto del sofá y atravieso la estancia para ir a sentarme en una silla tan lejos de Craig como puedo.

Él aparta la vista y empieza a hablar. Lo primero que dice es:

—Ha habido otras mujeres. Siempre relaciones de una noche. La primera, pocos meses después de casarnos.

Se me congela la respiración. Lo miro y él espera a que yo diga algo, pero de repente no estoy en la consulta. De repente estoy de nuevo recorriendo el pasillo de la iglesia del brazo de mi padre. Estamos cada vez más cerca de Craig. ¡Para! ¡Para! Grito para mí y para mi padre: *¡Den la vuelta! ¡Retrocedan!* Pero seguimos caminando. Ya está hecho. Ahora es tarde para cambiar lo ocurrido.

Craig sigue hablando, diciendo cosas que no pueden ser verdad. Mientras yo cambiaba pañales, preparaba comidas y alimentaba a nuestros hijos, él se acostaba con otras mujeres. Mientras yo suplicaba a mi cuerpo que sanara, él había estado en la cama junto a otros cuerpos. Mientras yo me disculpaba por mi incapacidad para conectar con él cuando practicábamos el sexo, él había estado conectando con desconocidas. Durante años, dejó que yo me echara toda la culpa. Dejó que llorase en su hombro preguntándome qué me ocurría, por qué no podía sentirme segura con el sexo. Me daba unas palmaditas en la cabeza y me decía que no lo sabía. Sí lo sabía. Él era la razón.

Cuando parece que ya ha terminado de hablar, nos quedamos todos en silencio un momento. Los dos están entre la puerta y yo. Con todas mis fuerzas deseo levantarme y dirigirme a la puerta, pero las piernas se niegan a llevarme. El psicólogo parece preocupado.

—Glennon, ¿estás bien?

Me parece la pregunta más estúpida del mundo. No intento responder siquiera. Lo miro con cara de pocos amigos, desafiándolo en silencio a que vuelva a pronunciar mi nombre. Lo odio con toda mi alma. Giro la silla de manera que le dé la espalda a los dos y mire hacia los ventanales de suelo a techo que dan hacia el aparcamiento. Me inclino hacia delante y me apoyo en la ventana para guardar el equilibrio. Miro hacia el aparcamiento y veo a una mujer rubia que se acerca apresuradamente a su vehículo. Me pregunto qué sabrá y qué no sabrá sobre su gente. *Espero que conozcas a tu gente de verdad*, pienso. Pero seguidamente pienso que tal vez sea mejor para ella no saberlo. En los últimos minutos he pasado de no saber a saber y, hasta el momento, saber es mucho, pero que mucho peor que no saber. No estoy segura de poder sobrevivir a saber. Retiro lo que he pensado.

Según se aleja, me viene a la mente una escena de una de mis películas favoritas, la de la pelea a espada entre Íñigo Montoya y Westley en *La princesa prometida*. En un determinado momento, Íñigo reconoce que Westley es un hábil espadachín, igual que él. Su rostro se ilumina en una expresión de sorpresa, que seguidamente se transforma en sorpresa, después en miedo, después en respeto y, finalmente, termina siendo una expresión entretenida que dice: *Oye, podría matarme, pero al menos será un duelo interesante*. Me río otra vez. Una risa extraña y amarga. Por primera vez reconozco que Craig es un oponente formidable. Pensé que yo era la que tenía un lado oscuro. Pensé que Craig era simple, sincero, un buen chico. Pero resulta que es un espadachín oscuro y habilidoso después de todo. Lo único que ha hecho ha sido ocultar su tremenda capacidad de infligir dolor. *Así que aquí estás*, pienso. *Bien jugado. Te había subestimado. Eres un personaje complicado, después de todo, y las cosas se van a poner interesantes*. En garde.

A mi espalda oigo al psicólogo que le pregunta:

—¿Por qué ahora, Craig? ¿Por qué has decidido decírselo hoy?

Apenas oigo la respuesta entre susurros de Craig.

—He estado observando a Glennon. Escribe y habla de sus problemas. Cuenta la verdad sobre la persona que es. Dice que se ha curado diciendo la verdad. Dice incluso todo lo malo y la gente sigue queriéndola. Solo quiero saber si tal vez yo podría tener algo así también. Necesito saber si puede conocerme de verdad y seguir queriéndome.

Apoyándome de puntillas, hago girar la silla para mirarlos. Miro el reloj colgado en la pared de la consulta, sobre la ventana. El tiempo sigue corriendo. Los niños nos estarán esperando a recogerlos dentro de quince minutos. Durante un momento me permito preguntarme la cara que pondrán cuando se enteren de que su familia se ha roto mientras ellos pintaban arcoíris en el colegio. Y aparto el pensamiento. El dolor es un bache en el camino que tengo que rodear para poder hacer lo que tengo que hacer. Me levanto de la silla. Mi quito el jersey y lo sostengo en la mano. Ordeno a mi cuerpo no temblar. Estoy en pie y los dos dirigen su mirada hacia mí al unísono. Miro primero al psicólogo y le digo:

—Debería poner un sillón adaptable en esta consulta para que personas con tamaño de mujer puedan apoyar los puñeteros pies en el suelo.

A continuación miro a Craig y le digo:

—No tengo idea de si alguna vez podrás «tener algo así también». Lo que sí sé es que no lo obtendrás de mí. Para mí, ya no existe ningún «tú». Quienquiera que seas, has destruido nuestra familia y jamás te lo perdonaré. Jamás. Me voy a recoger a mis hijos. Ven mañana a recoger tus cosas mientras están en el colegio y aléjate de nosotros. Eres veneno.

Tomo mi bolso y mi jersey y salgo por la puerta, al largo pasillo y de ahí al exterior. Ahora soy yo la mujer que se dirige apresuradamente a su coche. Me pregunto si habrá otra mujer mirándome por la ventana de otra consulta, preguntándose si conozco de verdad a mi gente, tratando de tocar el suelo con los pies.

Fuera hace sol, buena temperatura y todo está en orden. Me detengo un momento hasta que los ojos y la mente se me acostumbren. Me siento como un turista que acaba de salir del aeropuerto y trata de orientarse en una tierra desconocida. El azul del cielo de Florida es cegador y cada sonido —una garceta, el silenciador de un coche, un avión— me resulta agudo y extraño. El calor del sol en la piel me sorprende. El calor no se ha extinguido. Interesante. Me suplico estar presente y prestar atención. Tengo que fijarme más que antes. Mi viejo yo se ha perdido muchas cosas. Su felicidad y su paz se basaban en la distracción y la fantasía. Este nuevo yo viaja solo y ya no puede permitirse distracciones. Realidad. Solo realidad. *Averigua qué es real, Glennon.* Siento los ojos bien abiertos. Tengo la espalda recta y el mentón levantado, como un soldado. Tengo la sensación de que en mis pulmones caben litros de aire, como si acabara de inhalar sales. Todo escuece, pero estoy despierta.

Llego a mi *minivan.* Sigue siendo un vehículo resistente, cuadrado, gris y fiable, tal como lo dejé. Pero, en cuanto pongo la mano en la puerta, vuelvo a sentir el amargo sabor del odio en la boca. Doy un respingo y enseguida caigo en la cuenta de que detesto este coche. Retrocedo para poner espacio entre el vehículo y yo, y me quedo mirando cómo se transforma en un símbolo de mi década de lealtad, sacrificio e ingenuidad. La *minivan* anuncia a gritos: ¡Soy una esposa! ¡Soy una madre! ¡Esto es lo que soy! Puede que no sea llamativa, *pero ¡me encanta mi vida!* Todo en este vehículo constituye la prueba de lo tonta que he sido.

Me dan ganas de tirar las llaves a la alcantarilla y largarme de allí para siempre. Pero, como soy madre, los gestos dramáticos están prohibidos. Debo mostrarme inalterable. Debo mostrarme calmada. Debo pensar en mis niños, que aún no han visto llegar la ola que está a punto de romper. Debo ser el capitán que se muestra firme mientras su barco se hunde. Debo sonreír para que el hundimiento resulte suave.

Subo a la horrible *minivan*. Me fijo por primera vez en lo poco digno que resulta para una mujer menuda tener que subirse a un vehículo de gran tamaño. *La puta madre, ¿por qué las cosas no están hechas para mi tamaño?* Me quedo mirando el caos de libros para colorear, libros para lectores principiantes, recipientes de puré de manzana y restos secos de plastilina que cubre el suelo de la *minivan*. Me pregunto si mis hijos terminarán mirando algún día todas esas cosas como yo miro la *minivan*, como reliquias singulares de un mundo pasado y distante. Me pregunto si verán este caos con ojos nuevos y bien abiertos, y pensarán: *¡Mira, libros para colorear! ¡Recuerdo cuando mi único problema era no salirme de las líneas! ¿Te acuerdas de la minivan, mamá? ¿Te acuerdas de cuando tu único problema era que llegáramos a tiempo al fútbol? Te preocupaba mucho encontrar mis botas para el fut, ¿te acuerdas? Siempre lo tenías apuntado en tu lista de cosas por hacer: encontrar las botas de los niños. Libros para colorear y la minivan. Éramos preciosos, ¿verdad?*

Empiezo a conducir. Me detengo en un semáforo en rojo. Recuerdo dónde tengo que girar. Una pareja cruza la calle y yo les sonrío y les saludo con la mano. Me sorprende y me enorgullece mi sonrisa. *Mírenme. Lo peor ha pasado y aquí estoy, conduciendo tranquilamente, sonriendo a desconocidos.* Con esta sonrisa es como sé que me he convertido en dos personas otra vez. Soy la que acaba de perder su vida y también su representante, la que conduce, sonríe y saluda. Oficialmente volvemos a ser dos.

El dolor nos divide en dos. Cuando alguien que está sufriendo dice: «Estoy bien, estoy bien», no es porque lo esté, sino porque su yo interior exige a su yo exterior que diga: «Estoy bien». A veces es posible que se le escape un «Estamos bien» sin darse cuenta. Los demás dan por hecho que se refiere a sí misma y a su gente, pero no es así. Se refiere a sus dos personas: la que sufre y su representante, la que sí es adecuada para el consumo público. El dolor transforma a una mujer en dos para que tenga alguien con quien caminar, alguien que se siente con ella en la oscuridad cuando todo el mundo se va. No estoy sola. Tengo a mi yo doliente, pero también tengo a su representante. Ella continuará con la vida. Tal vez pueda ocultar mi yo doliente permanentemente y enviar a nuestro representante al mundo para que sonría, salude y continúe con la vida como si esto no hubiera sucedido. Ya respiraremos cuando lleguemos a casa. En público fingiremos siempre.

Me detengo en otro semáforo en rojo y siento que las piernas empiezan a temblarme, suavemente al principio y más fuerte después, hasta el punto de chocar contra el volante. Les ordeno que paren, las empujo hacia abajo con las manos, pero solo consigo que tiemblen con más violencia. Me pregunto si mi yo interior habrá oído mi intención de ocultarlo y haya decidido que no quiere volverse invisible. Me pregunto si no tendrá el control de mi cuerpo después de todo. He perdido el control de mi vida, de mi familia y ahora de mi propio cuerpo. El semáforo cambiará de un momento a otro y me entra el pánico. Mi cuerpo me grita que le cuente la verdad a alguien. Me tranquilizo de la única manera que sé: llamando a mi hermana. Responde al primer tono.

—¡Hola, hermana! ¿Qué hay?

—¿Estás sentada? Tengo que contarte algo, pero no te preocupes, los niños están bien. Creo.

—Espera, espera. ¿Qué? ¿Qué ocurre?

Su voz denota su pánico.

—No es solo el porno. Craig ha estado acostándose con otras mujeres. Desde el principio. Rollos de una noche.

Mis piernas dejan de temblar. El semáforo se pone verde. Piso el acelerador y avanzo lentamente.

Mi hermana guarda silencio un momento y entonces dice:

—Oh, Dios mío. Oh, Dios mío, Glennon. ¿Dónde estás? ¿Vas conduciendo? ¿Estás bien?

Espera mi respuesta. Lo de si estoy bien me confunde. Me lo preguntarán mil veces a lo largo del año siguiente y significará algo diferente cada vez. Por el tono y el contexto, deduzco que cuando mi hermana dice: *¿Estás bien?* quiere decir: *¿Estás pensando en salirte de la carretera? ¿Vas a hacerle daño a alguien o a ti misma?*

—Sí, estoy bien. Estoy calmada. Voy a recoger a mis niños y llevarlos a casa.

—Llévatelos a casa y quédate ahí. Mañana por la mañana subiré un avión. Se lo diré a papá y mamá esta noche.

Espera. ¿Se lo va a decir a nuestros padres? Si se lo decimos, ya no podremos retirarlo. En cuanto lo sepan, esto será oficialmente real. Intento imaginar la cara de mis padres al enterarse. Ya han pasado por ello con mi hermana. Su primer marido tampoco era quien todos pensábamos. Era en Craig en quien confiábamos. ¿Cómo vamos a confiar en nadie ahora? ¿Cómo va a aceptar mi padre que no puede proteger a ninguna de sus hijas? ¿Cómo encajarán mis padres que hayan vuelto a engañarlos? Me temo que, si pregunto todas estas cosas, si intento pronunciar demasiadas palabras, mi yo dolido se me saldrá por la garganta, empezará a gritar y no podrá parar. Trago con dificultad y le digo:

—Está bien. Hazlo. Luego te llamo.

Y cuelgo.

Llego al colegio y me pongo en la fila de los vehículos para recoger a los niños. Miro en los coches de otras madres sonrientes y siento celos de todas ellas. Los profesores están fuera, saludando con la mano. Les devuelvo el saludo y en ese momento veo a mis niños, con sus trabajos del día en las manos. Al verme, se ponen a dar saltitos y una enorme sonrisa se dibuja en sus rostros. Sus sonrisas sí son reales. No están divididas en dos. Los miro y el corazón se me va por el piso de manera tan contundente que no creo que pueda recuperarme nunca. *Sus caras. Una cosa. Prometí hacer una cosa bien. Darles una familia. Estabilidad. Protegerlos del sufrimiento. He fracasado. Sufrirán de una manera que yo nunca he sufrido. Nada es como ellos creían que era. ¿Cómo puedo evitar que esto sea real para ellos?* Entran alegremente en la *minivan* y me dan ganas de abrazarlos fuerte, pero sonrío, los miro con ojos brillantes y les digo:

—¡Los quiero! ¿Qué tal su día?

La más pequeña se inclina para darme un beso y dice:

—¡Genial! ¿Y el tuyo?

—Genial, tesoro. Genial.

Les digo que a papá le ha surgido un viaje inesperado. Al llegar a casa, preparo un cómodo nido en el sofá para los cuatro y pongo la televisión. Están encantados. ¡Televisión un día normal después del colegio! Los miro, maravillada al pensar que el día anterior me habría preocupado que vieran la tele entre semana. Éramos preciosos, ¿verdad? Ahora doy gracias por haber sobrevivido el ataque de órdago que nos ha echado el mundo hoy. Estoy orgullosa. He rescatado a mis niños y los he traído a casa, y ahora están en el sofá, sanos y salvos, y solo importamos los cuatro. La tormenta puede rugir fuera, que nosotros estaremos seguros para siempre en nuestro búnker. Les doy *nuggets* de pollo, me siento a su lado y tomo a Amma en el regazo. Aspiro el aroma de su pelo. Prometo en silencio a los tres que todo va a ir bien. *Estamos bien. Lo estamos, de verdad. No necesitamos a papá después de todo.*

El entumecimiento y la negación iniciales componen un choque emocional y son un regalo. El choque es un periodo de gracia. Le da tiempo a una mujer para recoger lo que necesita antes de que el agotamiento y el pánico se instalen como un grueso manto de nieve. El choque le proporciona el tiempo necesario para reunir a su gente antes de iniciar el duro periodo del duelo, que requerirá todas sus energías. El choque es la ventana tras el otoño que permite prepararse para el invierno.

Dos horas después, llevo a los niños al cuarto de baño y les ayudo a lavarse los dientes. *Míranos, lavándonos los dientes dadas las circunstancias.* Estoy asombrada con nosotros mismos. Los llevo a sus habitaciones y los acuesto uno por uno. La suavidad de terciopelo de las mejillas de mis niñas cuando les doy su beso de buenas noches me derriba. Son tan pequeñas, tan ingenuas. Su piel es tan suave porque está sin curtir. Aún no ha sufrido las quemaduras del sol ni el azote del viento, no ha absorbido las toxinas del ambiente ni tampoco han aparecido las hormonas adolescentes. Aún no les ha ocurrido nada de eso. Tienen una piel perfecta, inmaculada, como sus corazones. He protegido su piel y sus corazones para que no sufrieran nada en soledad. Se acabó. En breve tendré que contarles cosas que supondrán un viaje para sus corazones en el que no podré acompañarlos. El corazón se les partirá, endurecerá y curtirá antes que la piel. Este no es orden correcto de las cosas.

Los miro y comprendo que, cuando se enteren de que puede que papá y mamá no sigan casados, los perderé un poco. Ahora somos uno, pero pronto el choque, el duelo y la pérdida nos dividirá. De hecho, ya estamos divididos, pero aún no lo saben. Y no seré capaz de abrazarlos mientras lloran y decirles: *Sé cómo se sienten*. Porque no sé lo que es para un niño que su familia se rompa de la noche a la mañana. No lo sé. Mis hijos tienen nueve, seis y cuatro años. ¿Cómo voy a poder dejar que pasen por algo que yo no he experimentado? Se supone que debo caminar delante de ellos, prepararles el camino. Pero ya no puedo ir delante porque no sé adónde vamos. Empiezo a sentir que no puedo respirar, así que me alejo un poco y me quedo en el pasillo, tratando de reunir fuerzas. Oigo las risas y los susurros de las niñas. No estaban dormidas al parecer. Me quedo atónita al verlas tan alegres, como si acabara de detectar señales de vida debajo de un montón de escombros. ¿Volverán a reírse mis pequeños cuando se enteren de lo ocurrido? ¿Y yo?

Entro en mi habitación. Me paro delante de la cama y me quedo mirándola. Mis ojos se detienen en la marca existente en la almohada de Craig y a continuación en el libro que está leyendo, abierto aún sobre la mesilla de noche. Le doy la vuelta a la almohada y meto el libro debajo del colchón. Tengo que quitar de mi vista sus cosas para poder olvidarme de su existencia. Empiezo a respirar débilmente otra vez. El choque —lo que me salva— se me está pasando. La habitación me da vueltas y me estoy poniendo muy nerviosa. Las preguntas se aferran a mi mente como gélidos dedos. *¿Y si nos divorciamos? ¿Y si Craig se vuelve a casar? ¿Y si mis niños llaman mamá a otra mujer? ¿Y si ella no los quiere? ¿Y si los quiere? ¿Y si ellos no la quieren? ¿Y si la quieren? ¿Cómo dejar desconocer lo que sé? ¿Cómo hacer que nada de esto sea verdad?*

Mis piernas han dejado de funcionar y estoy en el suelo. Me acerco a gatas hasta la pared en busca de apoyo. Me inclino hacia delante y pongo la cabeza entre las rodillas para calmar las náuseas. Intento estabilizar mi respiración. Concéntrate en respirar, Glennon. Solo eso. Miro hacia la puerta y me acuerdo de que no he echado el pestillo y gateo hasta ella para echarlo. Los niños no pueden verme así. Soy todo lo que tienen. Una vez echado el pestillo, me vuelvo a apoyar contra la pared y descanso la cabeza sobre ella. Cierro los ojos un momento. Esto me resulta familiar, la postura en el suelo. Mi mente retrocede al día de la madre de 2001.

Estoy en el suelo del cuarto de baño sobre las frías baldosas con una prueba de embarazo positiva en la mano. Me tiemblan las manos tanto que apenas veo la crucecita azul en el visor, pero ahí está. Cierro los ojos fuerte intentando desconocer lo que es verdad: estoy embarazada. Abro los ojos y veo el inodoro blanco y frío delante del que me he pasado media vida arrodillada. He regresado a él una y otra vez para vaciarme, para ocultar la caótica humanidad de mi persona y deshacerme de ello tirando de la cadena. El cuarto de baño ha sido mi escondite y el inodoro, mi altar. Este lugar ha sido la respuesta a la pregunta sobre mi existencia durante más de una década. Pero, al mirar la prueba de embarazo, me doy cuenta de que voy a necesitar una respuesta nueva, algo menos letal frente a lo que arrodillarme y donde puedo esconderme. Había encontrado las respuestas en el hecho de ser esposa. De ser madre. Esos eran mejores altares. Menos peligrosos. Altares que habían hecho que aquellos a los que quiero estuvieran orgullosos de mí y más cerca de saber la verdad sobre mí.

Pero tal vez no estuvieran lo suficiente cerca de la verdad. Porque diez años después, vuelvo a tener la espalda apoyada contra una pared mientras afronto una nueva realidad llegada para cambiarme la vida y llevarse consigo esos nuevos altares que tanto trabajo me había costado levantar. Si las respuestas a la pregunta de mi existencia no son ser esposa y madre, ¿qué más me queda? Nada. Si después de todo no soy la señora Melton, ¿quién soy? Nadie. El fin.

Me recuerdo que diez años atrás pensé que el suelo de mi cuarto de baño era el fin. Aquella crucecita azul era mi desahucio, pero también mi invitación. Una invitación a crear una vida mejor, a descubrir mejores respuestas, a construir altares más saludables, a encontrar una identidad más verdadera. ¿Y si este desahucio es también una especie de invitación? ¿Pero una invitación a qué? ¿A salir de mi matrimonio? ¿A empezar una nueva vida sola? ¿Lejos de mis hijos? No, no, no. No quiero esta invitación. Esta no. La última me conducía a Chase, a Craig, al Amor. Esta me aleja de todo lo que me ha salvado. No la quiero. No quiero este comienzo. Me encantan mis respuestas. Me encanta mi vida. Estoy empezando a sentir pánico.

Intento recordar cómo recuperé el ritmo normal de mi respiración hace diez años. ¿Qué fue lo primero que hice? ¿Cómo sobreviví? Fui a una reunión. Pero no puedo ir a una reunión ahora mismo. Mis hijos están durmiendo y están solos aquí. Me arrastro por el suelo hasta el ordenador. Escribir tendrá que hacer las veces de reunión en este momento. Tendré que salvarme yo sola esta vez. Empiezo a redactar una lista:

Preguntas que no puedo responder

1. *¿Volveremos a ser una familia?*
2. *¿Seré madre soltera?*
3. *¿Destruirá esta situación a mis hijos?*
4. *¿Tendrán mis hijos otra madre algún día?*

Me paro y mi alma aúlla tras escribir esta última. *No. No.* Añado una más:

5. *¿Qué voy a hacer?*

Y a continuación escribo una segunda lista:

Preguntas que sí puedo responder

1. *¿Soy una mujer amada? Sí.*
2. *¿Mis hijos son unos niños queridos? Sí.*
3. *¿Sobreviví la última vez que toqué fondo? Sí.*

Releo la última y recuerdo algo que acabo de leer en alguna parte, que la palabra «desastre» está formada por «astro», que significa *estrella*, y «des», que significa *sin*. Esto solo será un desastre si pierdo la conciencia de la luz. Aquí, delante de mi ordenador, siento que la oscuridad se está instalando. Tengo que encontrar algo de luz.

Así que escribo una lista más:

Lo que sé

1. *Si no sabes algo es porque se supone que no debes saberlo aún.*
2. *Más cosas te serán reveladas.*
3. *La palabra «crisis» significa* cribar. *Deja que todo lo accesorio caiga y quédate solo con lo realmente importante.*
4. *Lo importante no te lo pueden arrebatar.*
5. *Haz lo siguiente que creas conveniente, pero haz las cosas de una en una: así llegarás a casa.*

Imprimo las tres listas y me meto en la cama con ellas. Me tumbo y me quedo mirando el techo. No dejo de darle vueltas a una de las preguntas para las que no tengo respuesta: ¿Qué voy a hacer? Me obligo a traducir esta pregunta sin respuesta en una que sí la tenga. Cambio el *¿Qué voy a hacer?* por *¿Que voy a hacer a continuación?*

Trazo un plan:

Me acostaré. El sol se levantará. Prepararé el desayuno. Llevaré a mis hijos al colegio. Regresaré a casa y descansaré.

Mi respiración se va ralentizando y estabilizando a medida que me repito una y otra vez el plan.

Me acostaré. El sol se levantará. Prepararé el desayuno. Llevaré a mis hijos al colegio. Regresaré a casa y descansaré.

Lo siguiente que creas conveniente, pero haz las cosas de una en una.

Estoy muy cansada. Me inclino a apagar la lámpara, aferrándome a mis listas como si fueran linternas. Me llevo la luz a la oscuridad. Me duermo sujetándome a mis palabras. Ellas son la luz que iluminará mi camino. Esto no es un desastre. Es solo una crisis. Me permitiré ser una niña que escarba en la arena de la playa y levanta el tamiz, viendo cómo la arena pasa y esperando que el tesoro no se cuele. Me quedo dormida.

9

No RECUERDO HABER recogido a mi hermana en el aeropuerto al día siguiente. No recuerdo la llegada de mis padres dos días después. No recuerdo haberles contado a los niños que su mamá y su papá los quieren mucho, pero necesitan tomarse un tiempo. No recuerdo haberle dicho a Craig que se alquilara un apartamento ni acordar con él que podía quedarse con uno de nuestros perros. No recuerdo haber establecido un horario para ver a los niños. El duelo es como una goma de borrar. Siento como si me lo hubieran borrado todo excepto el dolor y el miedo.

Mi rabia es el océano. Hay momentos de calma y tranquilidad, pero, de repente y sin previo aviso, comienza la perturbación bajo mi piel, una agitación que va cobrando fuerza hasta que no me queda otro remedio que rendirme y cabalgar la ola. Estoy de pie en el sendero de entrada de casa, gritando a Craig por el teléfono, deseando que estuviera muerto.

—¡Si estuvieras muerto sería más fácil! —le grito—. ¡Muerto no tendría que tratar contigo sobre ningún tema! Podría decirles a los niños que eras un buen hombre, llorar tu muerte y empezar de nuevo con otra persona. Si estuvieras muerto, no tendría que compartir a los niños contigo. Los niños a los que yo protegí y que tú mandaste al cuerno. ¡Es egoísta por tu parte seguir existiendo!

Cuando se pasa la ola de furia, me siento agotada, exhausta, vacía.

Mi imaginación es como una de esas cajas de juguete que ocultan un muñeco unido a un muelle y, cuando las abres, salta. Me asaltan constantemente imágenes de Craig con otras mujeres que me dejan sin respiración. Me veo a mí misma llamando a Craig durante un viaje de negocios y su teléfono suena y suena sobre la mesilla del hotel mientras él está en la cama con una mujer desnuda. Imagino a mis hijos diciéndoles a sus amigos del colegio: «Y nuestra madrastra nos va a llevar a Disneylandia...». Con frecuencia, cuando aparecen estos fantasmas, siento como si me dieran un golpe y pierdo, literalmente, el equilibrio, de modo que tengo que agarrarme a la pared más cercana para no caerme. Ni siquiera mi mente es amable conmigo.

La depresión es una niebla oscura y densa. Cuando se aclara, salgo para estar ahí para los niños, pero al rato se cierra sin previo aviso y no soy capaz de hablar ni de moverme. Les cargo la responsabilidad a mis padres y yo me meto en la cama a dormir. Este es el regalo que me hacen mis padres, dormir. Dormir es mi única forma de escape y el precio consiste en despertarme perfectamente consciente de que no ha sido un sueño. Que así es mi vida.

Mi duelo es un muro de ladrillo macizo que se yergue frente a mí. Quiero derribarlo con una topadora, treparlo, deshacerlo un ladrillo a la vez. Necesito desesperadamente pasar al otro lado para poder ver lo que me aguarda al final del camino. Pero el muro no cede, no permite que la escale ni que quite un solo ladrillo. Tan solo deja que me apoye sobre él, agotada. El duelo no es más que una dolorosa espera, una horrible paciencia. El duelo no se puede demoler ni modificar de tamaño ni superar ni burlar.

Solo se puede sobrevivir a él. La supervivencia es la rendición frente al muro de ladrillo.

El progreso no existe y, en caso de existir, no es lineal. Todos los días me despierto y recorro la misma vuelta compuesta por el duelo, la rabia y el pánico. En mi recorrido se me acercan sigilosamente recuerdos dulces. Craig y los niños la mañana de mi cumpleaños, entrando de puntillas en mi habitación entre risas ahogadas y vestidos con camisetas que Craig había hecho con fotos del día que nos casamos; Craig llorando la primera vez que tuvo en brazos a Tish; Craig despertándome en plena noche para que viera que nuestros tres hijos y los dos perros habían vuelto a subirse a nuestra cama. Hacíamos todas esas cosas juntos. Formábamos una familia. Hemos perdido muchas cosas y lo echo mucho de menos. ¿Pero lo que echo de menos es lo que hicimos o al hombre que me ayudó a conseguirlo? No lo sé. Me muevo hacia delante y hacia atrás, rebotando como la bola de una máquina de *pinball*, entre decirle: *Ojalá te pudras*, y: *Vuelve a casa, por favor*.

~

Un día estoy en la playa con mis padres, viendo a los niños jugar con las olas.

—Me voy a divorciar.

Mi padre asiente con la cabeza y dice:

—Algunas personas aguantan toda la vida por sus hijos y luego, cuando muere la pareja, reviven. Y todos los demás, incluidos los hijos, piensan: ¿Por qué demonios no lo hizo antes? Podría haber vivido una vida plena. Haz lo que tengas que hacer. Nosotros tenemos dinero ahorrado y tiempo, y nos quedaremos aquí.

Lo miro y siento paz durante un momento. Intento aferrarme a esa paz, pero los ojos se me van hacia mis hijos, que juegan a perseguirse entre sí por la arena. La paz se desmorona. *No, no. No funcionará. Sencillamente, no funcionará. No puedo perderlos. Fingiré si de esa forma puedo evitar romperles el corazón.*

Así que al día siguiente llamo a mi hermana.

—He decidido quedarme. Voy a luchar. Voy a hacer que funcione.

—Como quieras —contesta ella—. Yo estaré aquí y caminaré a tu lado todo el camino.

Mi hermana reaviva mis esperanzas. ¡Sí! ¡Esa es la respuesta! Pero entonces me veo reflejada en el espejo y pienso: *No, no va a funcionar. Jamás. No puedo fingir.* Y mis esperanzas se hunden.

—Olvídalo. Eso tampoco es lo acertado.

—Puede que por el momento la mejor decisión sea no tomar decisiones —me dice tras pensarlo un momento.

Tiene razón. Ve que estoy intentando suavizar mi dolor con certeza, como si fuera a encontrar el alivio en una única decisión acertada. Estoy atascada en las arenas movedizas de la ansiedad: cuanto más me esfuerzo en intentar salir, más me hundo. La única manera de sobrevivir es no hacer movimientos súbitos, ponerme cómoda en la incomodidad y encontrar la paz sin tener respuestas. No sé. La verdad es que no sé qué va a ser de nosotros.

Solo puedo contar con una estrategia en este tiempo, y es la misma que me ayudó a mantenerme sobria: *Haz lo siguiente que creas conveniente, pero haz las cosas de una en una.* No veo nunca el final del camino, pero, si entrecierro los ojos con fuerza, sí puedo ver el siguiente paso. Mi forma de entrecerrar los ojos es sentarme en silencio unos minutos al día, bloquear las voces bien intencionadas y decir: *Dame hoy mi pan diario. No sé qué ocurrirá mañana, pero hoy dame energía, sabiduría, fuerza y paz suficientes para manejar lo que se me ponga en el camino. Ayúdame a no hacer caso de las grandes decisiones, que ya se tomarán solas, y ayúdame a concentrarme únicamente en las pequeñas*. Y, a continuación, solo durante el día, intento hacer lo que siento que es verdadero, confiando en que al día siguiente recibiré una ración fresca de lo que sea que el mañana me requiera.

—

Día tras día, la calmada vocecilla insiste en que lo siguiente que debo hacer que es más conveniente para mí es mantenerme lejos de Craig. No quiero que sea verdad. Quiero que la voz nos deje en paz, pero, cuando estoy en silencio, mi sentido común me dice que abandonar a Craig significa quedarme junto a Dios, la verdad y la luz. Volver con él —utilizando la seguridad de nuestra relación para evitar el miedo y la soledad— sería abandonarme a mí misma. La traición a uno mismo permite que el miedo gobierne a la calmada vocecilla de la verdad. Eso es justo lo que no puedo hacer. Puedo hacer la segunda cosa más difícil —abandonar a Craig, afrontar el derrumbe de mi familia, intentar vivir sola— para no tener que hacer lo que es imposible: traicionarme a mí misma. Si lo que quiero saber es: ¿Existe alguien en este mundo que no vaya a traicionarme? debo responderme: *Sí, mírate al espejo. Ella no te traicionará.*

Así que ahora, en el silencio, paso de preguntar: ¿Podré volver a confiar en Craig? a: ¿Podré confiar en mí misma? Esta es la pregunta crítica. Así que opto por lo difícil. Levantar la confianza en mí misma. Quiero ser la clase de persona que pueda cuidar de mí.

Dios y yo sabemos lo que hay que hacer, pero yo titubeo cuando intento explicárselo a los demás. Cuando una amiga me pregunta: «¿Qué ocurrió?», me dan ganas de agarrar un jarrón de cristal y dejarlo caer al suelo para que se haga añicos. *Esto es lo que ocurrió*, le diría. Las pocas veces que intento narrar el estropicio como una historia, lo lamento. Las palabras habladas le dan un carácter demasiado ordenado, demasiado digerible, demasiado ordinario a lo que nos ocurrió. No puedo describir la ferocidad del miedo y la rabia que tengo dentro con palabras lo bastante sosegadas para pronunciarlas a la luz del día. Cuando termino de contarlo, quiero que la gente se quede tan conmocionada y confundida como yo. Quiero que se desencadene una tormenta de truenos y que se queden boquiabiertos. Pero, la mayoría de las veces, la otra persona potencia mi dolor tratando de aminorar el suyo.

Si la persona que me está escuchando es la típica persona Animosa, escucha con nerviosismo y a continuación explica apresuradamente que «Las cosas ocurren por algo» o que «El momento de más oscuridad es aquel que precede al amanecer» o que «Dios tiene un plan para ti». Permanecer dentro de las ruinas de mi matrimonio resulta demasiado incómodo, así que utiliza esos tópicos como si fueran una escoba para barrer los añicos de mi vida en un ordenado montoncito que pueda esquivar. Necesita que yo avance, que progrese, que sortee las partes más difíciles hasta llegar al final feliz. Necesita corregir mi historia para hacer que encaje en su historia sobre las cosas buenas que les ocurren a las buenas personas y sobre como la vida es justa y las cosas al final terminan saliendo bien. *Ya veo de qué va esto. ¡Es una oportunidad para algo grande! ¡Los mayores desafíos les ocurren a las personas más fuertes! Esto va a ser bueno para ti, ya lo verás.* Y, tras decirme esto, me pone las manos en la espalda y me anima a caminar hacia la puerta de la esperanza. No quiero que me animen. Quiero ir hacia esa puerta cuando llegue el momento. Pero la persona no puede quedarse ahí esperando, así que se pone bajo el foco y se convierte en el héroe de mi historia. Me marchito en las narices de su optimismo y su claridad, y me escabullo del escenario sin ser vista. *Sí, supongo que tienes razón. Las cosas ocurren por algo.*

Si la persona que me está escuchando es una de esas personas Comparadoras, su reacción será asentir mientras «escucha», como si mi dolor confirmase algo que ya sabe. Cuando termino, chasquea la lengua, sacude la cabeza y responde contándome su propia historia. Estas personas que lo comparan todo necesitan desviar mi dolor personal negándose a aceptar que pueda ser algo personal. Así que en vez de crear un archivo nuevo para mi historia, me archiva en alguna categoría de la que ya tenga alguna referencia. Me dice lo semejantes que somos ella y yo porque ella vivió una ruptura desagradable en la universidad. O que en realidad me parezco más a su amiga Jody, que vivió algo «muy parecido a esto tuyo». Así que me encuentro escuchando una historia sobre una tal Jody: asintiendo, emitiendo expresiones de comprensión y de no dar crédito a lo que le ha ocurrido a la pobre Jody. Mi desesperación es demasiado intensa, de manera que la estrategia de esta oyente comparadora consiste en apropiarse del momento. *Hagamos que la historia gire en torno a Jody, porque tratar contigo ahora mismo es demasiado duro.* Y así paso a ser otra historia en una larga sucesión de historias y mi familia pasa a ser otra familia. Mis hijos pasan a ser igual que los *pobres hijos de Jody* y mi marido, *igual que el marido de Jody.* Pero la paradoja del dolor es que solo es universal visto en retrospectiva. En el presente, es tremendamente personal. En la inmediatez de mi duelo reciente, no me parezco a Jody ni el dolor de Jody es como el mío. Pero este es el espectáculo de la Comparadora y ella insiste en que los dos casos son iguales. Solo las personas especiales tienen derecho a vivir un duelo, y mi historia no es tan especial. Se niega a dejarse sorprender. Esto no es nuevo. Pregúntale a Jody si no.

La Solucionadora está segura de que mi situación es una pregunta y que ella conoce la respuesta. Lo que necesito son sus recursos y sus conocimientos, y podré solucionarlo todo. Me dice que lo único que tengo que hacer es orar con más ahínco. Que tengo que mostrarme más accesible sexualmente. Que debería irme. Tengo que quedarme. Que lo que de verdad tengo que hacer es leer ese libro alucinante que le fue tan bien a una amiga suya. La Solucionadora insiste en que hay maneras definitivas para salir de este bache, porque considerarlo algo aleatorio significa que su vida también es vulnerable al desastre. *No, no, no.* Existe una fórmula infalible para el éxito matrimonial y la seguridad de la Solucionadora depende de creer que Craig y yo simplemente no la hemos cumplido. No tengo energía para decirle que he asistido a las mismas conferencias y leído los mismos libros que ella. No tengo corazón para sugerir que, tal vez, lo que ocurre es que la vida no respeta los límites de nuestras esmeradas fórmulas y que el conocimiento no constituye una fortaleza capaz de bloquear el dolor. «Claro, lo leeré. Gracias», respondo.

La Reportera siente demasiada curiosidad por los detalles de mi ruptura. Existe una línea entre la preocupación y el entusiasmo, y la Reportera la pisa. Hace preguntas inapropiadas y cotillas, y le brillan los ojos mientras espera la respuesta. No escucha mi historia, la une a su colección. Después me entero de que no tarda ni un minuto en contarla por ahí, precedida por una declaración de preocupación por mí. «Estoy preocupada por Craig y Glennon. ¿Se han enterado? Oren por ellos». Nuestra historia es lo único que tenemos que es completamente nuestro. Alguien que te la roba y la utiliza para abonar cotilleos es un ladrón de la peor ralea.

Y luego están las Víctimas. Personas que escriben para decir que se han enterado de lo ocurrido por terceros y que les duele que no se lo hayas contado personalmente. Que creían que estábamos más unidos. Como si las personas que están pasando un duelo empezaran a hacer listas con las personas que conocen y su cercanía a ellos, en orden descendente, para poder dar la información de una manera justa y ordenada. Como si existieran normas de etiqueta en el duelo. Como si lo más preocupante para esas madres que tienen que cuidar de familias rotas fuera cómo se sienten sus amigos respecto a su dolor. Al recibir los mensajes de estas Víctimas, comprendo el significado de la frase «se me congeló la sangre en las venas».

Y, por último, están los Representantes de Dios. Creen que saben lo que Dios quiere para mí y «se sienten guiados» por Dios a «compartirlo» conmigo. Dios, ten piedad.

Unos meses después de llegar a Naples, estaba rellenando la documentación para el nuevo año escolar de los niños cuando me di cuenta de que no tenía a nadie a quien poner como contacto en caso de emergencia. Toda esa libertad que tanto había deseado empezaba a parecerme solitaria. ¿Quién nos traería un guiso si nos poníamos enfermos? Antes de mudarnos habíamos formado parte de una iglesia que nos parecía un pueblo, un lugar en el que a los adultos se les iluminaba el rostro al ver a nuestros hijos, y en el que nosotros conocíamos y amábamos a sus hijos también. La echábamos de menos. Decidimos que era hora de unirnos a otra iglesia y empezamos a asistir a una que se definía a sí misma como joven y moderna. La primera vez que fuimos, nos dejamos atrapar por la cafetería, la banda de rock y los cientos de familias jóvenes que parecían formar una gran familia. Nos dio la impresión de que podríamos formar parte de aquello. Pero poco a poco empecé a sentirme menos cómoda con la forma particular de consuelo que ofrecía aquella iglesia. Para empezar, no había mujeres que liderasen el culto, ni asistía gente de color. También parecía existir una motivación política subyacente centrada en defender los derechos de la mayoría y hacer caso omiso a las necesidades de los pobres y los marginados. El pastor parecía más preocupado por la vida plena de la institución que por la supervivencia de los que sufrían fuera de los muros de esta. Sabía que esta iglesia no era la adecuada y decidí buscar otra, pero entonces pasó lo de Craig y necesitaba la calidad reconfortante del redil.

Unas semanas después de la separación, una mujer a la que conozco de pasada me agarra del brazo en el vestíbulo de la iglesia. Le sonrío y ella ladea la cabeza con gesto comprensivo. *Maldita sea. Otra vez no.*

—¿Podemos hablar? —pregunta.

No, pienso yo.

—¡Claro!

—Ha llegado a nuestros oídos en el grupo de estudio de la Biblia lo que ha ocurrido, querida, y nos sentimos en la obligación de hablarte sobre los peligros del divorcio. El divorcio sencillamente no es lo que Dios tiene planeado para tu familia. Queremos a tus hijos como si fueran nuestros y no queremos que sufran. Dios prefiere una familia nuclear y, si te apartas de su paraguas de protección, no promete protegerte, querida. Eres la ayudante que Dios dio a Craig. Tu obligación consiste en ayudarlo ahora a pasar por este trance. Dios ha puesto en nuestros corazones varias escrituras para que las compartamos contigo, si no te parece mal.

Me quedo mirándola mientras ella se afana en buscar algo en su bolso y mi interior se explota con luces intermitentes de aviso, banderas rojas y furia. Mi furia es por cada mujer cuya iglesia le ha dicho que Dios valora más su matrimonio que su alma, su seguridad, su libertad. Mi furia es por cada mujer a la que han enseñado que Dios es hombre y hombre es Dios. Mi furia está dirigida a todas esas mujeres a quienes les han dicho que su matrimonio fracasado es la cruz con la que deben cargar.

Entonces me oigo decir:

—Discúlpame, pero ¿qué es lo que crees que *ha ocurrido*?

—Lo has abandonado, ¿no es así?

Mientras espera mi respuesta, su ceño fruncido se transforma en una sonrisa condescendiente. Nunca he comprendido el sentido de «condescendiente» hasta ver a esta mujer, que insiste en que no necesita saber lo que me ha pasado para saber qué es lo mejor para continuar con mi vida. No quiere saberlo siquiera. Me llama la atención que lo último que se busca en esta institución es que las mujeres posean información detallada.

Miro a mi alrededor y siento como si, por un momento, el veneno de esta mina se hiciera visible. Esta mujer no se dirige a mí de mujer a mujer; lo hace como representante de esta institución. Es muy importante para ellos que ella y yo no sepamos nunca que hay una diferencia entre abandonar a un hombre y abandonar a Dios. No quieren que entendamos que existe una diferencia entre someterse a Dios y someterse al patriarcado. De manera que el secreto que se guarda en un apretado envoltorio en estos lugares es el siguiente: Dios es el Dios de la mujer tanto como lo es del hombre. *Ahí está. Guardar este secreto es veneno. Por eso las mujeres dejan de cantar aquí.*

Miro hacia el fondo del vestíbulo y veo a Tish en la cola para entrar en su clase dominical. Se le ilumina el rostro al verme. En ese momento me doy cuenta de que no le debo nada a la institución del cristianismo: no le debo mi salud, ni mi dignidad, ni mi silencio ni ser una mártir. No respondo ante este lugar, respondo ante Dios, ante mí y ante la niñita que está en la fila. Ninguno de estos tres queremos verme en el trance de intentar hacer pasar la cobardía por fortaleza, la ignorancia obstinada por lealtad, la codependencia por amor. Esa niñita no quiere que muera por ella; jamás me ha pedido que lleve semejante carga. Ella quiere que viva por ella. No necesita que le enseñe cómo una mujer finge que su vida sea perfecta, sino cómo una mujer lidia con una vida imperfecta con honestidad y valentía. Necesita que yo le enseñe que estas cuatro paredes no le marcan los límites a Dios y que la gente que está aquí no es el dueño de Dios, que Dios la ama más que a cualquier institución que Dios cree para ella. Y solo lo aprenderá si le enseño que lo creo yo misma. Solo lo sabrá si yo lo sé antes. Solo aprenderá su canción si su madre sigue cantando.

La calmada vocecilla interna se levanta y dice: *Sal de aquí echando leches*. Me giro hacia la mujer y mis ojos se posan en una imagen de María y el niño Jesús que está justo encima.

—¿Cómo estás tan segura de que Dios prefiere las familias nucleares? Según la imagen que tienes justo encima, Dios eligió a una joven soltera para que fuera la madre de Dios. Puede que Dios tenga unas ideas más abiertas sobre lo que constituye una buena familia que esta iglesia tiene.

La mujer abre los ojos desmesuradamente y no dice nada. Yo continúo:

—Abandoné a Craig porque conozco la diferencia entre lo que está bien y lo que no, no porque no la conozca. Dios y yo hablamos todas las noches, todas las mañanas y, a veces, cada veinte minutos. ¿No crees que es más probable que Dios hable directamente conmigo sobre mí que con ustedes sobre mí? Buena suerte y adiós. Mi hija y yo nos vamos.

Le hago un gesto a Tish, que sale de la fila para venir a mis brazos. Su profesora le pide que vuelva y yo sonrío y le digo:

—No. No quiero que esté en esa fila. Está bien. Se viene conmigo.

Nos damos media vuelta y salimos al sol y el aire fresco del exterior. Nos damos la mano y nos reímos. Vamos juntas hacia nuestra *minivan* y Dios está con nosotras.

No vuelvo a esa iglesia y dejo de hablar con la gente, aparte de mi familia, sobre mi matrimonio. Dejo de pedir consejo y de fingir que no sé lo que tengo que hacer. Sé lo que tengo que hacer, pero solamente de momento en momento. Dejo de dar explicaciones porque he aprendido que tomar decisiones no consiste en hacer las cosas bien o mal. Consiste en hacer exactamente lo que hay que hacer. Y eso es siempre personal y normalmente carece de sentido para los demás. Dios habla con las personas directa e individualmente, así que me limito a escuchar y seguir instrucciones. Y, cuando llega el momento de resolver una cuestión, acudo a la página en blanco. Ahí nadie puede robarme el dolor o intentar envenenar mi criterio, y soy siempre yo la que tiene la última palabra en mi propia historia.

10

⁓

LOS MESES PASAN lentamente y, aunque yo desee que no lo haga, llega la Navidad. Es la primera que nuestra familia se repartirá en dos casas. Craig y yo intentamos desesperadamente fingir alegría navideña por los niños, así que, un día, Craig se presenta con un árbol. Es el árbol de Navidad más feo que he visto en mi vida —medio muerto, mustio y marrón—: un árbol de Florida. Al meterlo en casa, las agujas secas caen sobre las losas del suelo en una lluvia constante. Craig emite ruiditos esperanzados y optimistas mientras dispone las frágiles ramas, y yo dejo que mi silencio hable por sí solo. Siento unas terribles ganas de salir de la habitación porque la incomodidad me resulta muy dolorosa. Incluso los villancicos de fondo suenan forzados y vacíos.

Pido a los niños que empiecen a sacar los adornos e indico a Craig con una señal que me siga al cuarto de baño. Cierro la puerta y él me mira esperanzado.

—Voy a pedir el divorcio. Tienes que saber que no tengo intención de reconciliarme. No estoy enamorada de ti. No confío en ti. No estoy segura de muchas cosas ahora mismo, pero sí sé una cosa: jamás podré volver a acostarme contigo. Nuestro matrimonio se ha terminado. Esto se ha terminado.

Craig se sienta en el borde de la bañera, mirándome con ojos como platos. Tiene los hombros caídos. Se le ve cansado. Apoya los codos en las rodillas y entierra la cara en las manos. No dice nada.

—Acabo de recibir una felicitación navideña de una amiga que está divorciada —le digo, mostrándosela—. Mira. Se ha vuelto a casar con ese tipo. El marido se ha casado de nuevo con esa mujer. Todos sus hijos están ahí. Están todos juntos el día de Navidad. Seremos así. No volveremos a ser los mismos, pero encontraremos la manera de querernos. Formaremos una nueva familia más grande y daremos a los niños una buena vida.

Craig guarda silencio largo rato y, finalmente, se aclara la garganta y dice:

—No voy a volver a casarme, Glennon. No he pasado página. No me rendiré. No quiero una felicitación familiar como esa. Quiero a mi familia. —Se echa a llorar y continúa—. He encontrado otro psicólogo. Voy dos veces a la semana, Glennon. Me estoy esforzando. Estoy intentando mejorar. Seré el hombre que los niños y tú merecen.

—Deberías hacer terapia y convertirte en el mejor hombre que puedas ser, te lo debes a ti mismo y a nuestros hijos. Ellos merecen un hombre honesto como padre. Pero no lo hagas por mí. Será una pérdida de tiempo. Para mí se ha terminado. Me he ido, Craig, y no pienso volver. Tienes que pasar página.

—Está bien, Glennon —dice él, llorando desconsoladamente ahora—. Sigue con tu camino y pasa página. Cuídate. Entiendo que tienes que hacerlo. Pero no puedes obligarme. Da igual lo que hagas, yo no pienso rendirme. Seguiré viniendo todos los días y cuidando de los niños porque eso es lo único que sé hacer. Eso es lo que soy. Los niños y tú son lo único que tengo y lo único que quiero. Seguiré intentando recuperarte, aunque me cueste el resto de la vida. Y, si no lo consigo, no será porque no lo haya intentado. Nunca dejaré de hacerlo.

Sus lágrimas no me conmueven, me disgustan. Llegan demasiado tarde. Son por él, no por nosotros.

—Entonces habrás tirado tu vida, Craig.

—No la habré tirado. Aunque no funcione, no será una pérdida de tiempo. Luchar por ti y por los niños nunca será una pérdida de tiempo.

—Estas palabras. Son solo palabras. Lo sabes, ¿verdad? No significan nada. No significan nada para mí.

—Lo sé —dice él en un susurro—. Lo sé.

Salimos juntos, sonreímos ante los niños y nos ponemos a decorar el árbol.

Una tarde abro un correo electrónico de mi amiga Lynn que dice: «He recibido tu mensaje. Te apoyo en tu decisión completamente. ¿Cómo va la vida sin él?».

Como es por escrito, me siento capaz de responder.

Es duro. Ahora mismo no son las emociones las que me superan, sino la logística. Creía que Craig y yo nos habíamos hecho un reparto de las tareas adecuado, pero ahora creo que lo que en realidad teníamos era un reparto de poder. No sé cómo funciona mi vida, así que me siento una inútil todo el día. No sé arreglar el aire acondicionado y nos estamos derritiendo de calor. No sé dónde está nuestro dinero, ni cuánto tenemos ni si se están pagando las facturas. No sé lo cerca que estoy del límite de la tarjeta de crédito porque no sé cuál es el límite. Al parecer, toda nuestra vida funciona con contraseñas: el banco, los informes médicos de los niños, todo. No conozco las malditas contraseñas de mi propia vida. El coche se averió hoy y alguien paró detrás. Me pareció peligroso dejar que una persona desconocida me ayudara, ¿pero qué otra cosa podía hacer? Los niños y yo dependemos absolutamente de la bondad de los desconocidos.

Otra cosa, no podemos comer nada que vaya en una jarra de vidrio porque no sé abrir jarras. Cuando lo intento, termino llorando de rabia porque pienso: *Joder, debería ser capaz de hacer esto*. Sé que los niños piensan: *Por eso necesitamos a papá*. Y anoche, cuando por fin acosté a los niños, estaba muerta de agotamiento y me tumbé en el sofá. Agarré el mando y no fui capaz de encender la televisión con él. Cincuenta botones y ni uno solo que diga «encender». Me sentí fatal. Sin alcohol, la televisión es la única forma de relajarme que tengo. Por la noche siento la necesidad de tomarme un descanso mental después de todo el día intentando resolver este rompecabezas imposible en que se ha convertido mi vida. Pero no pude tomarme mi descanso porque no he aprendido a utilizar el maldito mando a distancia. Pensé en despertar a Chase para pedirle que me ayudara, pero no quería sugerirle de esa forma que necesitaba que fuera *el hombre de la casa*. Así que pulsé todos los botones seis veces y me enrabieté hasta el punto de que se me pasó por la cabeza hacer añicos el mando. Pero no lo hice. Me quedé allí, en el sofá, mirando el techo y preguntándome cuántas mujeres retoman sus fracasados matrimonios por la sencilla razón de que lo único que quieren es ver la puta televisión al final del día. Apuesto que muchas. ¿Quién crees que hace esos mandos? *Los hombres*. Los mandos son una conspiración. Los mandos son las herramientas de nuestra opresión. Es necesario que alguna mujer invente un Mando para la Liberación. Yo lo haría si no estuviera tan cansada. Y no dejo de darle vueltas a que tengo que aprender todas estas cosas para que, si vuelvo a casarme en algún momento, sea porque quiero una pareja, no porque necesite un manitas. Así que estoy intentando aprender a llevar mi vida. He encontrado los números de teléfono de un mecánico y una empresa de aire acondicionado, y los he puesto en el frigorífico, al lado de una lista con mis contraseñas para la vida digital. Me siento más fuerte cada vez que la miro.

Una semana después recibo un paquete de Lynn. Es un abridor de jarras y lo acompaña una nota que dice: «Para que siempre podamos abrir nuestras jarras».

—

Craig mantiene la promesa que me hizo en el cuarto de baño. Se presenta en casa. Una mañana al salir hacia el coche me lo encuentro lavado de arriba abajo. Cuando me subo, compruebo que el depósito está lleno. Luego, al llegar a casa me encuentro con varias bolsas de comida delante de la puerta de entrada. Abro un correo electrónico de Craig en el que me avisa de las próximas citas con el dentista y el médico de los niños, acompañado de una nota que dice que se ocupará él de llevarlos para que yo pueda descansar. Me envía la letra de la canción de Mumford & Sons, «I Will Wait» (Esperaré) y me dice que por las noches escucha el álbum mientras conduce y llora. Me detengo en el colegio y lo veo en la clase, guardando los sobres del profesor o leyendo con los niños. Un día abro la puerta de casa y me encuentro tres regalos de cumpleaños para sendas fiestas de cumpleaños que los niños tienen ese fin de semana. Debajo de los paquetes hay una nota: *No puedo dejar de ser su padre ni tu marido, Glennon, aunque tenga que hacerlo desde lejos.* Tengo la sensación de que sus esfuerzos ahora son distintos a los de antes. Nos demuestra su amor haciendo cosas por nosotros, sirviéndonos, y esta clase de amor me parece sólida, creativa y abnegada en vez de menesterosa. Le he dicho que no hay esperanza de que vuelva a amarlo y él me ama de todos modos. No es amor transaccional porque no es correspondido. Me parece interesante.

Una tarde abro el buzón y saco una carta dirigida a Craig con una floreada letra de mujer. Me quedo mirando el sobre rosa un momento. No hay remitente. *Dios mío.* La adrenalina me recorre el cuerpo y no sabría decir si lo que siento es terror o entusiasmo. ¿Qué siento al pillar a Craig con las manos en la masa, triunfo o derrota? Ya no sé si somos compañeros de equipo u oponentes. Me siento en la hierba y me recuerdo que, si lo abro, jamás podré hacer que no he visto el contenido. Trago con dificultad y abro el sobre. En la hoja que hay dentro leo tres cortas frases: *Craig, gracias por tu compromiso hacia nuestras mujeres y niños. Todos agradecemos tu dedicación y generosidad. ¡Los niños te adoran! Con respeto y gratitud, Donna.* El emblema impreso en la tarjeta reza: REFUGIO PARA MUJERES Y NIÑOS MALTRATADOS. Releo la nota varias veces. Después, entro en casa, llamo a Craig y le leo la carta en voz alta.

—¿Qué es esto?

—Estoy intentando ser mejor, Glennon —responde él—. Estoy intentando aprender, solo eso. Y cuando no puedo estar con ustedes, necesito hacer algo bueno.

❧

Los niños están yendo al psicólogo para sobrellevar mejor la separación. Aunque le he dicho a Craig que iba a pedir el divorcio, algo me ha impedido ponerme en contacto con un abogado. El divorcio es lo que quiero, pero no es lo que quiero. No hay decisión alguna que me proporcione paz. Una tarde de marzo voy a la consulta psicológica de los niños para hablar con la psicóloga sobre sus progresos y me dice:

—Glennon, tienes que decidir qué vas a hacer con tu matrimonio lo antes posible.

Me explica que los niños son capaces de manejar el divorcio o la reconciliación, lo que no puede haber es ambigüedad.

La miro y le digo:

—¿Me está diciendo que tengo que darme prisa en lo que respecta a mi decisión?

—Sí, supongo que es eso.

Mal consejo. Precipitar la certeza nunca es una buena idea. Pero la psicóloga parece convencida y verme entre la espada y la pared me alivia. Estoy muy cansada. Y preocupada por mis hijos. Todos los días me preguntan cuándo va a volver papá a casa y no he sido capaz de decirles que nunca. Cambio de opinión. Decido invitar a Craig a casa.

A veces no es el amor lo que hace que una mujer vuelva, sino el agotamiento. La soledad. Quedarse sin reservas de energía y bravuconería, y estar harta de asustarse con los ruidos nocturnos en los que ni siquiera había reparado antes de quedarse sola. En ocasiones no son los ruidos, sino el silencio que queda después de que tu bebé dice una nueva palabra y no hay nadie que se maraville al oírla. A veces una mujer necesita sencillamente recuperar al testigo de su vida. De modo que planta cara a su vida, suspira y piensa: *Puede que hacer concesiones no esté tan mal. A lo mejor que me resulte tan difícil romper sea una razón lo bastante buena para quedarme.* Esto es lo que yo decido. Como canta Leonard Cohen: *El amor no es un desfile de la victoria; es un aleluya frío e incompleto.*

Llamo a Craig esa noche y le digo que puede volver.

—Iremos despacio y probaremos cómo nos va —le digo.

Tras un momento de silencio, Craig me responde:

—Gracias, Glennon.

Viene a casa esa misma noche, con su equipaje, y los niños se le tiran encima en el vestíbulo mientras él contiene las lágrimas. Deshace el equipaje en silencio, tímidamente. Al observarlo recuperar su espacio en mi vestidor y en nuestra vida, me siento rígida, cerrada y asustada.

Esa noche me quedo en el vestidor para ponerme el pijama, manteniendo entre los dos todas las puertas cerradas posibles. Estoy a medias cuando oigo que Craig se acerca a la puerta. Tengo los pantalones por los tobillos y temo que entre y me pille desnuda. El corazón me late violentamente dentro del pecho y trato de subirme los pantalones, pero cuando los tengo por las rodillas me caigo al suelo y me doy un porrazo en la cabeza. Me hago un arañazo en la mejilla con la áspera alfombra, el corazón me late muy deprisa y no me puedo mover porque tengo las piernas atrapadas en mis propios pantalones. Me quedo tendida en el suelo llorando de frustración y ruego que no entre y me vea así. Cuando reúno la energía para levantarme, me subo los pantalones de chándal y me pongo la sudadera, de manera que no se me vea ni un milímetro de piel. Me meto en la cama aunque son solo las ocho. Me acurruco tan pegada al borde como puedo. No quiero que Craig se meta en la cama conmigo. No quiero compartir mi cama, mi vestidor y mi vida con él. En vez de aliviada, me siento invadida con el regreso de Craig.

A la mañana siguiente, Craig se lleva a las niñas a desayunar fuera. Chase y yo vamos al zoo. Estamos delante de la jaula del león. El enorme y majestuoso felino camina lentamente de un lado para otro, tensando los músculos bajo la piel al pasar a escasos centímetros por delante de nosotros. Entonces se detiene y nos mira. Chase y yo también lo miramos, obnubilados, en silencio, y, de repente, Chase dice:

—Qué bonito es.

—Sí que lo es —le respondo yo en un susurro—. ¿No se te hace extraño que podamos estar aquí al lado, observando lo bonito que es, y que no tengamos miedo?

—Sí. Es por los barrotes de metal —dice Chase.

Me agarro a uno y me veo tirada en el suelo del vestidor y después acurrucada en el borde de la cama. Pienso cómo se dispararon el miedo y la rabia, y cómo desapareció la poca ternura que había vuelto a sentir por Craig. Vuelvo a sentirme aterrada y furiosa, y es porque ya no hay barrotes. Vivir separados me mantenía a salvo. Pero ahora mi cama vuelve a ser su cama y mis barrotes han desparecido y cuesta ver la belleza en un león o un hombre cuando te aterra la posibilidad de ser devorado.

Durante dos semanas, intento levantar mis propios barrotes a fuerza de colocar capas de ropa adicionales, dar la espalda, mostrar frialdad y fruncir el ceño. Siento la necesidad de protegerme mostrándome distante y desagradable, para que Craig sea consciente en todo momento de mi dolor. Pero muchas veces no puedo mostrar la rabia que siento por los niños. Ellos necesitan normalidad y esperanza. Así que una noche me llevo a Craig aparte y le digo:

—Si ves que sonrío, no creas que te he perdonado. No lo tomes como una muestra de debilidad por mi parte. Por amor de Dios, no creas que estoy feliz. No creas ni por un segundo que mis sonrisas significan que se me ha olvidado. Cada una de esas sonrisas es una actuación por los niños. Lo que aparento ser en la superficie no refleja en modo alguno lo que siento por dentro. Ahí estoy más enfadada que nunca. Pero actuaré porque no tengo más remedio. Me has arrebatado incluso el derecho a ser sincera con mi cara, mi voz, mi ser. Cuando te fuiste al menos podía ser sincera. Ahora solo actúo. Bastante malo fue ya que me traicionara, pero ahora es como si me hubieras obligado a traicionarme a mí misma.

Y eso es lo que hago, traicionarme. Durante dos semanas, sonrío. Finjo. Dejo que sea mi representante quien esté presente en mi matrimonio. Doy a Craig unas palmaditas en el hombro cuando los niños están delante. Le sirvo el café por las mañanas y me río de sus bromas durante la cena. Por dentro, me siento como la noche de bodas en la cama. Sola. Temerosa de no ser capaz de sentirme a salvo con un hombre en toda mi vida. Preguntándome si tendré que actuar toda mi vida.

❧

Una mañana de domingo del mes de junio, entro en la cocina y me encuentro a Craig haciendo el desayuno. Los niños cantan mientras él hace panqueques en la sartén. El sol se cuela por la ventana y la música resuena por toda la habitación. Una escena idílica, perfecta. Parece demasiado bonita para ser verdad. Me quedo quieta, observando a Chase que dice: «¡Mamá! ¡Ven!». Todos se vuelven hacia mí con sonrisas de esperanza y entiendo que lo que me toca hacer es entrar, retomar mi papel de esposa y madre feliz, abrazar a Craig y decirle con la mirada: *Empecemos de nuevo. Olvidemos lo ocurrido. Seamos el señor y la señora Melton otra vez. Retomaré mi papel de esposa y madre para que puedan volver a ser felices.* Quiero ser capaz de hacer todo eso por ellos. Más que cualquier otra cosa que he deseado durante la vida, quiero poder hacer que todo salga bien para ellos. Mi mente comprende que participar es la elección más práctica y mi corazón anhela que me abracen, me quieran y me acepten de nuevo en el seno de esta familia.

Pero la calmada vocecilla se niega a permitirlo. Insiste en que volver ahora equivaldrá a rechazar el regalo que supone esta crisis.

Crisis. Cribar. Una invitación a dejar que todo caiga para quedarme únicamente con lo que nadie me puede quitar. La invitación contenida en este dolor me proporciona la posibilidad de descubrir quién soy en realidad. Hace once años, cuando aquella prueba de embarazo hizo que recobrara la sobriedad de golpe y porrazo, miré a mi alrededor y decidí que ser adulto significaba asumir papeles. Los adultos pasaban por esa fase de conversión y eso es lo que hice: convertirme en esposa y después en madre y en mujer que va a su iglesia y en mujer con una carrera. Fui asumiendo estos papeles, esperando que llegara el día en que pudiera dejar de actuar como una adulta porque, al final, me hubiera convertido en una. Pero el día nunca llegó. Los papeles me cubren como si fueran disfraces.

Estos papeles que en su momento utilicé para vestirme y definirme como persona han desaparecido. Y por eso me despierto todas las mañanas paralizada, desorientada, despojada, desnuda, expuesta. Preguntándome: ¿Quién soy? ¿Quién era antes de empezar a convertirme en otras cosas? ¿Cuál es la verdad sobre mí que no me puede ser arrebatada, que no tiene nada que ver con las personas que quiero o el trabajo que hago? ¿Quién es la mujer que retornará o no con su familia? Esa es la pregunta que he de resolver antes de tomar la decisión. Mi trabajo aquí no ha hecho más que empezar. *Aún no*, me dice la vocecilla. *Aún no. Espera a ver cómo se desarrollan los acontecimientos. No te conviertas, Glennon. No te conviertas hasta que no descubras quién eres en realidad.* Así que sonrío a mi familia, me dio media vuelta y regreso a mi habitación. Echo el pestillo.

Voy a mi ordenador y busco hoteles cercanos en la playa. Encuentro uno a pocos kilómetros, llamo y compruebo que las habitaciones son demasiado caras. Reservo una habitación que da al mar, de todos modos. Saco la maleta del estante superior del vestidor y meto un bañador, algo para ponerme encima, un pijama, chanclas, bolsitas de té, tres velas y unas cerillas. Vuelvo a la cocina y le pregunto a Craig si puedo hablar con él. Me acompaña a la habitación y le digo:

—Me voy un par de días. Tengo que solucionar algo. Y tengo que hacerlo sola.

—De acuerdo. Vete. Tómate tu tiempo. Yo me quedo al mando.

⬛

Un rato después esa misma tarde, me registro en el hotel. Me siento en mi habitación y miro a mi alrededor. Resisto la urgente necesidad de encender la televisión. Tengo que quedarme en silencio; eso lo sé. Abro las puertas correderas que dan a un pequeño balcón, me tumbo en la cama y me quedo dormida. Antes de abrir los ojos a la mañana siguiente, me despierto con el romper de las olas contra la arena. Algo se remueve dentro de mí. El sonido del agua le habla no a mi mente convulsa o a mi corazón anhelante, sino a mi alma serena y fuerte. El agua habla en una lengua que yo ya conocía antes de que el mundo me enseñara su lengua. Me quedo tumbada y dejo que el sonido de las olas masajee mi alma durante dos horas. Dejo que me hable y yo no le respondo. Solo recibo. Entiendo con inmensa gratitud que podría descansar aquí el resto de mi vida, sin ofrecer al mar nada a cambio, y él no dejaría de hablarme. El oleaje es suave, generoso y regular. No es una transacción, es un regalo.

Siento la necesidad de estar más cerca del agua. Me levanto, me pongo una sudadera y unas mallas, y me recojo el pelo en una coleta. Saco una manta del armario y bajo por las escaleras que conducen a la playa. Extiendo la manta sobre la arena, delante de las ondulantes olas del Golfo. Ahora no solo oigo el mar, sino que también puedo verlo y sentir la fresca brisa en mi rostro. Todo es agua, se extiende en todas direcciones. No hay más que mar, arena y cielo hasta donde me alcanza la vista. Me hago un ovillo y me quedo dormida en la arena. Me despierto a media tarde y tengo hambre. Dejo la manta y regreso a mi habitación a prepararme un té y buscar una merienda, pero dejo las puertas abiertas. No puedo soportar la idea de separarme del mar ni por un momento. Vuelvo a la manta con mi té y mi merienda y, nada más sentarme, el sol toca el horizonte y su luz blanca se fracciona en todos los colores del arcoíris. Estoy rodeada por rojos y azules, naranjas y rosas, y el cielo parece curvarse sobre mí como si yo fuera la protagonista de la escena dentro de una de esas bolas de nieve, tipo juguete. El cielo, la brisa, los colores, la calidez, los pájaros que juegan entre las olas, los pelícanos que confían en que el mar les proporcionará la cena, todo ello forma un mensaje para mi cansado corazón. Me siento abrumada por todo ese amor, toda esa belleza, toda esa atención y consuelo. Me siento abrazada. Me siento segura.

Las olas continúan golpeando la arena rítmica y fielmente, y confío en que seguirán haciéndolo. El sol se está poniendo, pero sé que mañana saldrá de nuevo. Las cosas siguen un patrón. Esto hace que me pregunte si puedo confiar también en que mi vida responde a un patrón, un ritmo, una belleza y un subir y bajar natural. Me pregunto si quien mantiene la unidad en este cielo podría mantener la unidad en mi corazón. Me pregunto si el creador de un cielo tan tremendamente hermoso podría estar obrando para que mi vida también fuera hermosa.

La parte superior del sol desaparece dentro del agua y, aunque estoy viendo cómo lo hace, sé que en realidad soy yo la que se va. Él se queda en el mismo sitio, siempre arrojando su luz. Tendré que ser paciente y descansar hasta que pueda verlo de nuevo. La luz desaparece a veces, pero siempre regresa. Y, tras despedirme del sol, aplaudo sonoramente al ser responsable del espectáculo.

Me siento inundada de asombro, alivio y consuelo. Siento frío ahora que el sol se ha puesto. Todo está en su sitio. Todo está bien.

Las otras personas que están en la playa empiezan a recoger para marcharse, pero yo aún no estoy lista. Me quedo ahí, aprendiendo que en el cielo continúa el estallido de colores después de ponerse el sol. Rojos más intensos y morados brillantes continúan envolviéndome como una manta hasta que todo se vuelve de un oscuro azul marino. Entonces me doy la vuelta y vislumbro la luna, un bumerán plateado en el cielo que parece haber salido literalmente de la nada. Pero sé que la luna está siempre ahí también, esperando su turno de aparecer. El día tiene que caer para hacer sitio a la noche, y la noche tiene que ceder su lugar cuando le llega el turno al día. Me resulta un ritmo sagrado. Me pregunto si lo que quiera que creara este ritmo de las mareas y el cielo y el sol y la luna cuenta con un ritmo sagrado para mi vida también. Me paro a pensar que, tal vez, esté en medio de un ciclo. Tal vez haya un momento para todo. Tal vez haya un cronometrador.

Mis ojos pasan de la luna a las plantas que bordean la playa, en todos los tonos de morado, verde y rosa. Pienso, tal vez algunos amores son perennes, sobreviven al invierno y vuelven a florecer. Tal vez otros sean anuales, hermosos y exuberantes y frondosos durante una temporada, pero luego mueren y se convierten en abono que enriquece la tierra para dejar paso a una nueva vida. Puede que no haya manera de que el amor fracase, porque el resultado final de todo amor es una nueva vida. Muerte y resurrección, tal vez sea esa la forma de actuar de la vida y el amor. Decido que, independientemente de si mi matrimonio resulta ser un amor anual o perenne, nueva exuberancia y belleza y vida brotarán de él.

No me veo más que los dedos de los pies a la blanca luz de la luna. Me fijo en que, incluso de noche, existe algo de luz que te permite ver. Nunca nos quedamos sin ella. No hay desastre alguno. Me encuentro dándoles las gracias a la luna y a su creador. Aprovecho la luz de la luna para recoger los envoltorios, la taza y la manta. Me levanto, miro a mi alrededor y me doy cuenta de que soy la única que queda en la playa. Llevo ocho horas sentada en la arena. Regreso a mi habitación y no me paro a lavarme los pies en la fuente. Dejo que la arena y la sal se queden pegadas a mi piel. Necesito llevarlas conmigo al interior. Me siento en la cama envuelta aún en la manta con arena pegada de la playa, y llamo a mi madre.

—Mamá, creo que hoy he encontrado algo que mi alma quiere. Me he pasado ocho horas sentada en la playa. He estado escuchando el sonido de las olas y he sentido que me hablaban. Ha sido reconfortante o algo así, como si tratara de mostrarme cómo funcionan las cosas. Y luego se ha puesto el sol y me he sentido el abrazo del cielo, como si me cubriera y protegiera.

—Oh, cariño, esto me hace recordar tu niñez. Te gusta el sonido del mar desde que tenías tres años. Cuando nos acercábamos a la playa, pataleabas alegremente en tu sillita, gritabas y nos reíamos sin parar. Nada más dejarte sobre la arena, salías corriendo hacia el mar. La arena y el agua siempre han sido tu hogar.

La escucho y las lágrimas brotan de mis ojos, limpiadoras, como un bautismo orgánico. Eso es, algo que me ha gustado desde que tenía tres años y que me seguirá gustando cuando tenga ochenta y tres. Aquí estoy, en la cama de un hotel yo sola, conociéndome. He aprendido una verdad sobre mí. Tal vez me queden muchas otras cosas por aprender. *Hola, alma. Estoy aprendiendo las cosas que adoras. Encontraré más cosas para las dos. Lo prometo.* Me he encontrado conmigo misma y voy a cuidar de mí con todas mis fuerzas. O al menos con las mismas fuerzas con que cuido del resto de las personas que hay en mi vida. No me abandonaré, ni haré caso omiso de mi persona ni volveré a perderme.

Me acurruco bajo el edredón con otra taza de té caliente y empiezo a pasar canales en la televisión, rápido debido a mi bajo umbral para todo aquello que me resulte emotivo. Me quedo en un canal donde reforman casas y empiezo a seguir la historia de una pareja que compra una casa sin verla para reformarla entera. Cuando empiezan a vivir en ella, comienza la pesadilla. Tienen goteras, daños causados por el agua e incendios a causa de la electricidad. La pareja va poniendo parches según aparecen los problemas, se los ve ojerosos y asustados y a punto de acabar con todos sus ahorros. Se muestran impacientes con respecto a su casa, su vida y entre sí. Al final se reúnen con un contratista que les dice: «El problema es que todas las instalaciones internas de esta casa están mal. Las paredes parecen estar bien, pero por dentro son una ruina. Les recomiendo que las tiren abajo y cambien la instalación de toda la casa o que la vendan y busquen otra. O arreglan los fallos o le endosan el problema a otro». La mujer pone cara de decepción. Mira las paredes que con tanto cuidado pintó y en las que colgó amorosamente las fotos familiares. Le cuesta aceptar que debajo de sus paredes perfectamente decoradas se ocultan peligrosos problemas que podrían destruir la casa entera. La entiendo.

—Estoy harta de este sitio. Vámonos y empecemos de nuevo en una nueva casa —dice ella.

—¿Pero cómo sabremos que la nueva casa no tiene los mismos problemas? —objeta él—. Al menos ahora sabemos lo que le ocurre a esta. Si la tiramos, podremos ver qué hay detrás. Podemos empezar de nuevo, pero contando con expertos esta vez. Podemos arreglarlo. Hacer que sea nuestra. Yo voto porque nos quedemos.

Miro el rostro de la mujer y me parece cansada. Me quedo dormida antes del final y no sé qué decide finalmente la pareja.

A la mañana siguiente, me despierto con el sonido de las olas otra vez y sonrío. Sonrío en la cama, sola. Me doy cuenta inmediatamente de que es otro tipo de sonrisa. No sonrío porque esté actuando o porque tenga que hacerlo, sino porque mi alma reconoce algo que ama. No me siento paralizada. Sé qué es lo que tengo que hacer conmigo misma porque conozco una verdad sobre mí. Salgo de la cama, me lavo los dientes y me preparo café. Regreso caminando a mi sitio en la playa y extiendo la manta de nuevo. Es temprano, las seis de la mañana, y todo me parece diferente e igual. Unos pajarillos corretean en zigzag, jugando entre las olas. Los pelícanos se lanzan en picada al agua a pescar el desayuno. En la piel, noto el frescor del aire que llega del Golfo mientras la luz va llenando poco a poco la bola de nieve que contiene la escena de esta playa en su interior. Estoy sola en la playa y se me antoja decadente ser el único testigo de tanta belleza. Se me antoja casi un derroche. Me recuerdo que no es derrochar, que es todo para mí. Estoy tan agradecida que estoy presente para aceptar este regalo.

Me siento en la arena y pienso en la pareja del programa de la tele de anoche. *¿Y si Craig y yo somos como esa casa? ¿Y si la instalación interna está mal?*, me pregunto. Sé que no puedo seguir en este matrimonio, mirar las paredes decoradas con buen gusto y fingir que todo va bien de puertas para dentro. Pero, si me voy, ¿me llevaré conmigo la instalación defectuosa? ¿Y si tengo que echar abajo mis paredes y sustituirla? ¿Es eso lo que hace Craig en la terapia? ¿Cambiar su instalación interna? No lo sé. No sé si Craig será capaz de sustituir la suya, pero me parece que, si yo no arreglo la mía, dará igual a qué casa me mude. Las incendiaré todas. Aquí, sentada en la playa, contemplando el ir y venir de la marea, entiendo que todo este tiempo he estado colgando fotos en las paredes con la esperanza de que fuera suficiente.

«Podemos empezar de nuevo», había dicho el marido. «Podemos tirar las paredes y arreglarlo». Él quería retroceder para que pudieran avanzar juntos. Pensé en lo terca que me había mostrado al negarme a mirar atrás. En lo segura que estaba de que progresar significaba avanzar. Para seguir con la conversión. ¿Pero y si primero había que retroceder? ¿Y si el progreso significaba revertir la conversión?

No sé cómo arreglar mi matrimonio. Lo único que sé es que tengo que echar abajo mis propias paredes y plantar cara a lo que se oculta tras ellas. No puedo salvar mi matrimonio, pero sí puedo salvarme a mí misma. Puedo hacer eso por mí y por mis hijos y por todas mis relaciones presentes y futuras. Puedo hacerlo para que cuando tome la decisión más importante de mi vida, ya sea quedarme con Craig o abandonarlo, sepa que es mi yo más fuerte y sano el que toma la decisión. Oteo el mar, levanto la vista hacia el cielo, la bajo hacia la arena. Pienso: *Puedo ser lo suficientemente valiente como para derribar mi yo actual, porque el Poder que mantiene la unidad de todo lo que me rodea me incluirá en ella a mí también.*

Vuelvo al hotel y me siento en el pequeño escritorio, saco una hoja de papel y escribo otra lista:

1. *Comenzar a ir a terapia: examinar mi instalación interna antes de hacer el siguiente movimiento.*
2. *Salir a ver la puesta de sol tres veces a la semana.*
3. *Esperar un año antes de tomar otra decisión.*

TERCERA PARTE

ME PARO EN el cuarto de baño a mirarme al espejo antes de entrar en la sala de espera de la consulta de la psicóloga. Mi disfraz para acudir a la cita consiste en una americana, pantalones de pinzas y tacones. Me miro y deseo haberme puesto otra cosa. He adelgazado y los pantalones me cuelgan como si fuera una muñeca recortable bidimensional. La americana me traga y me tapa las manos, y por su parte los bajos de los pantalones arrastran por el suelo y me tapan los zapatos. No tengo aspecto profesional; parezco una niña que intenta parecer profesional. Me inclino hacia delante para mirarme la cara de cerca. Tengo los pómulos hundidos, los ojos apagados y el maquillaje no consigue ocultar el tono grisáceo de mi piel. Y mi pelo. Dios bendito, qué pelos. Me lo toco para comprobar una vez más que mi pelo de Rapunzel ha desaparecido. Es así. Ha desaparecido.

Hace semanas me obsesioné con que quería cortarme el pelo. La noche antes de la cita, escribí un correo electrónico a mi amiga Rachel para contarle mi plan. Ella me respondió bromeando: «¡Ya entiendo! ¿Intentas salvar tu matrimonio creándote un aspecto menos atractivo? ¡Un plan excelente!».

A lo que yo le respondí con este otro mensaje:

Por el amor de Dios. No intento tener un aspecto *menos atractivo*. Intento parecerme más a la *persona que soy*. ¿Por qué debemos tener todos el mismo pelo, Rachel? ¿Quién ha decidido que para ser atractiva necesito un pelo como el de la Barbie? ¿Quién ha decidido que tenemos que ser atractivas? Ni siquiera sé qué pretendo *atraer* invirtiendo tanto tiempo y dinero. Llevo tanto tiempo sometiéndome a todo tipo de cambios para conseguir el «aspecto» que se considera más sexy en cada momento que ya no sé cuál es mi aspecto real. Intento adivinar cómo es la persona que está debajo. Y, por cierto, no estoy intentando *salvar mi matrimonio*. Mi matrimonio era una mierda. Quiero un matrimonio nuevo o no quiero matrimonio, esas son las únicas opciones. Y lo del corte de pelo no lo hago por nadie más que por mí. Soy como Thoreau. Intento quedarme únicamente con lo esencial para adivinar dónde empiezo yo y dónde empieza la mujer que el mundo me dijo que fuera. Vuelvo a la casilla de salida. Quiero desaprender todo lo que me hizo enfermar y enfurecer. No quiero llegar al final de mi vida y descubrir que nunca llegué a conocerme.

Veinte minutos más tarde, llegó la respuesta de Rachel: «Está bien, está bien. Bueno, espero de veras que no le vayas a la peluquera con esa historia. Menuda presión. ¡Córtame el pelo como a Thoreau! Joder. ¿Estás bien, Glennon?».

«No lo sé», dije yo. Y no lo sé.

A la mañana siguiente, entré en la peluquería, me senté en el sillón y le dije:

—Córtalo, lo quiero corto. Muy corto, por favor.

La respuesta de Kathleen fue visceral. Dejó las tijeras en el mueble y exclamó, casi gritando:

—¡No! ¿Qué? ¿Por qué? ¡Tienes un pelo precioso! ¡Nos ha costado mucho llegar a tenerlo como lo tienes! ¡Otras matarían por un pelo como el tuyo! ¿Tiene esto algo que ver con Craig?

—No. No lo sé. Creo que tiene que ver conmigo. Yo solo... solo necesito verme.

Kathleen se suavizó.

—De acuerdo. Lo haremos. ¿Quieres que busquemos ideas de cortes en alguna revista?

—No —contesté yo con un tono excesivamente alto—. No quiero parecerme a otra. Bueno, haz lo que te parezca. Confío en ti. Tú córtalo.

—De acuerdo —contestó ella.

Y empezó a cortar. Estuvimos veinte minutos viendo caer al suelo el pelo que ya me llegaba a la cintura y que había mimado como si fuera todo mi patrimonio. Verlo caer, dejar de formar parte de mí, hizo que me sintiera aterrada y libre. No quería volver a ser Rapunzel. No quería que nadie escalara por mi pelo para llegar hasta mí. Cuando Kathleen terminó, me quedé mirando la imagen que me devolvía el espejo entre la fascinación y el horror. Lo primero que pensé fue: *Ya no soy guapa.* Y a continuación: *Puede que no esté tan mal no ser guapa. Tengo muchas otras cosas que intentar ser.* Kathleen se me quedó mirando en silencio con un gesto amable y preocupado. Posó las manos en mis hombros y yo me erguí en mi sillón. Sentía como si estuviera intentando decirme que lo entendía y que me apoyaba. Los ojos se me llenaron de lágrimas y a ella le pasó lo mismo.

—¿Qué piensas, G? ¿Lo decoloramos? ¿Qué te parece rubio platino?

—No —respondí yo—. Está bien así. Es exactamente lo que es. Voy a verme con el aspecto que tengo.

—Se te ve guapa... fuerte.

—Gracias —le susurré yo. Pagué y me fui a casa. Al entrar por la puerta, las niñas se tiraron al suelo del recibidor, llorando. Me tocaban la cabeza y decían: «¿Qué te has hecho, mami?». A lo que yo pensé: *Incumplir las normas.*

Pero ahora, viendo en el espejo este pelo tan corto, este cuerpo esquelético y estas ropas excesivamente grandes, me doy cuenta de que Kathleen había errado en su intento de dar con la descripción adecuada. No parezco una mujer fuerte. Lo único que he hecho ha sido cambiar un disfraz extremo por otro. He pasado de ser Rapunzel a ser Peter Pan, caray. Saco el brillo de labios del bolso y me pongo un poco. Ahora me parezco a Peter Pan con los labios pintados. Siento bullir la rabia en mi interior. ¿Por qué cuesta tanto parecer lo que soy en realidad? Me quedo mirando a esa mujer de cartón con los labios rojos, el pelo corto y un aspecto enfermizo y siento que me mareo. Me aclaro la garganta solo para oír el sonido, para demostrarme que esta mujer que arroja el espejo soy yo en realidad. Oír mi propia voz es reconfortante, así que vuelvo a carraspear. Estoy aquí dentro, en alguna parte. Tengo un aspecto extraño, pero por dentro sigo siendo yo.

⌒

Doy mi nombre en la recepción, me siento en un rincón y comienzo a planificar el enfoque que quiero darle a la situación. Llevo saltando entre las consultas de distintos psicólogos desde que mis padres descubrieron que era bulímica. Mi objetivo fue siempre el mismo: revelar lo justo para que me dejaran en paz. Para mí la terapia era una victoria si podía seguir siendo una enferma, si podía continuar con mi trastorno alimenticio en paz. Hoy me siento diferente. Quiero estar sana. No sé cómo. Me siento como si tuviera un fallo cardiaco y hubiera intentado operarme yo misma. Necesito tumbarme y que otro se ocupe de mi vida para variar. No estoy aquí para insistir en que estoy bien, estoy aquí para decir *basta*. Si tuviera una banderita blanca, la alzaría. Aquí estoy. Ayuda. Que alguien sepa lo que hay que hacer. Que esta mujer a la que estoy a punto de conocer sepa lo que tengo que hacer.

Vuelvo a ser yo cuando la puerta se abre y una mujer vestida con un moderno traje de pantalón blanco de corte perfecto aparece en la sala de espera. Mientras ella recorre la sala buscándome, yo la examino. Sus ojos son tan inteligentes como elegante su traje. Da la impresión de ser una mujer más profesional que cálida, una mujer que está a punto de entrar en materia. No lleva maquillaje y esto me hace pensar que somos espíritus similares, lo que no deja de ser extraño, porque yo voy pintada como una puerta. Me considero una mujer que no necesita ni le preocupa maquillarse, pero que aún no ha empezado a ponerlo en práctica. La analizo y decido dos cosas: esta mujer me cae bien y me asusta. Bajo la banderita blanca invisible. Ya no me preocupa que no sepa decirme qué debería hacer, sino que lo *sepa*. ¿Y si le cuento todo y ella decide que tengo que dejar a Craig? ¿Y si decide que debo quedarme? Siento que necesito desesperadamente respuestas claras y que no estoy preparada para recibirlas.

La mujer posa sus ojos sobre mí.

—¿Glennon?

—Sí. Soy yo.

—Bienvenida —dice con una sonrisa—. Yo soy Ann. Acompáñame.

Ann me conduce a lo largo de un pasillo hasta una salita llena de libros. Cierra la puerta, me indica mi asiento y me da una botella de agua. Después se sienta frente a mí a poca distancia y toma cuaderno y bolígrafo.

—Y dime, ¿por qué estás aquí? Cuéntame tu historia.

Ay, Dios, ¿cuál es mi historia? ¿Por dónde empiezo? ¿Por el día de mi boda? ¿Cuando tenía diez años? Veo que su bolígrafo pende sobre la página. Comenzará a hacerse una idea de quién soy con lo primero que le cuente. *Controla la historia, Glennon, controla la historia.* Entonces se me ocurre que estoy demasiado cansada para seguir siendo la autora de mi vida. Solo quiero ser la reportera que lo cuenta. Así que decido empezar por mis pensamientos actuales, aquí y ahora.

—Mi marido lleva tiempo acostándose con otras mujeres. Lo odio. Quiero dejar de odiarlo, pero no puedo. No me siento segura en mi propia casa. Estoy furiosa todo el tiempo. No solo con él, sino con todo, especialmente los hombres. ¿Por qué echan por la borda sus familias por sexo? Odio el sexo. Pase lo que pase, no pienso volver a acostarme con nadie. Estoy asustada todo el tiempo. Me asusta que sigamos juntos. Me asusta que nos divorciemos. No puedo pensar siquiera en el dolor de mis hijos. El mero hecho de pensar en ello me pone tan furiosa que me gustaría que Craig estuviera muerto y con eso me cago de miedo. Así que no me permito sentir y me quedo paralizada. No veo la salida. No conozco la respuesta. Pero en realidad no quiero hablar sobre mis sentimientos porque son un agujero negro y, si me haces entrar, temo no poder salir. Y no puedo permitirme el lujo porque soy madre. Tengo tres hijos y una carrera y necesito encontrar la fuerza y avanzar, por eso necesito algún tipo de consejo práctico. Mi pregunta es la siguiente: adoro a mis hijos, adoro a mi hermana y a mis padres y también adoro mi trabajo. ¿Es suficiente? ¿Podría saltarme esto de las relaciones íntimas el resto de mi vida? Lo único que quiero es ser madre, escribir e irme a la cama sola el resto de mi vida. Ese es mi sueño. Entonces, si me divorcio de Craig, ¿qué posibilidades hay de que mi futuro yo quiera conocer a otra persona? Estadísticamente hablando, ya sabes.

Ann baja el cuaderno y el bolígrafo, y se me queda mirando un buen rato. Hasta que finalmente dice:

—Parece que las personas están hechas para la intimidad. Es prácticamente imposible evitar ese instinto. Yo diría que las posibilidades de que termines sintiéndote atraída por otra persona son extremadamente altas.

—Maldita sea —contesto yo—. ¿Entonces mi futuro yo se olvidará de este fracaso y este dolor, y terminará queriendo entablar otra relación? Está bien. Y, cuando este estúpido futuro yo encuentre a esa persona, ¿qué posibilidades hay de que esa nueva relación sea mejor que la mierda de relación que tengo ahora? ¿Podrías decírmelo en porcentajes?

—Veamos. Aún no conozco a Craig, pero empecemos por esa futura relación. Digamos que conoces a alguien fantástico dentro de cinco años. El potencial de esa relación comienza en un ciento por ciento. Réstale un diez por ciento correspondiente a la inevitable tensión que surgirá en sus intentos de criar a tus hijos. Réstale otro diez por ciento cuando veas que Craig se casa con otra y lo que te costará dejar que esa persona lo ayude a criar a tus hijos. Réstalo un cinco por ciento de bagaje emocional del segundo matrimonio y otro diez por ciento porque el divorcio le costó tanto que es muy posible que el dinero sea un problema. Ahora réstale otro diez por ciento correspondiente a las manías, complejos e imperfecciones de este tipo. Llevamos cincuenta y cinco. Réstale otro veinte por ciento si llegas a esa nueva relación arrastrando todo este dolor. ¿Qué nos queda? Treinta y cinco por ciento. Suspenso.

La miro sorprendida y agradecida. Me está proporcionando *cifras* porque comprende que es lo que necesito en mitad de este caos. No me está vendiendo ilusiones amorosas. Es una mujer hablándole cara a cara a otra. Es una cuestión matemática. La cara de Ann dice: *Mira, no te digo que esté bien, lo único que te digo es que con esto es con lo que tenemos que trabajar.* En este momento estoy segura de que Ann está de mi parte. Solo hace diez minutos que la conozco, pero confío en ella.

—Fantástico —digo—. Eso es lo que tengo ya, suspenso en mi relación actual. Quiero decir que Craig está destrozado y se esfuerza muchísimo para recuperarme, pero seguimos sacando la misma mala nota. De eso no hay duda.

—Sí. Es el suspenso conocido, ¿no? Tenemos mucho trabajo por delante. Lo único que digo es que no hay salida fácil. Irse será duro y quedarse también. Va a ser una tarea ardua de un modo u otro. Lo que tenemos que hacer es averiguar cuál de los caminos difíciles es el adecuado para ti.

—Si me quedo, necesitaré que me digas cómo seguir casada y no volver a practicar sexo. El sexo se ha terminado para mí. Menudo coñazo. Llevo entregándoles mi cuerpo a los chicos desde que decidí que necesitaba que personas más altas, fuertes y seguras de sí mismas me protegieran y me reclamaran en propiedad y que me dijeran que yo era importante y bonita. Puedo perdonar a mi yo infantil por ello, pero, ahora que soy adulta, ¿no me he ganado ya el derecho a hacer lo que quiera con mi cuerpo? ¿No tengo el poder propio? Sí que lo tengo. Aun así, durante todo el matrimonio, Craig puede llegar y decirme: «Quiero algo y quiero que me lo des porque estás aquí. Así que quiero pedirte que dejes de hacer lo que estás haciendo, te desnudes y satisfagas mis necesidades. Eso demostrará que me quieres. Que nos queremos. Que todo va bien». Es capaz de decir todo esto con tan solo una sonrisa. Y, si yo no quiero devolverle la sonrisa y dejar lo que estoy haciendo para satisfacer sus necesidades, lo estaré rechazando. ¿Y si me niego a rechazarme a mí misma por una vez? Sobre todo ahora, que sé que, de todos modos, tampoco basta con eso. Que ha estado utilizando otros cuerpos igual que ha utilizado el mío. Olvídalo. El sexo no me ha hecho más que sufrir. Es un juego peligroso amañado en su favor. Quiero lavarme las manos respecto a ese tema. Sea la clase de intimidad que sea, no la quiero. Ya tengo intimidad. Tengo amistad. Tengo a mis hijos. Tengo a mi hermana, y el escribir y mis perros. No necesito sexo. De verdad que pienso que estoy muy lejos de ese tema. Por encima tal vez. Creo que podría ser Gandhi.

—¿Eres Gandhi? Háblame más de esto.

—No me gusta el sexo. Como todo el mundo que conozco afirma que le encanta, solía preguntarme en secreto si sería una homosexual reprimida. Pero, cuando se lo conté a una amiga lesbiana, me recordó que los homosexuales sienten deseo hacia personas de su mismo sexo, no carecen de él. Así que decidí que era una persona asexual o alguien que se suponía que era célibe por motivos espirituales, como Gandhi. Siempre sospeché que me parecía a él. Lo que digo es que si Craig y yo seguimos juntos, tendrá que comunicarse con la señora Gandhi y comportarse. Es obvio que es lo menos que puede hacer.

Ann asiente y responde:

—Sí, el único inconveniente que le veo a ser Gandhi es que mientras los niños están en el colegio, tú querrás empezar una especie de revolución pacífica y puede que acaben asesinándote por ello.

—Está bien. No es un problema. Es desafortunado, pero no me parece ni mucho menos tan complicado como resolver el tema de sexo. Acepto ese destino. Estoy dispuesta a morir por mi causa de no tener relaciones físicas.

—Glennon, hace cinco minutos que nos conocemos, pero estoy bastante segura de que no eres Gandhi.

—Está bien. No seré Gandhi. Seré Elsa de *Frozen*. Quiero ser Elsa y vivir en un lejano castillo helado y cantar himnos para mí misma y trenzarme el pelo y lanzar dardos de hielo con mis manos a los hombres que intenten venir a verme.

—Ah, pero Elsa tuvo que regresar porque nadie puede llevar una vida plena aislado del mundo.

—Sí, volvió, lo admito. Pero te garantizo que no tuvo que practicar sexo con nadie. Encontró el amor verdadero en su hermana y siguió ocupada con sus labores de reina. Y seguro que los hombres seguían con algo de miedo ante ella. Eso es lo que yo quiero.

Ann sonríe. No es una sonrisa de psicólogo, ni tampoco una sonrisa condescendiente, ni siquiera una sonrisa de comprensión. Es una sonrisa de reconocimiento. Sus ojos tienen un brillo que dice: *Sí, estoy contigo, hermana. Yo también llevo un poco de Elsa en las venas*. Pero en su rostro veo que no cree que el castillo sea el lugar ideal para mí. Ann quiere ayudarme a descongelarme.

—Resumiendo rápidamente, deberías saber que soy una persona en recuperación de todo. Me hice bulímica a los diez años y después alcohólica. Llevo sobria desde hace once años.

—Vaya. ¿Qué ocurrió? ¿Por qué crees que la bulimia te llegó tan joven?

—No lo sé. Desempeño sobresaliente, supongo. Adelantada a mi tiempo. No quiero hablar de eso tampoco, fue otra vida. Al encontrarme encinta, lo metí todo en una caja y la tiré a la basura. Tengo que seguir con mi vida. Centrémonos en el tema familia. Ahora tengo que ocuparme de tres personitas.

—Está bien. Pero tiene sentido. Esta reacción que tienes al sexo actualmente es común en mujeres que tienen antecedentes de trastornos corporales y alimenticios. Sé que no quieres, pero, en vez de dejar a un lado el pasado y concentrarnos en Craig, tenemos que dejar a un lado a Craig y concentrarnos en el pasado.

Glennon, los dos tienen trabajo que hacer, juntos y por separado, y el objetivo de ese trabajo no tiene que ser necesariamente la reconciliación. El trabajo es para ti. Tienes que aprender a vivir tu lado íntimo. Si encierras tu sexualidad en una caja dentro de un armario, tu vida no será nunca tan plena como podría ser. Eres una mujer inteligente. Sabes que esto no tiene que ver solo con Craig. Tienes una oportunidad de resolver todo lo que te ocurre.

—Ah, ya. Una OJOCP.

—¿Cómo dices?

—Otra Jodida Oportunidad de Crecimiento Personal.

—Sí, eso. Mientras, ya decidiremos qué límites queremos marcar para que puedas sentirte segura en tu casa.

—Necesito que Craig salga de nuestra habitación. Necesito que no me toque.

Ann anota algo.

—Estupendo, dale esta lista a Craig y dile que es lo que necesitas por ahora. Después trataremos de buscar el modo de ayudarte a hacer las paces con tu cuerpo. Tendremos que hacer una reunión. Reunir a tu cuerpo, tu mente y tu espíritu. Votar para que el cuerpo vuelva a vivir en la isla. Completar tu persona.

—Suena a algo muy complicado. ¿Tienes alguna pastilla para eso?

Ann sonríe y empieza a rellenar formularios y otros papeles.

—Se acabaron las pastillas. Tenemos trabajo.

Junto a diagnóstico, escribe un número.

—¿Qué significa ese número? —pregunto.

—Significa «trastorno adaptativo».

—Ah. ¿Y a qué no me estoy adaptando?

Ann sonríe.

—¿A la vida quizás?

—Sí, bueno, ¿pero cómo se adapta uno a la vida? ¿Cómo se

adapta uno a algo que no se queda siempre igual? De todos modos, no son ni siquiera cuarenta años. Necesito más tiempo.

—Tienes tiempo. Tienes todo el tiempo que te haga falta. Una cosa más. El cerebro funciona de la siguiente manera: establecemos una hipótesis sobre alguien y después nuestro cerebro busca información que le ayude a verificar esa hipótesis. Has decidido que Craig es un estúpido que no te merece, y no te culpo. Pero tu cerebro encuentra esa información porque tú así lo crees. Estás trabajando activamente en convertirla en una realidad. Solo a modo de experimento, ¿qué te parece intentar plantearte, solo durante una semana, la hipótesis de que Craig es un hombre con muchos fallos, pero un buen hombre que te ama y se está esforzando para no perderte? Si decides que es ese hombre, tal vez encuentres pruebas que lo respalde. Y otra cosa: cuando sientas que te abruma la ansiedad, inspira profundamente tres veces. Y después piensa. No pienses antes de respirar.

—De acuerdo —digo yo. Inspiro tres veces, le doy las gracias y me voy.

~

Esa misma tarde, me miro al espejo de mi habitación hasta que no me reconozco. Es como mirar una palabra conocida durante tanto tiempo que al final te parece que está mal escrita. Me miro a los ojos y me parece algo tan absolutamente íntimo que me pongo nerviosa. Me parece casi agresivo, como clavar los ojos en un desconocido. Alargo la mano para tocar el espejo. ¿Quién es esa mujer? ¿Por qué me resulta tan difícil de creer que la figura que estoy viendo soy yo, tanto como lo es la mente que intenta reconocerla? Aparto la vista del espejo, miro mi cuerpo y trato de creérmelo. Me toco las piernas y cruzo los brazos, abrazándome.

Intento fijarme que cuando me toco, lo siento. ¿Por qué abandoné a mi persona? ¿Por qué tengo la impresión de que toda mi vida ha sido una experiencia extracorpórea? Recuerdo algo que me preguntó Ann: «Glennon, ¿qué te ocurrió cuando tenías diez años?».

A los diez años me fijé en que tenía un aspecto más regordete, encrespado y más graso que las otras chicas. Empecé a tener vergüenza. Empecé a sentir como si mi cuerpo fuera una entidad separada y extraña, y me parecía raro que la gente me examinara y juzgara *a mí* por lo que veían, algo que no tenía mucho que ver con lo que yo era. No me parecía que mi cuerpo fuera una representación decente de mí, pero era lo único que tenía para enseñar al mundo. Así que hice lo que tenía que hacer. Salí al mundo. Pero ser humana siempre me pareció una experiencia demasiado íntima para compartirla con otras personas. En público me sentía desnuda, expuesta, absolutamente vulnerable. Y así fue como empecé a odiar mi cuerpo. No por su forma, aunque también. Odiaba la mera idea de tener cuerpo. Mi cuerpo me impedía el éxito en mi tarea de ser una chica. El universo me había mostrado unas normas muy obvias sobre la feminidad: ser pequeña, callada, liviana, estoica, ligera y suave, y nada de tirarse pedos, sudar, sangrar, hincharse, estar cansada o tener hambre, o anhelar cosas. Pero el universo también me encasquetó este cuerpo tosco, sonoro, apestoso, hambriento y anhelante, lo que me impedía por completo cumplir las normas. Ser humana en un mundo intolerante con la humanidad me parecía una trampa, un juego que no podía ganar. Pero, en vez de entender que tal vez lo que ocurría era que el mundo tenía un problema, decidí que la que tenía un problema era yo. Formulé una hipótesis sobre mí misma: estoy dañada y rota. Debería ser reluciente, feliz y perfecta y, como no lo soy, no debería exponerme. Debería encontrar un escondite seguro. Y lo que hice fue retraerme de mi cuerpo y el mundo a la mínima oportunidad.

Mi primera vía de escape fueron los libros. ¡Oh, libros! Yo vivía para los libros. Iba con uno a todas partes. A la piscina, a casa de la canguro, a la casa de mis amigas por si acaso me sentía incómoda con algo. Me pasaba el tiempo en un rincón con la nariz metida en un libro, estaba allí sin estarlo. Con los libros aprendí a desaparecer, a vivir en un mundo aparte del físico que tan incómodo me resultaba. Y después descubrí la bulimia, y el cielo pasó a ser dos cosas: un plato de comida y un libro. Después la comida se transformó en alcohol y sexo y drogas, un escondite tras otro. Y, después de conseguir la sobriedad, me hice escritora. ¡Qué predecible y oportuno! Un escritor es un helicóptero en el sentido de que no es tanto que viva una experiencia humana como que sobrevuele una experiencia humana, informando desde una distancia segura. Aunque aparezca de visita en el momento actual, solo lo hace para reunir material. Yo llevaba desaparecida desde los diez años. Desaparecida, desaparecida, desaparecida.

Un poco antes esa misma tarde, estaba fregando los platos cuando Amma entró en la cocina. Intentaba llamar mi atención, pero yo no me di cuenta hasta que me tiró de la pierna. «¡Mami, mami! ¿Estás otra vez debajo del agua?». Ella dice que estoy debajo del agua cuando estoy sumida en mis pensamientos. Soy como un buceador, intentando encontrar un tesoro mientras la gente tira de mí y me llama para que vuelva a la superficie. Y a mí me dan ganas de decirles: *¡Déjenme en paz! Estoy cómoda aquí abajo. No puedo prestarles atención porque estoy demasiado ocupada pensando en ustedes.* Me paso el tiempo planeando sobre mi vida o buceando en las profundidades de ella.

Pienso en Craig y en que para mí su necesidad de afecto es una interrupción constante. Que todo el tiempo insiste en que salga a la superficie o a tierra y a mí me enfada que lo haga. La verdad es que he descubierto que mi vida mental es más segura y más interesante que mi vida real con él. Cuando me sumo en mis pensamientos, estoy en las profundidades, allí abajo, donde está el tesoro. La vida aquí arriba es, bueno, superficial.

¿Pero y si estaba equivocada? ¿Y si lo real está ahí fuera y no aquí? ¿Y si el propósito de la vida es la conexión y esa conexión solo se puede establecer en la superficie? Tal vez el precio de negarse a vivir en mi cuerpo sea la soledad.

Reflexiono sobre lo que la gente me pregunta cuando se entera de nuestra situación: ¿estás enamorada de él, Glennon? La pregunta me confunde y me frustra. ¿A qué se refieren? ¿Lo saben ellos acaso? ¿Qué coño significa *estar enamorado*? Siempre había dado por hecho que *estar enamorado* era una tormenta perfecta de sentimientos que algunas parejas tenían la suerte de experimentar. Pero ahora me pregunto si el amor será un lugar entre dos personas presentes en vez de un sentimiento. Un lugar sagrado en el que dos personas deciden que es seguro dejar que su verdadero yo salga y toque al otro. ¿Será por eso por lo que se dice estar *enamorado*? ¿Porque es un lugar en el que estás? ¿Será por eso por lo que no era capaz de entender el concepto, porque yo trataba de comprenderlo con mi mente que sobrevuela y el amor no se puede conocer de esa manera? ¿Será un lugar que solo se puede experimentar, viajar hasta él? Puede que el coste de sobrevolar y bucear, ser una persona que piensa en el amor y lo analiza y lo admira desde la distancia, sea no poder estar enamorada nunca. Porque yo no voy a ese lugar. Me quedo fuera. De algún modo he decidido que, si no estoy presente de verdad, no me pueden hacer daño, pero ¿y si tampoco pueden amarme? ¿Y si mi cuerpo es el único medio que me puede llevar al amor?

Reunión. Ann tenía razón, es lo que necesitaba. Hace tiempo se produjo una guerra civil y mi cuerpo renunció a la unión. ¿Cómo puedo recuperarlo? Quiero una tregua. Quiero estar completa. Quiero aprender a vivir en este cuerpo, en este mundo, con mi gente. No quiero estar atrapada dentro de mí para siempre. Quiero estar en el amor, enamorada.

Me alejo del espejo y voy a la habitación de Tish. Me acurruco junto a ella mientras duerme y la abrazo contra mí. Su pelo huele a champú de coco y tierra fresca. Sus mejillas son suaves como el satén. Su aliento en mi brazo es regular y cálido. Cuando estoy con ella, me siento anclada. La quiero con todos mis sentidos. Estoy enamorada, aquí, con ella. Ya no siento agitada. Pienso en todas las veces que mi cuerpo ha acudido a tomarla en brazos, a alimentarla, a abrazarla, a vestirla, a bañarla y a acunarla hasta que se quedaba dormida. Mi cuerpo la ha querido y ha sido querido a su vez por ella. Debo aprender a ir a visitar al amor con mi cuerpo. Debo saber hacerlo. Se despierta y la beso en la frente. Me voy. Necesita descansar.

Vuelvo a mi cama y me tapo bien, formando un capullo bien apretado con el edredón. Quiero estar aquí, en mi cuerpo. Con ella. Con los otros. Si el amor es un lugar, quiero vivir ahí, aunque sea un lugar aterrador. Según me voy quedando dormida, decido dejar de escribir un largo tiempo. Tengo que vivir esto, no crearlo. Tengo que dejar que sea lo que tenga que ser, dejar que se realice la conversión, sin forzar mi dolor para que se convierta en arte. Necesito que, ocurra lo que ocurra con mi familia, sea real, no integrarlo en un argumento. No intentaré controlarlo al encontrarle sentido. Esto no es material para un libro. Es mi vida. Estas personas no son personajes. Dejaré ir el control y viviré esto en vez de ponerlo por escrito. No buscaré el escondite sobrevolando las situaciones o buceando bajo estas. Aterrizaré dentro. Se abre la puerta de mi habitación y entra Theo, mi perro, se sube a la cama y se hace un ovillo en el hueco que forman mis piernas dobladas. Siento su calor y su peso contra mis piernas, inmovilizándome como un ancla. Estoy enamorada de Theo ahora mismo, pienso. Estoy aquí, él está aquí. Estamos juntos. Pero los perros y los niños son una cosa. Es fácil enamorarse de ellos porque ellos no te hacen daño. Los adultos son otra cosa. Los adultos son peligrosos. Y aun así. Quiero enamorarme de forma adulta. Quiero amor arriesgado, verdadero, aterrador. Quiero aprender a dejar que mi cuerpo me lleve al amor con una pareja que sienta mi igual. Eso es lo que quiero.

1 2

ܓ

A LA MAÑANA siguiente, me llama mi amiga Mia, escritora también. Cuando le pregunto qué hace, me dice:

—Mi matrimonio está bien, los niños son felices, no hay ningún problema. Es terrible. No tengo material para escribir nada. ¿Qué tal va el desastre tuyo, mi tía con suerte?

Cuando le hablo de mi necesidad de una reunión, espero que se eche a reír, pero, en vez de eso, dice:

—¿Y qué te parece el yoga? Eso es lo que hacen ahí. Todo eso de cuerpo, mente y espíritu. ¿Por qué no vas hoy?

Cuelgo y me quedo sentada en la cocina, mirando la pared. Tiene razón. El yoga parece que es justo lo siguiente que tengo que hacer.

Me acerco en coche a un estudio de yoga que hay cerca y, al entrar, el olor a incienso me golpea, la prueba de que Dios está ahí. Alquilo una esterilla, entro de puntillas en la sala y espero. Al cabo de unos minutos, entra la profesora y se presenta: Allison. Nada más decirnos su nombre, Allison comienza a darnos suaves pero firmes y específicas instrucciones sobre lo que tenemos que hacer con nuestros cuerpos. Pongan la mano derecha aquí, miren hacia un lado, muevan la pierna izquierda hasta allí. Me siento aliviada, como si hubiera estado conduciendo por una empinada montaña con un tiempo horrible y Allison apareciera de repente para tomar el volante. Durante meses he sido la que ha tomado las decisiones, examinando cada posible movimiento, caminando despacio y deteniéndome a comprobar a cada paso el desastre que podría haberle caído a mi familia encima. Me he sentido como el Dios poco cualificado del futuro de mi familia. Pero aquí, en esta pequeña y cómoda sala apartada de mi vida, Allison está al cargo. Tengo la impresión de que el objetivo ahora consiste en fingir por un momento que no soy el Dios de mi vida. O dejar de fingir tal vez que alguna vez he sido el Dios de mi vida. Lo único que sé es que ningún movimiento que pueda hacer en esta pequeña sala hará daño a mis hijos o a mí. Quiero quedarme aquí para siempre, sin tener que tomar decisiones, sin tener que pensar, sin fastidiar nada, concentrada únicamente en dónde poner las manos y los pies. Me encanta no ser Dios. Quiero no ser Dios para siempre, motivo por el que el alma se cae a los pies cuando Allison inclina la cabeza dirigiéndose al Dios que todos llevamos dentro, dice que la clase ha terminado y deja de decirnos qué hacer.

A la mañana siguiente vuelvo a mi esterilla en la primera fila de la sala, esperando con gran emoción a que el Dios que Allison lleva dentro restaure el orden en mi mundo otra vez. Y vuelvo al día siguiente y al otro y al otro. Empiezo a aprender en esa sala, pero de un modo diferente a cómo he aprendido el resto de las cosas en mi vida. En yoga, en vez de utilizar la mente para descargar conocimientos en ella, utilizo el cuerpo. Allison me dice que haga algo con las piernas: «Vamos al Guerrero Dos, aguanten con las piernas firmes y bien apoyadas en el suelo, y no se caerán; el equilibrio se crea cuando dos fuerzas iguales presionan sobre un objeto». Aguanto ahí, presionando el suelo con las piernas, y entonces pienso: *Espera, ¿cómo dices? Llevo intentando encontrar el equilibrio en las cosas eliminando la presión de mi vida. Las exigencias del trabajo, las amistades y la familia se me hacían muy pesadas. ¿Pero y si, en vez de descolocarme, lo que hace toda esta presión es mantenerme firme? ¿Y si la presión es únicamente amor y el amor es lo que me mantiene anclada al sitio?* Es un cambio de paradigma. Mi cuerpo le enseña a mi mente.

En cada clase, mi cuerpo hace algo distinto y Allison dice algo distinto, y de repente comprendo algo que no había entendido antes. Es una revelación asombrosa: mi cuerpo puede ser profesor, un conductor de sabiduría. Aún lo siento como una entidad separada, pero estoy empezando a respetarlo. Mi cuerpo es un ingenioso amigo recién hecho al que empiezo a mirar con curiosidad. *¿Qué pasa contigo?*, le pregunto. *¿Eres más listo de lo que yo creía?* Sabía que estaba en el mundo para amar y aprender. Eso lo sabía. Lo que no sabía era que necesitara a mi cuerpo para ambas cosas.

A medida que aprendo a confiar en mi cuerpo, comienzo a perder la fe en mi mente. Me parece justo que cuanto más me esfuerzo, más debería progresar. Estoy ansiosa por pagar todas aquellas deudas contraídas con tal de recuperar la paz, la estabilidad y mi vida. Así que continúo haciendo yoga, veo a Ann regularmente, busco un tiempo para mí todos los días. Hago todo lo que se supone que tiene que hacer una persona de duelo para salir de esa etapa. A veces siento una fuerza y una esperanza que duran horas. Arropada por esa esperanza, me siento lo bastante segura como para planear una salida con los niños o ir a hacer la compra. Y de repente, estando en el parque con los niños o recorriendo el pasillo de los cereales en el supermercado, se me aparece delante la desesperación y me mira a los ojos como un perro furioso. Me quedo inmóvil, consciente de que, si salgo corriendo, me alcanzará. No hay manera de dominar, correr más rápido o ser más listo que el perro furioso de la desesperación sencillamente porque es más agresivo que yo. Lo único que puedo hacer es dejar que ataque, quedarme inerte entre sus fauces y dejarme zarandear. Pero me doy cuenta de algo prometedor. Si me hago la muerta, terminará soltándome. Me planteo que el perro de la desesperación es un obstáculo que reaparecerá a cada curva de la escalera de caracol. Siempre estará ahí esperando y gruñendo, pero, a cada vuelta, yo estaré más segura de mí misma y menos asustada. Al final, aprenderé los trucos que me permitan pasar a su lado como si tal cosa. Pero el perro estará siempre ahí. Mi escalera de caracol del progreso significa que mi dolor estará por delante y por detrás de mí, todos los días. Jamás lo «superaré», pero prometo ser más fuerte cada vez que lo afronte. Puede que el dolor no cambie, pero yo, sí. Seguiré ascendiendo.

❥

Tres meses después de comenzar con el yoga y la terapia, estoy en la cocina preparando los cereales de los niños mientras ellos se frotan los ojos tratando de despertarse. Craig ha empezado a ver a Ann conmigo y por su cuenta. Es algo positivo, pero seguimos durmiendo en habitaciones separadas y a los niños les cuesta entenderlo. Craig sale de su habitación y los niños lo miran acercarse. Tratamos de sonreírnos mutuamente para suavizar la incomodidad, pero no hay manera de pasar por alto lo cargado que está el ambiente. Al dejar las cucharas en la mesa, Craig me toca la mano y yo retrocedo. Los niños lo ven y Chase y Tish desvían rápidamente la mirada. Pero Amma es todavía muy pequeña y sincera para fingir, y se pone a llorar. Me siento en su silla, la tomo en el regazo y la acuno como si fuera un bebé. Le doy palmaditas en la cabeza, al tiempo que intento calmarla diciéndole: «No pasa nada, cielo, no pasa nada. Estamos bien, mi vida. Estamos bien».

Lo digo una y otra vez, como si tratara de lanzar un hechizo. Miento. Las cosas no van bien. Miro a Amma a los ojos y veo la prueba de que no me cree. Ahora lo sabe. Tiene cuatro años y ya sabe que no puedo arreglarlo.

Mientras la abrazo tratando al mismo tiempo de evitar el contacto visual con el resto de la familia, siento que he fracasado. Esto es justo lo que me prometí que haría bien. Les dejaría ser niños protegiendo sus corazones del dolor. Y he fallado. Tienen el corazón roto. Seco las lágrimas de mi niña y veo que Craig está en el fregadero. Finge estar fregando los platos para que los niños no vean que está llorando. Chase deja los cereales y se me acerca. Me rodea los brazos y los hombros con sus brazos.

—No pasa nada, mamá —susurra.

Dios mío, tiene nueve años y siente que debe venir a consolarme. Fingiendo. Fracaso. Fracaso, Glennon. El dolor del momento se hace insoportable. Tengo que ponerle fin a esta situación. Sacudo la cabeza, me seco las lágrimas, endurezco el corazón, sonrío y digo:

—Vamos, chicos. Tenemos que ponernos en marcha. ¡No pasa nada! Vamos a vestirnos para ir al cole.

Todo el mundo deja el desayuno y se va a su cuarto. Los veo irse y pienso: *Estábamos ahí. Estábamos dentro del amor, estábamos siendo reales, juntos, y yo los he echado a todos, de nuevo a nuestras pequeñas habitaciones, de nuevo al interior de nuestro yo asustado, seguro y en soledad. Un doble fracaso.*

~

Tras dejar a los niños en el colegio, lo único que quiero hacer es volver a casa y meterme en la cama. Pero no puedo, porque Craig está en casa y no quiero encontrarme con él. Así que me dirijo al estudio de yoga. Entro en el vestíbulo y la recepcionista me dice que la clase de Allison está llena. Me dan ganas de tirarme al suelo y gritar: ¡No! ¡Necesito a Allison! ¡Esta es la gota que colma el vaso! Pero se me ocurre que tirarme al suelo no serviría de nada. No hay ninguna promesa de equidad en la distribución de gotas. ¡La gota que colma! ¡Ja! ¿Según quién? Mi mente es un bebé que arma berrinche inútil, desperdiciando nuestra energía sin conseguir nada con ello. En vez de declarar al mundo entero que no hay sitio en mi vaso para más gotas, tengo que ser lo bastante fuerte como para aguantarlas todas. Así que tomo mi esterilla y mi maldito vaso lleno de gotas y me meto en otra clase.

Cuando me estoy instalando, me doy cuenta de que el aire acondicionado debe estar roto porque parece que hubiera más de treinta y siete grados en la sala. Aun así, el resto de los asistentes están sentados con las piernas cruzadas y sonríen, así que intento unirme a su actitud zen de indiferencia. Pero, cuanto más calor hace, más sudo y más furiosa me pongo. Estoy encariñada con el aire acondicionado. Mucho. Cuando llevo tres minutos allí sudando, decido que, como ni siquiera soy budista de verdad, no pasa nada porque la situación me mosquee. Así que me pongo a recoger mis cosas entre jadeos y resoplidos. Pero, nada más levantarme, llega la profesora. Cierra la puerta y dice:

—Hola, soy Amy. Gracias por venir a yoga con calor.

¿Yoga con calor? ¿Qué demonios es eso? Me da vergüenza irme, así que vuelvo a sentarme, me limpio el sudor de la frente y me quedo mirando la puerta con anhelo notando que la sala se me echa encima. Mientras busco la excusa para salir de allí, Amy dice:

—Digamos cuáles son nuestras intenciones para esta clase.

Y le hace un gesto con la cabeza a una mujer en la primera fila que sonríe y dice:

—Mi intención es acoger el amor y la generosidad hoy.

Otra persona dice:

—Yo quiero irradiar luz a toda la creación.

Me siento, incrédula, mientras los asistentes proclaman sus deseos de paz, fuerza y claridad. *¿De qué demonios habla esta gente? ¿Qué hago yo aquí perdiendo el tiempo cuando mi vida se desmorona fuera? ¿Amor y generosidad? ¡Yo tengo problemas de verdad!* Entonces me toca a mí y Amy me está mirando. Cuando abro la boca, lo que me sale es:

—Mi intención es quedarme en esta esterilla y aguantar lo que sea que esté ocurriendo aquí sin salir corriendo.

Me tiembla la voz y todos en la sala guardan silencio. Algo en los ojos de Amy me deja claro que acabo de decir algo importante.

Amy rompe el silencio diciendo:

—Sí. Quédate quieta en tu esterilla. Eso es.

Comienza la clase y me quedo allí noventa minutos sin moverme y sin poder escapar de mí misma. Es una tortura. Todas las imágenes que llevo tiempo intentando dejar atrás se presentan delante de mí. Fantasmas del pasado: ahí estoy en el suelo del cuarto de la lavadora; mi bebé llorando encima de sus cereales; Craig acostándose con otra; ahí están después, abrazándose, besándose, riéndose. Fantasmas del futuro: ahí está Craig recorriendo el pasillo del brazo de otra mujer; Tish es la niña de las flores; espera, ¿la novia se ha parado para colocarle bien el pelo detrás de la oreja a mi niña? ¿La lleva de la mano? No, no, ¡no! Es como una versión sádica del juego de golpear a los topos en el que los topos son mis peores miedos y asoman la cabeza delante de mí, pero yo no tengo mazo para golpearlos. No tengo nada con lo que atizar a esos fantasmas, no tengo manera de distraerme, ningún sitio al que ir, nada que hacer excepto quedarme aquí sentada y plantarles cara. Me seco las lágrimas que no dejan de formárseme en los ojos en respuesta a mi desgracia y la inquietud que amenaza con matarme. Ahí sentada, sin moverme, el cuerpo me duele tanto como el corazón. Me siento *muy sola* con mi amor y mi dolor.

Mirando a los otros —personas que no se han limitado a quedarse sentadas sin moverse, sino que se estiran, hacen poses y se contorsionan— me planteo sentirme avergonzada. Intento recordar que sus intenciones no son mis intenciones, las gotas de sus vasos no son mis gotas, sus caminos no son mi camino. Mis instrucciones fueron específicas y personales: no te muevas y no salgas corriendo. Me atraganto varias veces con las lágrimas y vuelvo a sentirme avergonzada. Lo único que puedo hacer es permitirme este sentimiento. *Deja que te oigan. Cada uno viene por un motivo. Tú vienes para aprender a quedarte en la esterilla sin moverte y sentir el dolor sin echar a correr. Inmóvil.* Así que las imágenes siguen apareciendo y yo sigo dejando que mis lágrimas caigan y se mezclen con el sudor. Dejo que todo sea aterrador y horrible e injusto. Me quedo sentada y acepto lo inaceptable que es todo. Dejo que todo pase.

De algún modo, Amy lo entiende. Se me acerca a ver cómo lo llevo durante la clase y veo respeto en su cara. Sabe que estoy aprendiendo algo importante. Sé que ella ya lo ha hecho. Muchas veces, tal vez. Cada pocos minutos me mira y me hace un gesto para confirmarme que lo estoy haciendo bien. Que no me rinda. Que no salga corriendo. Y, finalmente, tras noventa minutos, la clase termina. Amy nos pide que nos tumbemos y yo lo hago, miro el techo. Me doy cuenta de que me he permitido verlo todo y sentirlo todo, y he sobrevivido. Todos los fantasmas siguen ahí, pero ahora son menos amenazadores. Me asustan, pero no pueden matarme. Lo han intentado, pero he ganado. Todo sigue siendo un absoluto desastre, pero aquí estoy. Viva. He sido humana por completo durante hora y media, y me ha dolido como la mierda. Casi muero, pero no. Considero que ese «pero no» es muy importante.

Cierro los ojos y, cuando las lágrimas caen sobre la esterilla, me sorprende que aún quede algún líquido dentro de mí. Entonces noto una mano en el brazo y el contacto va acompañado por un pinchazo de vergüenza: estoy sudorosa, llorosa y se me cae el moco, doy asco y alguien está cerca de mí. Muy cerca, tocándome. Pero no me aparto. No me limpio los ojos ni la nariz. Dejo que sea lo que tenga que ser. Abro los ojos y veo a Amy a mi lado. «Eso que acabas de hacer es el Camino del Guerrero. Ahora, no olvides respirar. Tienes que acordarte de respirar». No entiendo por qué todo el mundo me dice que respire. Estoy viva, ¿no? ¿No está claro que respiro? ¿Y qué es el Camino del Guerrero?

Por último, Amy nos hace una reverencia y nos dice que el Dios que está dentro de ella honra al Dios que está en nosotros. Abre la puerta y entra una corriente de aire fresco. Salgo al vestíbulo y de ahí a la calle, y experimento una abrumadora sensación de *déjà vu*. El Camino del Guerrero. La frase me suena de algo, pero ¿de qué? Me subo a mi *minivan*, vuelvo rápidamente a casa y tomo de mi mesilla el libro de Pema Chödrön, *Cuando todo se derrumba*. Busco la página cuya esquina he doblado y paso el dedo por el texto buscando una frase que había subrayado y resaltado, pero no había entendido hasta ahora:

Por tanto, aun en presencia de esta soledad que nos quema, somos capaces de sentarnos con la inquietud durante 1,6 segundos cuando ayer no aguantábamos ni uno. Éste es el camino del guerrero.

Me siento en el suelo y releo la frase una y otra vez hasta que comprendo que toda mi vida ha sido una carrera para apartarme de la soledad que quema. Me veo a los diez años, sintiendo por primera vez aquella rabia, aquel miedo, aquellos celos y aquella otredad, no pertenecer a lo que me rodeaba y comprendiendo que aquellos sentimientos incómodos pero normales en el ser humano no estaban bien, que eran vergonzosos. En aquel momento pensé que necesitaba ocultar aquellos sentimientos, escapar de ellos, arreglarlos, liberarme de ellos. No sabía que todo el mundo siente la soledad que quema. No sabía que pasaría. Así que durante los siguientes veinte años, cada vez que notaba que empezaba a bullir la rabia, el miedo o la soledad, buscaba un botón de apagado fácil: un libro, un atracón de comida, una cerveza, un cuerpo, comprar compulsivamente o actualizaciones en Facebook. Apretaba el botón y me sentía transportada como por arte de magia a un lugar en el que no existía el dolor. Distraída, entumecida, bajo el agua, desaparecida. Fuera de mi esterilla una y otra vez. Huyendo de aquí.

Dios mío, ¿y si ese transportarme es lo que impide que me transforme? ¿Y si la rabia, el miedo y la soledad no fueron nunca errores, sino invitaciones? ¿Y si al tratar de evitar el dolor me perdí todas las lecciones que tenía que aprender? ¿Se suponía que tenía que correr hacia el dolor en vez de huir de él? Puede que el dolor no fuera una papa caliente después de todo, sino un profesor visitante. Puede que lo que necesite sea abrir la puerta de par en par al dolor, en vez de cerrársela en las narices, y decir: Adelante. Siéntate aquí conmigo. No te vayas hasta que me enseñes todo lo que me hace falta saber.

Nunca he sido capaz de confiar en el amor porque nunca he confiado en el dolor. ¿Y si el dolor, al igual que el amor, es un lugar al que van de visita las personas valientes? ¿Y si en ambos casos es necesario estar presente, quedarse en la esterilla sin moverse? Si esto es así, puede que en vez de resistir el dolor tenga que resistirme a buscar los botones de apagado fácil. Puede que tanto confiar en el entumecimiento sea lo que me esté impidiendo hacer las dos cosas para las que he nacido: aprender y amar. Podría seguir pulsando botones de apagado fácil hasta que me muera y deje de sentir dolor, pero el coste de esa decisión podría ser no aprender ni amar ni estar viva de verdad.

Empecé a buscar el entumecimiento en la comida a los diez años. En las sesiones de terapia conjuntas, me enteré de que Craig comenzó a buscar el entumecimiento en el porno con unos pocos años más. El porno era su alivio, su forma de meterse debajo de la superficie, su botón de apagado fácil. Me dijo que se escondía en su habitación a ver vídeos que tenía escondidos. Al principio sentía alivio, pero luego solo vergüenza, igual que yo durante y después de mis atracones de comida. Puede que Craig se diera cuenta de su soledad que quema también y el porno fue la manera que encontró de salirse de la esterilla. Como yo, no tuvo manera de saber que esta inquietud que sentía era humana. Igual que yo entendí las normas para las chicas, está claro que él absorbió las normas que regían en el mundo de los chicos, un mundo en el que las emociones estaban prohibidas, en el que, para tener éxito, tenías que «espabilar y ser un hombre». ¿Las chicas abandonamos nuestros cuerpos porque nos avergonzamos de ellos y los chicos abandonan sus emociones porque se avergüenzan de ellas? *Niño: no sientas. Niña: no tengas hambre.*

Nos veo a los dos con diez años: yo estoy leyendo en un rincón, mientras que él está jugando al fútbol. Todo el día, todos los días, fútbol. Y, de repente, a solas con sus sentimientos en la soledad, apareció el porno. Y, ya de mayor, aparecieron los cuerpos de distintas mujeres. En el cuerpo a cuerpo es como sentía que lo podían conocer, ver, amar. Y después se hizo modelo y siguió levantando una identidad propia en torno a su cuerpo. Toda su vida ha consistido en replegarse en su cuerpo. Toda mi vida ha consistido en replegarme en mi mente. ¿Por eso nos cuesta tanto amarnos? ¿Porque él entiende el amor en el sentido de la unión de dos cuerpos y yo creo que el amor es la unión de dos mentes? Ninguno de los dos entrega su ser por completo al otro. Puede que nos hayamos exiliado del otro porque los dos somos exiliados de una parte de nuestro ser.

La mayoría de los mensajes que recibimos a diario proceden de personas que venden botones de apagado fácil. El marketing necesita que creamos que nuestro dolor es un error que se puede resolver con tal o cual producto. Así que las distintas marcas te preguntan: *¿Te sientes solo? ¿Te sientes triste? ¿La vida es difícil? Pues, seguro que no es porque la vida pueda ser solitaria y triste y difícil, y todo el mundo puede sentirse así. No, es porque no tienes este juguete, estos vaqueros, este pelo, estas encimeras, este helado, esta bebida, esta mujer… arreglar tu soledad que quema con ESTO.* De manera que consumimos y consumimos, pero nada funciona porque uno nunca tiene suficiente de lo que no necesita. El mundo nos habla de nuestra soledad que quema para que nosotros nos traguemos la necesidad de botones de apagado fácil. Aceptamos este cuento porque no nos damos cuenta de que en realidad es el veneno que flota en el aire que respiramos. Nuestro dolor no es el veneno; las mentiras sí.

Craig y yo nos hemos pasado la vida respirando el mismo aire envenenado. Por el camino hemos interiorizado las mentiras: *Se supone que tienes que ser feliz todo el tiempo. ¡Todo el mundo lo es! ¡Evita el dolor! No lo necesitas, no está hecho para ti. Pulsa este botón.* Por fin, estaba lo bastante calmada y en silencio como para oír la verdad: *No se supone que tengas que ser feliz todo el tiempo. La vida duele y es dura. No porque lo hagas mal, sino porque es así con todo el mundo. No evites el dolor. Lo necesitas. Está hecho para ti. Siéntete tranquila, deja que llegue, deja que se vaya, deja que te proporcione el combustible necesario para hacer lo que tienes que hacer en este mundo.*

Ahí, en el suelo, reconozco la verdad. Tenemos que permitirnos sentir el fuego de nuestro propio dolor o algún ser querido se quemará con él. Craig y yo nos habíamos pasado la vida negándonos el dolor, pero no por eso había desaparecido. Como nos negábamos a abrazarlo, se lo pasábamos a la gente que amábamos. Como yo me negaba a sentir mi dolor, se lo pasé a mis padres y a mi hermana. Como Craig se negaba a sentir el suyo, mis hijos y yo cargamos con él en su lugar. Pero puede que Craig no quisiera trasladarme su dolor. Puede que no quisiera herirme con esas mujeres, igual que yo tampoco quise herir a mi familia cuando bebía. Los dos buscábamos los botones de fácil apagado que habíamos aprendido a utilizar mucho antes de conocernos.

Mi mente revive las lágrimas de Amma durante el desayuno. Esa misma mañana, mi niña había intentado sentir su propia soledad que quema y yo se la arrebaté. «No pasa nada, cielo, no pasa nada. Estamos bien, mi vida. Estamos bien», le había dicho. Había sacado los botones del fingimiento y la negación, y se los había ofrecido. La había animado a salirse de su esterilla. Había reaccionado así porque temía que el dolor de mi niña fuera mi fracaso. Pero si aprender a sentarme a solas con mi soledad que quema es mi Camino del Guerrero, ¿no lo es también para ella? Lo que más quiero en el mundo es que Amma crezca y se convierta en una mujer valiente, buena, sabia y resiliente. ¿Qué es lo que conduce a la valentía, la bondad, la sabiduría y la resiliencia en la vida? ¿Y si es el dolor? ¿Y si es la lucha? ¿Y si lo que hice fue intentar quitarle a Amma aquello que la podría convertir en la mujer que yo sueño que sea? Las personas más valientes que conozco son aquellas que han atravesado el fuego y han llegado al otro lado. Son aquellas que han superado circunstancias, no aquellas que no tienen nada que superar. Puede que mi tarea como madre de Amma no sea la de protegerla del dolor, sino tomarla de la mano y caminar a su lado. Puede que la sabiduría que necesita para su viaje no esté solo dentro de mí, sino también en el esfuerzo que ella tendrá que realizar. Si quiero invitar a Amma a comenzar el Camino del Guerrero, tengo que dejar de distraerla de su soledad que quema. Tengo que mirarla y decirle: «Veo tu dolor. Es real. Yo también lo siento. Podemos manejarlo, cariño. Podemos hacer cosas difíciles. Porque somos Guerreras».

Nada más comprender estas nuevas verdades sobre Craig y Amma, mis pensamientos giran hacia mis amigos. Me he enfadado tanto con ellos por haberme arrebatado mi dolor al enterarse de lo que había sucedido. Pero puede que mis amigos me estuvieran mostrando su amor de la mejor manera que sabían, igual que yo intentaba querer a Amma. Pensamos que nuestra tarea como humanos es evitar el dolor, que nuestra labor como padres es proteger a nuestros hijos del dolor y que nuestra tarea como amigos es resolver el dolor de los demás. Puede que sea por eso por lo que todos nos sentimos fracasados con frecuencia, porque todos tenemos una idea equivocada de lo que es el amor. Lo que mis amigos no sabían sobre mí y que yo no sabía sobre Amma es que las personas que sufren no necesitan Evitadores, Protectores o Solucionadores. Lo que necesitamos son testigos pacientes y cariñosos. Personas que se queden ahí calladas y nos den espacio. Personas que permanezcan en impotente vigilia frente a nuestro dolor.

Ahí, en el suelo, me prometo que seré esa clase de madre, esa clase de amiga. Apareceré y me mostraré humilde frente al dolor de un ser querido. Admitiré que tengo las manos vacías, que estoy tan abrumada y tan carente de ideas como esa persona. No intentaré buscarle sentido a las cosas ni exigir más que lo que la persona me pueda ofrecer. No dejaré que mi incomodidad con su dolor me impida ser testigo de lo que está experimentando. No volveré a intentar quitarle su dolor o arreglarlo porque sé que mientras dure, su dolor será también su consuelo. Será lo único que le quede. El duelo es el recuerdo del amor. Es la prueba de que una vez amamos. El duelo es el recibo que agitamos en el aire para que el mundo lo sepa: ¡Miren! *El amor me pertenecía en algún momento. Yo amé bien. Aquí está la prueba de que pagué el precio.* Así que apareceré, me sentaré en silencio y trataré de no jugar a ser Dios. *Lo siento,* diré. *Gracias por confiar en mí como para invitarme a estar tan cerca de ti. Veo tu dolor y es real. Lo siento mucho.*

El Camino del Guerrero. Eso es. El camino es el aprendizaje de que el dolor, como el amor, es sencillamente algo ante lo que debemos rendirnos. Es un espacio sagrado en el que podemos entrar con otras personas solo si prometemos no poner todo en orden. Así que me quedaré sentada con mi dolor y dejaré que se me rompa el corazón. Amaré a otros que también están sufriendo, dejando que mi corazón se rompa con el suyo en un acto voluntario. Me mostraré desamparada y rota y silenciosa, me rendiré a mi impotencia. Rendición mutua, puede que eso sea un acto de amor. Rendirse a eso que es más grande que nosotros: este amor, este dolor. La valentía de rendirse procede de saber que el amor y el dolor casi nos matarán, pero sin llegar a hacerlo.

—

Sujetando el libro de Chödrön contra el pecho, me reclino sobre la pared de mi habitación, exhausta. Mi cuerpo ha hecho su trabajo. Mi cuerpo es mi profesor ahora y he aprendido. El dolor y el amor son lugares que debo tener valor para visitar. La valentía llega al saber que soy capaz de manejar lo que sea que me encuentre allí, porque mi creador me diseñó no solo para sobrevivir al dolor y al amor, sino también para convertirme en un ser completo en el dolor y el amor. Nací para eso. Soy una Guerrera.

De repente estoy hambrienta. No oigo a nadie en casa, así que me dirijo a la cocina un poco atarugada. Craig está allí. Me mira y parece sorprendido. Estoy empapada y enrojecida de tanto llorar y sudar. Lo miro y digo:

—Me muero de hambre.

Mi voz suena más débil y más desesperada de lo que había previsto.

—¿De verdad? —pregunta Craig con ojos como platos—. Deja que te prepare algo. ¿Puedo prepararte comida de verdad? —añade con un tono de voz muy animado, frenético casi.

Cuando recuperé la sobriedad, dejé de darme atracones de comida para vomitar después, pero nunca aprendí a alimentarme bien. Toda una vida de atracones de comida me había convencido de que mi apetito era animal y vergonzoso. No se podía confiar en él, así que opté por encerrarlo bajo llave. Lo trataba como si fuera un prisionero. Repartía raciones diarias de productos que parecían comida —porciones diminutas de barritas, batidos, zumos, sobras de comida— cualquier cosa que me permitiera pasar el día sin despertar a la glotona que habitaba en mi interior. *Niña: no tengas hambre.* Tomé sobre la comida la misma decisión que los fundamentalistas sobre la religión: una cantidad de normas nos mantendrán a salvo de nosotros mismos. Pero de repente quiero alimentarme y Craig quiere alimentarme. Empiezo a sentirme real y necesito comida de verdad. Así que le digo que sí.

Craig va al frigorífico y yo, detrás de él. Aunque no son más que las once de la mañana, nos ponemos codo con codo a preparar hamburguesas con queso, papas asadas y ensalada. El olor de las hamburguesas flota en la cocina y, en un momento dado cuando alargo la mano para tomar algo, Craig la toca. No retrocedo. O al menos no inmediatamente. Cuando terminamos de preparar la comida, Craig toma mi plato y lo llena hasta el borde.

Nos sentamos en la mesa y Craig bendice los alimentos: «Ayuda a nuestra familia, por favor. Amén». Miro mi plato y me siento abrumada. Aquí no hay instrucciones, no hay límites definidos, no hay raciones individuales, no hay envoltorios, no hay cuchara para medir cuánto puedo comer y a partir de cuánto es demasiado. Nada que me proteja de mi apetito. ¿Cómo sabré cuándo empezar o cuándo parar? Miro a Craig y veo que él ya está comiendo. ¿Cómo le resulta tan fácil? Miro mi ensalada y pienso: *Debería empezar por aquí*, pero entonces veo la hamburguesa y de repente me resulta imperativo ignorar el *debería* que me indica mi mente y responder al deseo de mi cuerpo. Agarro la hamburguesa y le hinco el diente. La carne se desmorona un poco y un río de jugos y ketchup me resbala por la mano. No quiero dejarme ni una miga, así que recojo lo que cae con la lengua. Le doy otro mordisco, mastico y me parece estar en el cielo; es como amarme a mí misma. Y de repente me entra el pánico, pero me obligo a resistir los impulsos de dejar a un lado la hamburguesa o zampármela de un bocado. Puedo ir lento y disfrutar de esto. Nadie me lo va a arrebatar. Este plato es para mí, y se me permite tenerlo todo. Doy otro mordisco y suspiro de felicidad. Si me lleno demasiado, puedo sentarme tranquila no más. La sensación de estar lleno pasará y sobreviviré.

Entonces me doy cuenta de que Craig me está mirando. Asiste a mi apetito, mi éxtasis hamburguesero. Me siento ridícula, culpable, como si me hubieran pillando saltándome las normas. Pero Craig sonríe. No hay desdén en sus ojos, tan solo una mezcla de felicidad y alivio. Me mira como si se estuviera preguntando dónde he estado. Me digo: *Está bien que una mujer tenga hambre, Glennon. Está bien que satisfaga su apetito, que disfrute de toda esta jugosidad. Recuerda, no seas una dama, sé una Guerrera. El*

Guerrero alimenta a sus tres personas: mente, espíritu y cuerpo. Inspiro profundamente y le hinco el diente a las papas. Come hasta que estés llena. Confía en que tu cuerpo te guiará. Trátate a ti misma como si fueras alguien a quien quieres, Glennon. Escucha a tus deseos y necesidades, y dátelos. Sé tu amiga.

———

Ese mismo día por la noche, después de meter en la cama a los niños, paso al lado de Craig. Está sentado en la mesa de la cocina, mirándose las manos. Parece nervioso.

—¿Te importa que hagamos un ensayo de conversación?

—¿Cómo? ¿Ensayo de *conversación*? —digo yo.

—Sí. Sé que suena raro, pero me cuesta mucho escuchar y responder bien. A ti se te da bien conversar, y por eso, cuando quieres hablar, temo decir algo inadecuado. Por eso me quedo en Babia. Ann dice que es cuestión de lucha o huida. Creo que por eso se me olvida a veces lo que dices, porque no estoy realmente ahí cuando me lo cuentas. Di por hecho que no podía hacerlo. Ann cree que es una cuestión de que he perdido práctica. Es raro, lo sé. Me dijo que debería practicar la conversación y la escucha.

Me siento en una silla al otro lado de la mesa.

—No es raro —le digo yo—. Lo entiendo. A veces yo me siento así cuando me tocan. Amenazada, supongo, así que me evado. He estado practicando la forma de no abandonar mi cuerpo. Por eso hago yoga. Creo que comer también tiene que ver. Siempre pensé que mi cuerpo estaba roto. Pero quizá no lo esté. Quizá solo le falte práctica también.

Craig se queda callado un momento y entonces dice en voz baja:

—Te quiero. Quiero conocerte. Sé que la forma de llegar a ti es a través de tu mente. Estoy intentando aprender a hacerlo.

Se produce un largo silencio hasta que digo:

—Si nunca has llegado hasta mí, ¿cómo sabes que me quieres?

—Quiero quererte. Quiero conocerte para poder quererte bien. Te necesito, pero también quiero quererte.

—Eso también lo entiendo. De verdad. Tengo que aprender a usar mi cuerpo para llegar hasta ti y tú tienes que aprender a usar tu mente para llegar hasta mí. Es como «El regalo de los Reyes Magos» o algo así.

Craig se queda como si no entendiera.

—¿El qué?

—«El regalo de los Reyes Magos».

—¿Qué es eso? Espera. Espera un momento.

Craig se levanta y sale de la cocina para volver con un cuaderno y un bolígrafo. Se sienta y se pone a escribir.

—¿Qué haces? —pregunto.

—Tengo que tomar notas. Sugerencia de Ann. Sé que a ti esto te resulta fácil, pero para mí no lo es. Creo que durante un tiempo voy a tener que escribir las cosas. Para acordarme de ellas.

Había visto cómo se alimentaba Craig y me había maravillado la facilidad con que lo hacía. *Está bien, yo estoy aprendiendo a alimentar mi cuerpo. Él está aprendiendo a alimentar su mente*, pienso. Así que, si él me alimenta a mí, yo lo alimento a él. Le cuento la historia de «El regalo de los Reyes Magos». Es la historia de una pareja con muy poco dinero, pero que se quiere tanto que ella vende su hermoso cabello para poder comprarle una cadena para su reloj de bolsillo a él, y él vende su preciado reloj de bolsillo para poder comprarle unas peinetas a ella. Los dos sacrifican el objeto con el que se identifican de manera que no les queda nada con lo que demostrar al mundo su dignidad. Pero se lo demuestran el uno al otro. Se quieren y esa identidad es más verdadera que la belleza de ella o el estatus de él. Lo único que les queda es la verdad, que no es otra que el amor.

Tras contarle la historia, Craig empieza una página nueva en su cuaderno.

—Sé que estás cansada, ¿pero podrías contarme algo de cuando eras pequeña?

Así que le hablo de Milagro. Le cuento la historia que le he repetido muchas veces ya, pero él la escucha por primera vez. Se inclina hacia delante, me hace preguntas, me mira a los ojos con tal intensidad y firmeza que me obliga a apartar la mirada. Nos reímos juntos, dos veces. Es una risa de verdad, espontánea, que remueve el aire a nuestro alrededor —el aire que se había enranciado— y deseo que los niños estuvieran despiertos para oírla. Suena a esperanza. Y entiendo que la risa compartida es sagrada porque demuestra que cada persona está en la superficie de sí misma, presente con el otro; han salido a respirar a la vez, ninguno se ha hundido para replegarse sobre sí mismo; los dos están ahí, intentando tocarse. Nos reímos y pienso: ¿Será amor este espacio en el que estamos ahora mismo? ¿Estaremos enamorados ahora mismo? ¿Solo se puede estar enamorado de alguien cuando se está presente? ¿Cómo hemos llegado hasta aquí? ¿Es seguro para mí estar aquí?

Miro el reloj y es medianoche. Craig me ve mirar la hora y dice:

—Vete a dormir. Tienes que cuidarte. Ya recojo yo.

Miro mi cuerpo y pienso: *Sí, esta soy yo. Tengo que cuidar de esta mujer.*

Miro a Craig.

—Gracias —le digo. Me voy a mi habitación, me meto en la cama y me quedo dormida.

13

ME DESPIERTO Y, como el sol ya entra en la habitación, sé que me he quedado dormida. *Maldita sea, los niños van a llegar tarde al colegio.* Salgo tambaleándome de la habitación y voy a la cocina que huele a desayuno. Me agrada ver que los niños ya están vestidos para ir al colegio y esperan en la mesa. Craig me señala un plato y me siento. Me sirve huevos revueltos con salchicha y queso. Pienso si rechazarlo o no. Ya comí anoche, después de todo. Pero entonces me doy cuenta de que las niñas me están mirando. Hablo conmigo misma. Mi cuerpo quiere esos huevos, así que me los como. Me como también dos tostadas y me bebo un vaso de zumo de naranja, y me siento otra vez exultante, como si estuviera participando en la celebración familiar que ha estado teniendo lugar delante de mis narices todo este tiempo, tres veces al día, y que yo me he perdido. Recojo los platos y Craig dice que él se encarga de llevar a los niños al cole. Les doy un beso, termino de fregar los platos, me siento en la mesa y me pregunto qué hacer conmigo misma. Escribir sigue estando fuera de consideración, aún quedan tres días para la consulta con la psicóloga, no aguanto más yoga por el momento. ¿Y ahora qué?

Me siento y pienso en lo que Ann, Allison y Amy me han dicho: «Tienes que respirar, Glennon. No olvides respirar». Cada vez que oigo el consejo, pongo los ojos en blanco con resignación. *Sé respirar*, pienso. Pero entonces me acuerdo de que ayer aprendí a comer. Me recuerdo que estoy empezando de cero. Estoy revirtiendo la conversión.

Voy al ordenador y escribo: «Naples, Florida, respirar» en el buscador. Pulso en un enlace que me lleva a una página sobre enseñar a respirar como herramienta curativa. *Será broma*, pienso. Miro con atención y veo que hay una clase a ocho kilómetros de casa, en el mismo edificio en el que Craig me soltó la bomba. El siguiente paso en mi camino se enciende frente a mí.

Unas cuantas noches después, me encuentro en un vestíbulo enmoquetado, rodeada de otras personas que aparentemente tampoco saben respirar. De fondo suena una música suave para meditar y hay una fuente decorativa en cada esquina. Las paredes están cubiertas de fotos de orugas que se transforman en mariposas y citas sobre orugas que se convierten en mariposas y estanterías con estatuillas de orugas que se convierten en mariposas. Es un sitio cálido y confortable como un capullo, y me siento agradecida por ello. Me siento cómoda y segura. Nuestra profesora de respiración se sienta con las piernas cruzadas. Se llama Liz. Tiene el pelo largo y lleva camiseta y vaqueros y un collar de cuentas, y no va maquillada. Nos dice que extendamos las esterillas y nos tumbemos. Somos bastantes en esta pequeña sala y estamos lo bastante cerca unos de otros como para oír la respiración de los demás y captar el olor de los demás. Liz nos pide que inspiremos profundamente.

Mientras estamos ahí tumbados respirando, Liz empieza a hablar de Dios. O yo creo que habla de Dios, pero cuesta saberlo al principio porque no deja de referirse a Dios como «Fuente» y «Espíritu». Nos dice que podemos llamar a Dios como queramos, pero ella elige Fuente porque venimos de Dios, y Espíritu porque significa *aliento*, y Dios está siempre tan cerca de nosotros como nuestro aliento. Dice que, aunque hayamos cortado con nuestra fuente, ansiamos regresar y podemos hacerlo simplemente por medio de la respiración. Liz se ríe y dice: «Hay muchas instituciones que no quieren que sepan que para estar con Dios basta con respirar, porque entonces todo el mundo dejaría de pasar por sus aros. Respirar es gratis, ¿saben? Saber es importante. Tienen que estar tranquilos para saber».

Abro un ojo para ver a los demás. ¿Se nos permite hablar así? Estoy entusiasmada y nerviosa, como si estuviéramos en el cuarto secreto de una fiesta de instituto y alguien acabara de sacar la marihuana. Como si estuviéramos escondidos fabricando nuestro propio dinero en vez de hacer cola en el banco. Miro hacia la puerta casi esperando que un policía o un cura irrumpa en la sala para dispersar nuestra pequeña Reunión Clandestina de Granujas de Dios antes de que organicemos un golpe. Recuerdo lo que dijo la representante de Dios sobre mi separación: *No te salgas de la protección del paraguas de Dios, Glennon.* Estoy segura de que esta sala está fuera del paraguas de aquella mujer. ¿Entonces por qué me siento tan viva y despierta?

Pueden llamar a Dios como quieran… ¿de verdad? Eso no es lo que me han enseñado. Me han enseñado que debo llamar a Dios con un determinado nombre o me hará arder eternamente. Pero la idea de Liz me está haciendo plantearme el hecho de que Chase me llame *madre*, Tish me llame *mami* y Amma me llame *mamá*. Yo no quiero quemarlos por eso. Yo sé que los tres se dirigen a mí.

Me parece lógico suponer que el creador del universo sea capaz de tener una actitud tan madura como la mía, como poco, respecto al tema de su nombre.

Vuelvo a prestar atención a la voz de Liz, que en ese momento dice:

—Muy bien, y ahora más abajo. Empiecen a respirar desde la tripa.

Se pone la mano en el estómago y continúa:

—Observen cómo sube y baja su mano con la respiración.

Lo intento, pero no puedo hacerlo. Mi pecho sigue subiendo y bajando, pero el estómago no se mueve. Empiezo a marearme y a asustarme. Liz oye mis esfuerzos y se sienta a mi lado. Pone la mano sobre la mía y dice:

—Aquí abajo, no en el pecho. Más profundo. Cuando respiramos desde el pecho, vivimos demasiado alto y nos sentimos descentrados. Profundo. Respira en la parte baja y vive desde aquí.

Lo intento de nuevo. Liz se queda a mi lado con la mano en mi estómago durante tanto rato que me empieza a dar vergüenza. Quiero dejarlo, pero me digo: *Tranquila. Quédate en tu esterilla. Sigue sus indicaciones. No salgas corriendo.* Al final, noto el cambio. Ahora estoy en mi estómago. Oigo a Liz que dice:

—Muy bien.

Lo que ocurre a continuación dura un momento y eternamente. Siento que empiezo a subir y salgo flotando de la sala a un cielo estrellado. En mi ascenso, mi pecho se abre y expande sobrepasando todos mis límites, hasta que ya no sé dónde termino yo y dónde empieza el cielo. Los ojos a través de los que veo son los ojos del cielo. Soy inmensa, interminable, infinita. Por primera vez en mi vida, siento una completa ausencia de miedo. Estoy totalmente cómoda. En paz. Y entiendo que me encuentro en plena reunión con Dios. Esto que estoy viviendo es el regreso de mi alma a su fuente. La fuente de mi alma es Dios, y Dios es amor. En este momento estoy en ese lugar de amor perfecto con Dios y no hay miedo ahí. ¿Es esto lo que llaman eternidad? Debe ser. Esto es el final. El final es el principio. Un regreso al amor perfecto. La reunión para el alma. ¿Por qué me han enseñado a tener miedo de Dios si en Dios es el único lugar en el que el miedo no existe? Siento un gran respeto por este Dios, este amor; respeto, pero no miedo. El miedo no tiene cabida aquí. Hablar de miedo y Dios juntos no volverá a tener sentido para mí. Soy una mujer amada y siempre ha sido así y siempre, siempre será así. Jamás se me ha separado de este amor, únicamente me convencí de ello. Pienso en la mujer que me advirtió que no abandonara la protección de Dios y me dan ganas de retroceder en el tiempo y decirle: «Hermana, ¿quién necesita un paraguas cuando uno es el cielo entero?».

Desde el otro lado del cielo oigo que Liz nos pide que ralenticemos nuestra respiración y que aterricemos. Vuelvo a respirar desde el pecho y siento que regreso a mi cuerpo, como si mi alma se introdujera nuevamente en su saco de dormir. Me siento despacio y miro la hora. Ha pasado una hora y media, lo cual me deja profundamente sorprendida. Me doy cuenta de que todos se sonríen mutuamente con timidez. Al llegar éramos todos unos desconocidos, pero ahora nos sentimos más unidos, como si hubiéramos hecho juntos un extraño viaje no autorizado. Liz nos pregunta si alguien quiere compartir su experiencia. Nos quedamos todos en silencio hasta que la mujer que está a mi lado rompe a llorar.

—Soy pastora. Llevo veinte años orando y diez haciendo meditación, tratando de experimentar a Dios. Pero nunca... no sé cómo describirlo. Ha sido como... Estoy perdonada. Soy hermosa y amada. Me he esforzado mucho por ser mejor, diferente. Pero ahora sé que soy amada. Tal como soy. Yo... no lo había entendido hasta ahora.

La miro y me siento aliviada. No me lo he imaginado. Ella también ha subido flotando al cielo. Le hago un gesto de solidaridad y le toco el brazo. Ella pone la mano encima de la mía para que no la aparte. Pienso en mi perro, Theo, y en mi necesidad de sentir su peso en las piernas todas las noches como si fuera mi ancla. Me pregunto si necesitaremos que nos toquen para regresar a nuestros cuerpos, para demostrarnos a nosotros mismos que existimos, que somos reales, que hemos aterrizado.

Tal como soy, había dicho la mujer. *Soy amada tal como soy*. Parecía sorprendida al decirlo. Yo también. Me da la impresión de que son siempre las personas religiosas a quienes más sorprende la gracia divina. ¿Y esos aros que tan agotados estamos de saltar? Nosotros los hemos creado. Olvidamos que nuestro creador nos hizo humanos, y por tanto está bien —puede que perfectamente bien— ser humano. Nos avergüenza el diseño de aquel que afirmamos adorar. Así que optamos por ocultar bajo la alfombra las dudas, las contradicciones, la rabia y el miedo antes de mostrarnos ante Dios, que es como ponerse un vestido elegante y maquillarse para prepararse para que te hagan una radiografía. Pienso en cómo las personas que parecen más cercanas a Dios normalmente no llevan ropa elegante ni se sientan en los bancos de una iglesia, sino que llevan ropa normal y se sientan en sillas plegables en las reuniones de recuperación de adicciones. Se han negado a seguir cubriéndose. Son los que ya no quieren seguir fingiendo. Son los que saben. El dolor los llevó a tocar fondo, y tocar fondo es el comienzo de cualquier vida honrada, de cualquier viaje espiritual. Son los que saben que la fe consiste en plantarse desnudo ante el creador y preguntar lo que Craig me preguntó en la consulta aquel día: *Necesito saber si puedes conocerme de verdad y seguir queriéndome*. La respuesta afirmativa de Dios es gratuita y final. A nosotros nos cuesta más dar esa respuesta afirmativa el uno al otro.

Yo no soy Dios, y aun así Craig me lo preguntó. Y, dado que me lo preguntó, soy la única que puede responder. ¿Cómo responder? Pienso: ¿El amor perfecto es real o no lo es? Parece que es una pregunta de sí o no. Me pregunto si la pregunta de Craig: «¿Podrás perdonarme, Glennon?» está dirigida a mí realmente o si se estará preguntando: ¿Podrá perdonarme Dios, Glennon? Puede que antes de necesitar saber si puedo amarlo necesite saber si es digno de ser amado. Recuerdo estar sentada en el sofá de mis padres preguntándome si era digna de ser amada. Recuerdo entrar en aquella pequeña iglesia y preguntarme si era digna de ser amada. Lo recuerdo. Y recuerdo que María y mis padres respondieron que *sí*. Después el Golfo de México también me respondió que *sí*. Y esta noche el cielo me ha respondido otra vez que *sí, sí, sí*. Delante de ese cielo, la única respuesta verdadera es *sí*. La verdad es la gracia divina y la gracia divina no hace excepciones. No soy lo que he hecho. Y, si afirmo que tal cosa es cierta, también debo afirmar como cierto que Craig no es lo que ha hecho. Tendré que decirle: *No eres lo que has hecho. Eres amado y siempre has sido amado y siempre serás amado. Y no solo eres amado, tú eres amor. No sé si me quedaré, no sé si confiaré de nuevo en ti, pero sí puedo decirte la verdad cuando se te olvida. Puedo ser testigo imparcial del amor hacia ti. De amor estás hecho y la gracia divina es gratis para todos. La gracia divina y la valía están a tu disposición.*

La gracia divina no hace pública una renuncia de responsabilidad. Es verdadera para todos o para nadie. El precio de la gracia divina para mí lo pago al extender gracia a Craig. Pero, en cuanto me planteo la gracia hacia Craig, me veo como si fuera una de esas huchas con forma de cerdito y alguien estuviera haciendo depósitos. Depósitos que tienen cara de mujeres, que simbolizan a aquellas que se han acostado con Craig a lo largo de los años. De forma que el amor parece preguntarme: *Si la gracia se cumple*

para ti y también para Craig, se cumplirá también para ellas, ¿no?
Y entonces es cuando entiendo que la gracia es algo hermoso y terrible a la vez. Que el precio del amor es ciertamente alto. Que para mí el precio es este: debo dejar de fingir que no soy como Craig y esas mujeres. Mi incapacidad para perdonar no es más que otro botón de salida fácil. No somos diferentes. Somos exactamente iguales. Somos piezas individuales de un rompecabezas desperdigado y estamos un poco perdidos. Todos anhelamos que se produzca la reunión y la buscamos en los lugares equivocados. Utilizamos cuerpos y drogas y comida para tratar de terminar con nuestra soledad, porque no entendemos que estamos solos aquí abajo porque debemos estar solos. Porque estamos en pedazos. Ser humano es estar incompleto y anhelando constantemente la reunión. Algunas requieren una buena dosis de paciencia bondadosa.

Pienso en la María de hace años, haciéndome señas para que me acercara a ella. *Ven. Aquí. A mi lado, Glennon. Así, como estás.*

Pero, María, soy joven y estoy asustada, y soltera, y embarazada, y perdida y sola.

Y entonces me dijo: *Yo también. Dios nos ama como somos. Ven.*

Si quiero presentarme ante Dios con todo lo que soy, tendré que insistir en que los demás también puedan hacerlo. Si quiero encontrarme en los brazos abiertos de Dios, si quiero negarme a que me manden a la trastienda con los administradores, no puedo mandar a otros a que vayan a ese sitio. Nuestra redención se hace real únicamente cuando es gratuita. La gracia divina solo puede ser personal si también es universal. Mi libertad y la de todos los demás van atadas o sueltas, pero de forma colectiva. La única esperanza que nos queda de ser absolutamente humanos el uno con el otro es insistir primero en nuestro derecho de ser absolutamente humanos ante Dios. Y solo la aceptación de que Dios ya me ama me permitirá perdonar a Craig y esas mujeres por amar de una forma tan imperfecta. Así que decido otorgar a otros lo que necesito yo. *Pagaré el precio de la gracia divina. Sí, la gracia se cumple con todos nosotros. Lo elijo todo: Craig y las otras mujeres y yo, todos nosotros.* Y, por segunda vez en unos pocos días, me veo llorando en una sala llena de desconocidos. Me siento salvada.

Pero, aunque siento como si me hubieran quitado el peso del mundo de los hombros, sé que esta paz no durará. Tendré que abandonar la sala. Volveré a sentirme perdida. El miedo y la rabia y el pánico cubrirán esta gracia divina y esta verdad, como las nubes hacen con las estrellas. Pero que exista el miedo no quiere decir que el amor perfecto sea falso, igual que el hecho de que pase una nube no significa que las estrellas sean falsas. Sé cómo encontrar el camino de vuelta a la verdad, al amor, a la paz, a Dios nuevamente. Lo que tengo que hacer es estar calmada y respirar y esperar a que las nubes y el miedo pasen. Ahora la sala ha empezado a parecerme demasiado pequeña para contener todo el amor que hay en mi pecho. Recojo mi esterilla y me voy.

—

Vuelvo en coche a casa y entro. Me siento junto a Craig en el sofá y él apaga la televisión y me mira, nervioso.

—Escucha. Esta noche me ha pasado una cosa extraña. He aprendido que tú y yo somos iguales. Tú creías que el sexo era amor y yo creía que el alcohol y la comida eran amor, y los dos estábamos muy perdidos. Pero eso no significa que no seamos amados. Somos amados. Tú eres amado. Eres perdonado y siempre lo fuiste, y eres amado, tal como eres. Todo va a salir bien. Creo que de alguna manera ya está pasando.

Craig me mira con gesto dolorosamente esperanzado.

—Espera —añado—. Este perdón no es personal, aún. No

significa que yo te haya perdonado. Aún no he llegado a eso. Solo sé que la verdad es que ya eres perdonado. Que quien te creó te conoce, te ama y no está furioso contigo. Y que, tanto si terminamos estando juntos como si no, nos irá bien. A ti, a mí y a los niños, todo saldrá bien. Nadie quiere castigarnos. Estamos completamente a salvo. El final del camino que decidamos seguir será la redención, el amor ganará de un modo u otro.

Craig guarda silencio mientras piensa en ello. Yo lo miro y sé que de verdad está escuchando, tratando de absorberlo todo.

—De acuerdo —dice al cabo de un minuto—. De acuerdo.

Entro en mi habitación, me tumbo en la cama y respiro. Pienso en la diferencia entre el Dios que he experimentado esta noche y el Dios que me han enseñado a temer. Mi mente regresa a la mujer de la iglesia que se ha enterado de lo que me ha pasado y dice: «Eres la ayudante que Dios dio a Craig. Tu obligación consiste en ayudarlo ahora a pasar por este trance». Tenía razón en que eso es lo que nos enseñaban en aquella iglesia: la palabra que utilizaba la Biblia para denominar a *mujer* era «ayudante». Era la versión religiosa de todos los mensajes que he recibido del mundo, que las mujeres no están en él para vivir plenamente, sino para ayudar a los hombres a vivir plenamente. Que las mujeres tienen un papel secundario en las épicas historias de los hombres. Pienso en Liz. *No pases por los aros. Deja atrás el hombre medio y dirígete directamente hacia la Fuente.* Mis ojos se posan en la Biblia que escondí tras la separación, cuando la gente empezó a utilizarla como una vara para atizar al ganado, para mantenerme en mi sitio o para empujarme adonde querían que fuera. Me acerco y la abro por el pasaje, justo al principio, en el que Dios hizo al hombre e hizo a la mujer y a la mujer la nombró su ayudante. Se me hace un nudo en el corazón. ¿De verdad «ayudante» es el primer nombre que se le ocurrió a Dios para mí?

Llevo la Biblia hasta el ordenador y empiezo a buscar significados al pasaje, ahondando en busca de información sobre la palabra original, que me ha llegado siempre traducida como *ayudante*. Y allí, en la pantalla, aparece.

La palabra hebrea original para *mujer*, una palabra que sale dos veces en referencia a la primera mujer, tres en referencia a fuertes ejércitos y dieciséis en referencia a Dios, es esta:

Ezer.

Y la sensación de estar viva y despierta que tuve en la clase de respiración vuelve según voy leyendo artículos escritos por otros traficantes de Dios: mujeres que habían empezado a imprimir su propio dinero en vez de hacer cola, otras mujeres que habían decidido irse a la parte trasera del camión de los helados. La traducción está mal, me dicen todos. Está mal. Comprendo que la palabra *Ezer* tiene dos raíces: *fuerte* y *benevolente*. La mejor traducción de *Ezer* es *Guerrero.*

Dios creó a la mujer como Guerrera.

Pienso en las tragedias que han afrontado las mujeres de mi vida. Cada vez que un niño se pone enfermo o un hombre se marcha o un padre muere o una comunidad se desmorona, las mujeres son las que tiran de todo hacia delante, las que hacen lo que haya que hacer por su familia aunque ellas también estén sufriendo. Mientras las personas que las rodean caen, las mujeres abrazan a los enfermos y cuidan de los débiles, ponen comida en la mesa, cargan con la tristeza y la rabia y el amor y la esperanza de sus familias. Siguen apareciendo por sí mismas y por sus familias aunque tengan pocas posibilidades y carguen con el peso del mundo sobre los hombros. No dejan de entonar canciones sobre la verdad, el amor y la redención frente a la desesperación. Son cocreadoras con Dios incansables, fieras e implacables, son capaces de crear mundos hermosos de la nada. ¿Las mujeres han sido los Guerreros todo el tiempo?

Sentía asco de Craig por ser débil, por ser incapaz de llevar a cabo el papel de héroe infalible que el mundo y yo habíamos decidido que le correspondía interpretar. Pero, al mirar ahora mi cuerpo fuerte y sobrio, pienso: *¿Y si he hecho mal el reparto de papeles? ¿Y si nunca necesité que Craig fuera mi héroe? ¿Y si no necesito que Craig sea perfectamente fuerte porque yo soy fuerte? ¿Y si no necesito que Craig me ame a la perfección porque a mí ya soy amada a la perfección? ¿Y si soy el Guerrero que necesito? ¿Y si yo soy mi propio héroe?*

Crecer es revertir la conversión. Mi curación ha consistido en ir quitándome disfraz tras disfraz hasta llegar aquí, calmada, desnuda y sin vergüenza ante Dios, reducida a lo esencial, a mi identidad verdadera. He deshecho lo que fui. Y ahora me alzo como Guerrera. Sin la ropa de batalla. Fuerte y benevolente. Yin y yang. Completa, no necesito que me completen. Enviada a luchar por todo lo que merece la pena luchar: la verdad, la belleza, la bondad, el atrevimiento, el amor. Para marchar hacia el dolor y el amor con los ojos y el corazón bien abiertos, para aguantar en mitad del hundimiento y creer que mi poder, mi amor y mi luz son más potentes que la oscuridad. Ahora sé cómo me llamo. Guerrera del amor. Llegué del Amor y soy Amor y regresaré al Amor. El Amor expulsa al miedo. Una mujer que ha recobrado su verdadera identidad de Guerrera del Amor es la fuerza más potente sobre la faz de la Tierra. Ni toda la oscuridad y la vergüenza y el dolor pueden vencerla.

Según pienso todo esto, siento enderezárseme la columna vertebral. Dejo que la respiración descienda hasta el estómago y me río.

14

⌒

La semana siguiente, hago las maletas y vuelo a Michigan para pronunciar una conferencia, la más importante que he dado hasta la fecha. Llevamos planeando este acontecimiento desde hace meses, un compromiso que surgió a raíz de la popularidad de mi libro. Me siento demasiado inestable como para exponerme así ante una multitud. Puede que sea una Guerrera, pero temblorosa. Sé que no hay lugar para mi representante en ese escenario. Estas personas me han invitado por la vulnerabilidad de lo que he escrito, por eso necesito mostrar al público mi verdadero yo. Me resulta brutalmente oportuno.

Mi hermana me espera en la puerta de salida, toma mi equipaje y se ocupa de todos los detalles del viaje para que yo me centre únicamente en mi presentación. Cuando anuncian mi nombre, subo al escenario, sin pensar en la multitud, y busco los ojos de mi hermana. Tiene la mirada clavada en mí, inmutable y fiera, la cabeza muy alta. No pasa nada, me dice. Da igual lo que ocurra ahí arriba, saldremos de aquí juntas. Antes de empezar, inspiro profundamente e interiorizo su confianza. No me importa nada más que conseguir que mi hermana esté orgullosa de mí. Le digo a Dios lo que siempre le digo antes de subir a un escenario: *Está bien, me he presentado, tu turno.*

Mi charla trata sobre el psiquiátrico y cómo lo extraño a veces. Le digo al público que llegué allí en parte por mi adicción y me hice adicta en parte por cómo estaba hecha mi instalación eléctrica interior y en parte por cómo estaba hecha la instalación eléctrica interior del mundo. Siendo muy joven, miré al aterrador mundo y decidí que yo estaba demasiado rota, que era demasiado diferente para correr el riesgo de dejar que vieran mi verdadero yo. Me sentía demasiado débil para sobrevivir al dolor que sabía que era el precio que había que pagar por el amor. Y decidí esconderme.

Explico que las adicciones son pequeños lugares seguros pero letales en los que las personas sensibles se ocultan del amor y el dolor. Nadie puede tocarnos allí, por eso nos sentimos protegidos. Pero, como el amor y el dolor son las únicas cosas que nos permiten crecer, empezamos a morir en cuanto entramos en nuestro escondite. La jaula que me construí para protegerme de las toxinas del mundo también me robaba mi oxígeno. No sabía que necesitaba que me vieran y me conocieran tanto como necesitaba el aire.

Les digo que la primera vez que asomé la cabeza de mi jaula fue en el psiquiátrico. Como era un mundo pequeño con normas más suaves, me sentía segura siendo vulnerable. Las personas mostraban sus cicatrices al exterior, de manera que no tenías que ir adivinando cómo era la persona. Allí no había representantes. Fue un alivio dejar de actuar. Había normas sobre cómo escuchar y hablar con amabilidad. Aprendíamos a bailar y a pintar y a escribir lo que sentíamos en vez de comérnoslo o bebérnoslo. Nos dábamos la mano cuando teníamos miedo. Lloré cuando llegó la hora de marcharme. Les digo que veinte años después aún me siento desnuda y excesivamente vulnerable en este mundo tan grande, y por eso busco mundos más pequeños con normas más suaves —lugares como reuniones de personas en recuperación, la comunidad en torno a mi blog, el matrimonio, la amistad, la fe, el arte, la familia—, lugares donde ser absolutamente humano y absolutamente conocido es seguro.

Les digo que por fin estoy orgullosa de ser quien soy. Ahora entiendo que no soy un caos, sino una persona profundamente sensible en un mundo caótico. Explico que ahora, cuando alguien me pregunta por qué lloro tan a menudo, le contesto: «Por la misma razón por la que me río tan a menudo, porque presto atención». Les digo que podemos elegir ser perfectos y admirados o ser reales y amados. Debemos decidir. Si elegimos ser perfectos y admirados, debemos enviar a nuestros representantes a que vivan nuestras vidas. Si elegimos ser reales y amados, debemos enviar a nuestro verdadero y sensible yo. Es la única manera porque para ser amados tenemos que ser conocidos. Si elegimos presentarle nuestro verdadero yo a alguien, vamos a sufrir daño. Pero es que daño habrá de todos modos. El dolor existe dentro del escondite y también fuera. El dolor de fuera es mejor porque nada te hace más daño que el hecho de que no te conozcan. Lo irónico del caso es que nuestro verdadero yo es más fuerte que nuestro representante. Mi sensible yo no fue nunca débil. Fue creado para sobrevivir al dolor del amor. Mi sensibilidad es mi fuerza. Resulta que nunca tuve necesidad de esconderme. Siempre fui una Guerrera.

—Gracias por invitarme —digo—. Gracias por ser un lugar seguro en el que poder sacar a la luz a mi yo verdadero y sensible.

Con estas palabras abandono el escenario y salgo a un pasillo muy iluminado y vacío. No sé cómo, pero mi hermana ha conseguido llegar y ya está allí esperándome. Me agarra por los hombros y dice:

—Lo has hecho. No me puedo creer que lo hayas hecho. Has estado tan hermosa, tan real, tan poderosa. El público se ha levantado. Te han hecho una gran ovación. Has salido demasiado rápido y no lo has visto.

Me abraza y siento una especie de mareo a causa de la adrenalina, el alivio y el amor. Dejo que me abrace y pienso: *Le han hecho una gran ovación a la verdad.*

—Vamos —dice—. Vamos a comer algo.

Mi hermana me toma las manos y nos dirigimos hacia las puertas de entrada, hasta que oímos una voz a nuestras espaldas.

—¡Glennon! ¡Glennon! ¡Espera!

Nos volvemos y vemos a una mujer de pelo canoso que viene apresuradamente hacia nosotras.

—Gracias por esperar —dice al llegar junto a nosotras—. Acabo de oír tu charla. Has estado maravillosa. He visto en el programa que eres de Naples. Antes vivía allí, y sé la iglesia que necesitas. ¿En qué barrio vives?

Se lo digo y los ojos de la mujer se iluminan.

—Toma nota. Este es tu sitio. Está a un par de cuadras de tu casa y es uno de esos lugares de los que has hablado, lugares en los que es seguro ser completamente humano.

—¡Estupendo! ¡Gracias! —contesto. *Joder, no*, pienso.

Regreso a casa al día siguiente por la noche y recorro despacio el vecindario en el coche, buscando. En una esquina por la que he pasado cientos de veces se alza la iglesia. Está iluminada en la noche oscura y me paro a echar un vistazo. La torre blanca es más alta que la palmera más alta del jardín que la rodea. Siento el anhelo, el deseo de entrar. Veo una suave luz amarilla en una ventana. Me pregunto si habrá una cálida sala con velas danzantes y estará María esperando a esas personas cansadas que acuden por la noche. Me pregunto si será el tipo de lugar en el que podría descalzarme y sentir la suavidad del terciopelo en las plantas de los pies. No hay coches en el aparcamiento. Pienso que una iglesia sin gente tal vez sea el único lugar seguro para mí. Pero no entro porque no me puedo arriesgar a que me manden al despacho del cura. Decido seguir mi camino hasta casa, deshago el equipaje, me acurruco en la cama con mi ordenador y empiezo a buscar en internet la denominación de la iglesia.

Empiezo a leer y me entero de que fue la primera iglesia que ordenó ministros negros y ministros homosexuales. Encuentro una foto de sus ministros en una manifestación contra el maltrato a los inmigrantes. Cuando me encuentro con fotos y más fotos de estas iglesias haciendo ondear la bandera arcoíris sobre la puerta, siento un brote de esperanza en mi interior. A juzgar por la página web, la iglesia parece un lugar seguro, pero lo que de verdad me hace falta saber es cuáles son sus normas ocultas. Así que el domingo siguiente por la mañana, durante el servicio, paso con el coche lentamente por el aparcamiento, estudiando las pegatinas que llevan en el parachoques los coches de la congregación. Veo pegatinas de sentido político de ambos partidos. Veo pegatinas sobre el medioambiente y pegatinas del movimiento CO-EXIST. Cuento hasta siete pegatinas del colectivo PFLAG (padres, familias y amigos de lesbianas y gais). No veo una sola pegatina en plan CONVIÉRTETE O ARDERÁS, así que decido probar.

Craig y yo vamos juntos el domingo siguiente. Nos dan la bienvenida varias damas de cabello gris y aspecto elegante y amable, con tacones, los labios pintados y trajes de chaquetas. Aceptamos sus sonrisas y sus boletines de la iglesia y entramos en el sagrario. Craig se dirige a un banco al fondo y yo niego con la cabeza y voy directamente a la primera fila. Craig me sigue, reticente. El órgano comienza a sonar, la primera nota estalla en mi corazón y al momento el coro de los canosos encabeza la procesión. Cantan un himno antiguo y siento que mi corazón es un globo que sale flotando de mi cuerpo. Intento recuperar el control porque de ninguna manera quiero ser estafada aquí. *Mantente firme*, me digo. Pero, acto seguido, un ministro calvo se levanta y empieza a hablar, y su tono es tan afable y vulnerable que me olvido de controlar mi corazón y simplemente se lo confío al ministro un rato.

El ministro declara que no ha venido a poner más barreras entre Dios y la gente, sino a eliminarlas. Habla de la necesidad de una fe abierta y apacible, en vez de la fe cerrada y militante. Habla de sus amigos musulmanes, judíos y ateos y cómo cada uno tiene una sabiduría que el ministro valora y necesita. Desafía a los líderes locales y mundiales que gastan miles de millones en la guerra y dedican muy poco a crear la paz. Desafía a los cristianos que hacen campaña para que se reduzcan los impuestos a los ricos y no dicen nada en lo que respecta a los pobres. Habla de la vigilia con velas a la que asistió la víspera en honor a un adolescente negro recientemente asesinado en un barrio de Florida mientras acompañaba a su novia a casa. Define esta muerte no de error, sino de resultado directo del racismo puro y duro y su campaña para propagar el miedo. Implora a su congregación blanca que se plantee hasta qué punto forma parte del problema. Es un sermón valiente. Infinitamente afable, pero para nada neutral. Me doy cuenta de que, cuando el ministro se refiere a Dios, nunca utiliza un pronombre. Para él, Dios no es un hombre. Y, cuando se refiere a las personas, habla de él o ella. Utiliza un lenguaje meticulosamente cuidadoso. Habla una lengua en la que reconozco el amor. El amor es cuidadoso y es humilde. Este hombre es cuidadoso y humilde, y utiliza su voz para sacar a la superficie a aquellos que han sido olvidados. Utiliza su libertad para volver y luchar por aquellos que aún no son libres. Los últimos son los primeros, incluso en las palabras que elige. No veo imágenes de María, pero a través del lenguaje de este ministro siento que la divinidad femenina está presente y segura en este lugar.

Tras el servicio, Craig y yo salimos del sagrario y una mujer se nos acerca con una sonrisa sincera y curiosa. La saludo y me fijo en el alfiler con forma de coma y los colores del arcoíris que lleva en la solapa. Se da cuenta de que me he dado cuenta y se lo toca al tiempo que explica:

—La coma es porque Dios aún está hablando. Y el arcoíris es por los gais, claro.

—Ah, sí. Claro. He venido porque una señora en Traverse City me buscó y me prometió que este era un buen lugar para una chica como yo.

Describo a la mujer y la señora que tengo delante dice:

—¡Es Kathy! Fue ministra aquí. Una mujer asombrosa, brillante, fuerte. Antes fue monja católica y luego se convirtió en sacerdote episcopal. Se manifestó con Martin Luther King hijo, ¿sabías? Bueno, bienvenida. Soy Charnley. Encantada de conocer a una chica como tú. —Se da la vuelta y, señalando al ministro, dice—: Ese de ahí es mi marido.

Sonrío. Me gusta que, en vez de presentarse como la esposa del ministro, diga que él es su marido. Cuando salimos, Craig me mira y dice:

—Aquí sí vamos a volver, ¿no te parece? Este lugar parece el adecuado.

—Sí. Tal vez lo sea.

Regresamos la semana siguiente y, al final del servicio, el reverendo Ron y la reverenda Bev anuncian que acaban de contratar a un tercer ministro, de nombre Dawson, un hombre con una forma de predicar fogosa que resulta que es gay. Esta congregación de pelo canoso lo ha elegido por votación. No lo han votado para tolerarlo ni para cambiarlo, sino para pedirle que sea su líder. Mientras la reverenda Bev sonríe tras el anuncio y la congregación aclama al nuevo reverendo, dejo de contener el aliento. Decido arriesgarme con esta familia. No porque no quiera que me hagan daño, sino porque son las personas adecuadas para ello. Confío en las normas que rigen aquí. Tras el iniciar del reverendo Dawson como ministro de la iglesia, me uno oficialmente a la congregación.

Sigue dándome miedo confiar a mis hijos a esta institución, así que pregunto si puedo reunirme con la ministra de los niños, Nancy. Me acompaña a su despacho y le expongo mis miedos sobre lo que puedan aprender mis hijos sobre Dios que luego tengan que desaprender. Le digo que necesitamos una iglesia que nos ayude a amarnos sin vergüenza, a amar a los demás sin intenciones ocultas y a amar a Dios sin miedo. Una iglesia que proporcione a mis hijos y a mí espacio para respirar y crecer, y que no nos silencie por mostrar desacuerdo, dudas o preguntas. Nancy me escucha sin juzgarme. Abre su corazón y su mente hacia mí. Cuando termino, dice:

—¿Me ayudarías a enseñar a nuestros niños? ¿Querrías ayudarme a enseñarles el estilo de amor que acabas de explicarme?

Me quedo tan profundamente sorprendida que durante un largo minuto no puedo hacer otra cosa que mirarla boquiabierta, mientras considero su invitación.

—Sí. Sí, lo haré —respondo finalmente. Y así es como me convierto en ministra del evangelio del amor.

Todas las semanas me siento con los niños de nuestra congregación y les hablo del Dios del suelo del cuarto de baño. Les digo que el camino de Jesús es el amor y que hay muchas personas que van por ahí gritando su nombre que no siguen sus enseñanzas y que hay muchas personas que nunca han pronunciado siquiera el nombre de Jesús que siguen sus enseñanzas de amor a la perfección. Les enseño que la fe no es un club del que formar parte, sino una corriente a la que entregarse. Les enseño que sabrán que están en la corriente cuando sean más amables y atentos, más abiertos y agradecidos, y cuando sientan que la corriente los empuja constantemente hacia las personas a quienes temen, para poder amarlas y dejar de sentir miedo. Les enseño que las dos frases que más se repiten en la Biblia son «No tengas miedo» y «Recuerda». Nuestra familia humana está fragmentada porque nos han enseñado a temernos los unos a los otros. Para conseguir la paz, debemos permitir que el amor nos acerque de nuevo a los demás. Volver a ser parte de un todo. Les prometo que no somos más que piezas desperdigadas de un mismo rompecabezas, por eso, cuando hacemos daño a los demás, nos lo hacemos a nosotros mismos también. Les explico que mi idea del cielo es el rompecabezas completo con todas las piezas en su sitio, pero les pido que no esperen una especie de reunión mística. Les pido que incorporen el cielo a la tierra aquí y ahora —que extiendan una invitación al reino de Dios hoy mismo— tratando a todos los hijos de Dios como si fueran de su propia sangre. Le digo a cada uno de ellos: *Sé valiente porque eres hijo de Dios. Sé amable porque el resto también lo es. Formamos parte los unos de los otros.*

Les enseño que Dios los ama y de una manera salvaje, fiera y dulce, por completo y sin reserva. Prometo que no hay nada en ellos de lo que tengan que avergonzarse. Me convierto en un megáfono de la calmada vocecilla que ya desde pequeña quedó ahogada en mi interior, la voz que nos dice a cada uno de nosotros: *¡Eh, tú! ¡Eres un ser querido para mí! Yo te creé y apruebo todo lo que has sido, eres o serás en el futuro. Nada de lo que hagas conseguirá que te quiera más, como nada de lo que hagas conseguirá que te quiera menos. Esto queda decidido ya. ¡Así que deja de esconderte, deja de esperar y ven! ¡Levántate y baila conmigo!* Cada vez que miro a los ojos a un niño de diez años y le prometo que es bueno y amado, por lo que no tiene necesidad de sumergirse para respirar, sé que también le hablo a mi yo de diez años. *No te escondas. Aquí estás a salvo. Precioso, este es tu sitio, después de todo. No tengas miedo. Recuerda.*

Los meses pasan. Los niños están en el colegio y de repente es otoño otra vez, ya ha pasado un año desde que Craig me soltó la bomba. Noto la corriente que me ablanda y trata de conducirme hacia Craig. Me resisto con fuerza a la corriente. Me asusta entregarme a ella. Un día, voy a ver a Ann y le digo:

—He estado pensando. Resulta que no soy Gandhi. Tampoco soy Elsa. No soy una ayudante, ni tampoco un canario. En realidad soy una Guerrera.

Me sonríe y enarca las cejas en señal interrogativa.

Y se lo explico.

—Ahora me veo como un triángulo: cuerpo, mente y espíritu. —Ann asiente, indicándome que continúe—. Soy una trinidad, ¿no es así? De modo que el otro día estaba mirando este triángulo y pensando en lo que dicen las Escrituras sobre amar a Dios con toda nuestra fuerza, nuestra alma y nuestra mente. Siento que sé amar con mi mente y mi alma. Amo con mi mente cuando escribo, leo y pienso. Es mi vida intelectual. Amo con el alma cuando oro, medito o me preocupo por los demás. Es mi vida espiritual. Yo he creado esas vidas. Las he forjado según mis propios términos, no los términos propuestos por otros. Pero se me ha asignado este cuerpo junto con esta mente y esta alma. Tiene sentido que también debiera vivir y amar con él. El problema es que «amar con mi cuerpo» me hace pensar en sexo. Y la idea me paraliza. No me creo capaz de confiar en Craig lo suficiente como para volver a practicar sexo con él. El sexo no me ha hecho más que daño. ¿Por qué habría de meterme ahí otra vez? No tiene sentido.

Ann se queda pensando en ello.

—Confiar lleva tiempo —responde—. La intimidad entre dos personas es una montaña. El sexo es la cumbre y Craig y tú están en la base. No pueden empezar por subir de un salto a la cumbre, ya lo intentaron una vez. Se perdieron el ascenso, que es precisamente donde se crea el vínculo. Tienen que ascender juntos. Paso a paso. Lo primero es lo primero. Hablemos de los besos y los abrazos.

—Está bien. No me gustan los besos y los abrazos. Cuando me abraza, siento que me asfixio. A veces estoy ocupada haciendo algo y llega él y me agarra de repente en la cocina para abrazarme demasiado fuerte y durante demasiado tiempo. Para mí, sus abrazos son más una forma de control o de temor que de amor. Sus abrazos me parecen menesterosos.

—Está bien. ¿Y los besos? ¿Qué pensabas cuando Craig y tú se besaban antes, en el pasado?

—¿Que qué pensaba? Bueno, lo he estado pensando: ¿Quién decidió que esto tenía que ser algo? ¿Quién fue el primero que dijo: «¡Se me ha ocurrido algo! ¡Metámonos la lengua en la boca los unos a los otros!». Probablemente fuera un tío que quería que una mujer dejara de hablar para poder tener sexo con ella. Eso son los besos para mí: silenciamiento y sospecha. El sexo es el fin y los besos son el medio. Besarse es tan solo un escalón hacia lo que quieren los hombres. Me molesta.

Ann me mira enarcando las cejas nuevamente.

—Lo sé —añado—. Soy una romántica empedernida.

—Entonces, ¿qué es lo que comunicas mientras todo esto sucede dentro de ti? —pregunta Ann—. ¿Le dices a Craig lo que sientes, lo que piensas?

—Claro que no. Me limito a esperar a que pase.

—Claro. Tus sentimientos y pensamientos son válidos, Glennon. Te está permitido tenerlos. Tienen sentido y no deberías avergonzarte de ellos. Pero tienes que compartirlos con Craig o con quienquiera que tengas una relación íntima. En el preciso momento de tenerlos. Tienes que confiar en tus sentimientos y darles voz.

Cuando tu mente dice una cosa, pero tu cuerpo dice otra, hablamos de falta de comunicación, de desmembración. Y lo que buscamos es la reunión, Glennon. Es cuando llevamos tus pensamientos y actos, tu mente y tu cuerpo, a que trabajen juntos. Cuando te sientes furiosa, utilizada o asustada, no finjas lo contrario. Di la verdad con todas las partes de tu ser. No hay nada malo en lo que sientes, pero sí lo hay en fingir que no lo sientes. El matrimonio debería consistir en toda una vida para conocer al otro y desarrollar intimidad minuto a minuto, no en alejarse y sentirse cada vez más solo.

»Craig también se está esforzando mucho. Está ensayando cómo utilizar las palabras para expresar sus necesidades y sus sentimientos en vez de limitarse a usar su cuerpo. La forma en que conociste el sexo —algo oscuro, vergonzoso e impersonal— es la misma forma en que lo conoció Craig. Para ambos fue una manera de utilizar a las personas para satisfacer sus propias necesidades en vez de un modo de dar y recibir amor. Los dos lo conocieron en oscuros sótanos con demasiado alcohol y demasiada culpa encima. Por eso ahora sigue habiendo tanto sentido de vergüenza en el acto. Por eso te parece algo que no está bien. Tienen que desaprender muchas cosas. Los dos han practicado mucho sexo, pero no han experimentado una verdadera intimidad en compañía del otro, ni tampoco la han tenido con otras personas, para el caso. Los dos están muy al principio. En la base de la montaña.

»Le has dicho a Craig que está bien que él vuelva a abrazarte. Quedémonos en ese punto de la montaña todo el tiempo que podamos. Iremos despacio, para que te sientas segura. Esta semana quiero que trabajes el tema de los abrazos. Cuando te abraza, quiero que confíes en ti lo suficiente como para observar tus sentimientos y pensamientos y compartirlos después sinceramente con Craig.

Al día siguiente por la mañana estoy de pie en la acera delante de mi casa, sujetando la correa del perro. Un camión de la basura se para al otro lado de la calle y se baja un hombre, se acerca al contenedor de mi vecino y después se para y me mira. Me mira a los ojos con una agresividad que es íntima y amenazadora al mismo tiempo. Contengo la respiración. Me digo que no sea ridícula, que estoy segura aquí. Por supuesto que sí. Estamos a tres metros y medio de distancia y nos estamos mirando a los ojos, así que asiento con la cabeza en señal de reconocimiento. Aparta la mirada y mira hacia la cabina del camión al conductor y los dos intercambian una sonrisa de satisfacción. Me pongo rígida. Con un brillo en los ojos, el hombre se lleva el pulgar y el índice a la boca como para soltarme un silbido de admiración. Otra vez me está mirando directamente, pero lo que está a punto de hacer no tiene nada que ver conmigo. No es personal. Solo soy una broma interna entre el conductor y él. Me incendio por dentro. Estoy furiosa. Estoy en mi tranquila calle, por la mañana temprano, y este hombre está a punto de romper el aire en acto de agresión hacia mi persona. Me preparo para el agudo sonido que está a punto de llegar, pero entonces me digo: *Di con palabras lo que está pasando en tu interior.* Recuerdo que lo que creo que debería o no debería sentir no importa. Que lo que importa es cómo me siento de verdad y no fingir lo contrario. Y lo que siento es miedo y enfado. Lo que siento es que esta situación es una enorme mierda. Una mujer debería poder pasear a su maldito perro sin que la acose un desconocido. Lo que siento es que estoy harta de tener miedo de los hombres. Así que, aquí, en la acera delante de mi casa, celebro una reunión. En vez de darme la vuelta, miro al hombre a los ojos tan fijamente como puedo y, señalándolo con la mano que tengo libre, digo en voz alta: «No. No lo haga. No haga eso. No me haga eso».

Me sorprende la fiereza y la firmeza de mi propia voz. Soy yo la que ha horadado el aire y ahora es él quien se ha quedado petrificado. Baja los dedos. Nos miramos un momento más y jugamos a ver quién es más gallina. No aparto la mirada. Él sí. Y a continuación dice: «Lo siento, señora». Respiro y vuelvo a asentir. Él se da media vuelta, vuelca el contenido del cubo de la basura de mi vecino en el camión, se sube a la parte trasera de este y golpea el lateral metálico con el puño. Es la señal para que el conductor eche a andar. Los veo alejarse. Vuelve a reinar la calma en el aire.

Miro alrededor y resulta que sigo en mi calle, delante de mi casa, paseando a mi perro. No me he abandonado a mí misma. En su lugar, me he anunciado y honrado a mí misma. Y, al hacerlo, también he honrado al hombre y el espacio que nos separaba. Le he recordado que los dos somos humanos. Lo he mirado a los ojos y le he dicho: *Aquí estoy. Aquí dentro. Soy más de lo que ves. Soy un alma y una mente, además de un cuerpo, y todo mi ser te dice que no. No me hagas eso.* He mirado a los ojos a un hombre y me he presentado. Y, al hacer la presentación yo, él también ha recordado. Se ha visto reflejado en mí y por eso ha bajado los dedos. Sus ojos me decían: *Perdón. No me había dado cuenta de que estaba aquí.* Permanecí en la calle, en la quietud, y me pregunté: *¿Si puedo hacer esto con un desconocido, podré hacerlo también con mi marido?*

❦

Esa misma noche, mientras lavo los platos, Craig se me acerca por detrás, me rodea con los brazos y me sujeta. Siento la esperanza y el miedo en sus brazos. Espero un momento a que acabe, pero no me suelta y no me gusta. Es demasiado y demasiado rápido. Yo no le he pedido que me abrace. Mi interior me está hablando, así que doy voz a mi fuero interno ante Craig. Mientras me rodea con los brazos, le hablo de cara al fregadero:

—Sé que intentas ser cariñoso, pero para mí esto no es amor. Yo quiero que se me invite a la demostración de afecto, no quiero sentirme en una emboscada. Cuando me agarras así, me ofende y me molesta, y luego me siento fatal por sentirlo. Este ciclo no es bueno para ninguno de los dos. Necesito que entiendas y respetes cómo estoy programada por dentro. No puedes llegar y echarte encima de mí así. Además, tienes que dejar de apretarme tan fuerte. Para mí es como si me estuvieras atrapando para que no me pudiera escapar. Es como si me estuvieras robando el poder. Soy más pequeña que tú y no quiero pensar en ello cada vez que nos abrazamos.

Me quedo mirando por la ventana, esperando a que el mundo se venga abajo porque acabo de admitir en voz alta que por mis venas corre hielo. Acabo de alterar todas las normas tácitas del universo que dictan que la paz depende de que una mujer acepte soportar grandes y pequeñas humillaciones con una sonrisa. He roto el código que insiste en que he de mostrar agradecimiento por todo lo que tengo y fingir que necesito más el amor que la libertad. Pero, ahí de pie, lo que siento es una mezcla de emoción y miedo. Llevo queriendo decir lo que acabo de decir desde que tenía quince años. Y ahí estoy. Me he presentado. Puede que sea una cabrona, pero soy libre. Me he dado la vuelta como un calcetín y me permito plantearme que tal vez mis sentimientos internos sí son válidos, sencillamente porque son míos.

Me pregunto si al final será verdad que no me pasa nada terriblemente malo. Puede que tan solo sea una mujer a quien le gusta que la abracen de una determinada manera simplemente por la forma en que está programada por dentro. Puede que tenga sentido que su marido lo sepa. Puede que él *quiera* saberlo porque le gustaría saber que ella se siente segura, amada y feliz. O puede que no. Puede que ya lo sepa y haya decidido que sus necesidades son más importantes.

Podría resentirse por lo que acabo de decir. Pero, mientras retira los brazos de mi cintura, pienso: *Preferiría perderlo para siempre que volver a perderme a mí misma. Jamás volveré a abandonarme. Eso es lo único que sé.* Este pensamiento me sorprende y me asusta y también me consuela. *Aquí estoy, Craig. Este es mi verdadero yo. A mi verdadero yo no le gusta cómo me abrazas. Prefiero que te sientas molesto conmigo por lo que soy realmente a que me ames por lo que no soy.*

Aún estoy de cara al fregadero cuando oigo que Craig dice:

—Tiene sentido que te sientas así. Justo antes de abrazarte, te he visto ahí de pie y he tenido miedo. Me da mucho miedo perderte. Todos los días temo que te vayas. Lo único que quiero es aferrarme a ti. Debería haberte dicho lo que sentía en vez de agarrarte así.

━

Al día siguiente por la mañana, Craig me deja una nota en mi escritorio que dice: «¡Hola! ¿Quedamos en la cocina a las 13:00 para darnos un abrazo a la hora de la comida?». Al principio me siento humillada al ver en lo que se ha convertido nuestra relación. ¿Invitaciones a abrazos en fichas de cartón? Pero entonces siento alivio al comprobar que nuestra relación se ha convertido en esto. Me siento segura. Siento que lo que quiero y lo que necesito importan. A la hora convenida voy a la cocina y Craig me mira y dice:

—Gracias. No te pido nada más. Solo quédate aquí conmigo un minuto.

Separa los brazos y yo me acurruco contra él. Craig no me aprieta, así que tengo sitio para respirar. Al cabo de un momento, me suelta por completo para que yo pueda decidir cuándo quiero que termine el abrazo. Lo suelto yo también. El proceso en general resulta extraño, pero seguro. Estamos teniendo cuidado el uno con el otro.

Unos días más tarde, me encuentro otra nota en el escritorio. Está escrita en una cartulina de los niños y decorada con las pegatinas de Tish. Es una invitación de Craig a una cita de verdad. La invitación indica que ha buscado una canguro y reservado mesa en un restaurante, pero que las dos cosas se pueden cancelar si no estoy lista. Craig ha dibujado tres casillas y me pide que marque una. Mis elecciones son sí, no o tal vez. Marco sí y dejo la invitación en el escritorio de Craig.

En cuanto nos sentamos a la mesa del restaurante el día de la cita, sé que Craig ha estado aprendiendo cómo hacer preguntas más adecuadas. En primer lugar, me pregunta qué tal va una relación de trabajo específica y después me pregunta por una amiga de antaño a la que están dando quimio. Cuando le respondo, él me escucha con atención, como si entendiera que le estoy haciendo un regalo que debería recibir con cuidado. Estamos sentados el uno frente al otro en la mesa y los dos estamos presentes en el espacio que hay entre ambos. Es algo nuevo. Aun así, los dos nos sentimos aliviados al llegar a casa porque el sofá es la mejor parte de cualquier cita. Despedimos a la canguro, nos ponemos el pijama y encendemos la televisión. Me tumbo junto a él y él vuelve la cabeza para mirarme. Estamos muy cerca, me está mirando a los ojos y empiezo a sentir como si se me estuvieran retorciendo las tripas. Mirar fijamente siempre me ha parecido una actitud entrometida y controladora, como si alguien se detuviera demasiado tiempo a mirar a mi verdadero yo, esté preparada para presentarme o no. El contacto visual con Craig hace que las líneas fronterizas desaparezcan, estoy como atontada y como si hubiera perdido el control, así que me preparo para romperlo. Decido darle una palmada en el hombro y apartar la vista, volver a la televisión, que es más seguro. Entonces me acuerdo del Camino del Guerrero. *Tranquila. No te salgas de la esterilla. No salgas huyendo. Si puedes quedarte sentada con la soledad que quema durante 1,6 segundos…* Sigo mirando los ojos castaños de Craig y me siento trémula y mareada. Es como solían ser el silencio y la música, casi insoportable. Hasta que se produce un cambio en mi interior.

De repente siento el deseo de besar a Craig. No puedo creer que sea cierto, pero lo consulto con mi cuerpo y compruebo que sí, es cierto. Mi mente empieza a sentir pánico. Desde luego, *no* debo besarlo porque un beso es una puerta abierta a más. Un beso sería como retirar todos los barrotes de acero que he forjado para sentirme a salvo. Siento que comienza la desmembración. Ya no estoy en mis ojos, ni en los de Craig, ni tampoco en el espacio que hay entre los dos. Estoy de nuevo en mi cabeza. Pero, en vez de estar perdida ahí dentro, sola, invito a Craig a entrar. Le cuento la historia de mis tripas con mi voz. Le digo:

—Me apetece besarte ahora mismo, pero temo hacerlo porque no quiero que las cosas vayan más allá. Tengo que ser yo quien inicie cada nuevo paso.

—De acuerdo —dice—. Entiendo lo que dices. No intentaré nada nuevo. Nunca más, a menos que tú me digas lo contrario. Quiero que te sientas segura.

Así que lo beso. Y ahí, en ese sofá, en pijama, durante un momento, entramos en el espacio del amor.

15

~

EL CÁLIDO SOL brilla y el frío viento sopla el primer día de primavera, el día que cumplo treinta y ocho años. Han pasado dieciocho meses desde que Craig soltara la bomba, doce desde que volvió a casa. Guiño los ojos para protegerme de la luz de la mañana mientras trato de localizar la camiseta de Amma en el campo de fútbol. Ahí está, el número diez, esforzándose por parecer implicada en el juego mientras evita magistralmente cualquier atisbo de implicación. Sus ojos siguen el balón y, cada pocos minutos, grita: «¡Mío!». Pero el espacio de seis metros que se abre entre el balón y ella en todo momento deja claro a sus compañeras que el balón no es suyo. Esa mañana en el desayuno, Amma admitió lo que ya sabíamos: no le gusta el fútbol. Explicó que había muchas patadas. Le pregunté si quería dejar de jugar y dijo que no, que continuaría con valentía por la merienda. Pensé que era una buena filosofía. La vida: un montón de aterradoras patadas convertidas en algo soportable gracias a la merienda. Puede que Craig tenga razón, valiosas lecciones vitales se aprenden gracias al deporte.

El entrenador Craig camina por la banda mientras estudia a sus jugadoras del tamaño de elfos. Parece más alto y más seguro de sí mismo en el campo de fútbol que en cualquier otro lugar. Se ríe y hace una señal positiva con el pulgar a una de sus jugadoras que acaba de marcar un gol para el otro equipo. Corre al campo para atar los cordones embarrados a tres jugadoras. No para de gritarles: «¡Drew! ¡Aún no ha terminado el partido! ¡No trepes por la portería!» o: «¡Ahora jugamos, Sophia! ¡Los abrazos después!». Veo los rostros de los padres que aplauden felices y se nota que están relajados y se lo están pasando bien. A las niñas se las ve llenas de júbilo, orgullosas en el campo, ni el menor signo de estrés en sus rostros. Me dirijo a Craig y veo sus bronceados brazos cruzados sobre el pecho y el silbato colgándole del cuello. Pienso: *Es como un director de orquesta. Tanto correr, dar patadas, gritar e interrumpir deberían ser un caos, pero, bajo el amable y hábil liderazgo de Craig, todo parece funcionar a la perfección, como si fuera una sinfonía. Y, por el amor de Dios, el entrenador Craig está buenísimo desde aquí.*

Al principio de la temporada, la madre de una de las compañeras de Amma me dio un codazo y me dijo: «Esta es mi amiga, Joanne. Sus hijas no juegan en este equipo, solo viene a ver al entrenador Craig. ¿No somos las mamás más afortunadas porque nuestras hijas juegan al fútbol?». Y me guiñó un ojo. Desde entonces, he evitado a Craig después de los partidos para que esta pobre mujer no se muera de vergüenza al comprender que el entrenador Craig es mi marido. Pero ahora me doy cuenta de que esto no es casualidad. Todas las madres miran a Craig con una enorme sonrisa en el rostro. Pues claro. Es guapo y amable y adora a los niños. ¿Cómo no sonreír?

El equipo de Amma pierde por siete goles, pero a Craig no parece importarle mientras sus jugadoras lo rodean para la charla que pretende subirles los ánimos. Se pone en cuclillas mientras ellas tratan de acercarse todo lo posible. Una niña con unos brillantes rizos de pelo negro le abraza la rodilla izquierda y veo que

Amma se le sube a la derecha con un ademán exagerado. Le rodea el cuello con los brazos como un mono celoso, reclamándolo. Craig le besa la frente y se las arregla para chocar los cinco con el resto del equipo. Me acerco un poco más junto con las otras madres. Una de ellas busca mi mirada y me guiña un ojo. Decido que ya está bien de tanto guiño. Me concentro en resistir la tentación de abrirme paso a codazos para reclamar mi parte en el regazo de Craig. De repente, imagino que le hago a Craig acercarse y lo beso con ternura. Siento un ramalazo de calor, algo que se remueve en mi interior. La sensación desciende por mi cuerpo. Entonces la visión y el sentimiento se evaporan y me encuentro ahí de pie, atónita y desorientada.

Tras un sonoro: «¡Vamos, equipo!», Amma y sus compañeras echan a correr con sus rodajas de naranja mientras Craig se prepara para ocupar su puesto como entrenador del equipo de Chase. Desde lejos, lo observo quitarse la camiseta que llevaba para ponerse la otra. Me quedo impactada al ver de repente a plena luz del día el estómago y el torso de Craig. Están lisos y tonificados, expuestos a la vista. Una diminuta corriente eléctrica me recorre de arriba abajo. Me dan ganas de cruzar el campo corriendo y plantar las manos en su torso, gritando a todas las madres sonrientes: ¡Es mi hombre! ¿Qué? ¿Cómo dices? ¿MI HOMBRE? ¿Pero QUIÉN SOY? ¿Una adolescente celosa en el comedor del instituto? Me quedo atónita con mi actitud. En el transcurso de una hora he experimentado los pinchazos de los celos, diminutas corrientes eléctricas y súbitas visiones llenas de besos. Y ahora esta... sensación de que algo se remueve dentro de mí. Esta perturbación, esta sensación de estar despierta que parece un cosquilleo. Siento que mi cuerpo tira de mí, igual que los niños cuando quieren algo. Mi cuerpo me está diciendo: *Quiero algo*. He ensayado lo suficiente como para saber cómo escuchar. ¿Pero qué quiere mi cuerpo? ¿A Craig?

Hace meses, cuando Ann me preguntó: «¿Qué encuentras atractivo en Craig?», me había quedado mirándola sin entender. Y entonces cambió la forma de la pregunta.

—¿Qué partes de Craig te generan *respeto*?

Yo no había sido capaz de responder a ninguna de las dos preguntas. Había perdido el respeto por Craig, de manera que había perdido la atracción. Me pregunto ahora si este ligero cosquilleo será una señal de que he recuperado algo de ambas cosas. Lo miro y me pregunto: ¿Qué partes de Craig me generan respeto ahora mismo? ¿Tal vez su labor como entrenador? Está seguro de sí mismo aquí. Es un líder. Podría ser. ¿Tal vez su amabilidad con los niños y con sus padres? ¿Su paciencia y su risa fácil? Entonces lo miro y pienso: *Espera, ¿es su labor como entrenador y su amabilidad, o son solo sus abdominales? ¿Puede una mujer respetar unos abdominales?*

Lo miro en el círculo con Chase y los chicos y pienso: *Ya sé qué me produce respeto.* Míralo. Ahí está. No se salió de su esterilla para irse corriendo. Lo estropeó todo, pero se quedó y luchó para abrirse paso entre su dolor, el mío y el de los niños, y no dejó que eso lo asustara. Él también eligió el Camino del Guerrero, y ahí está, presente en su vida. Se ha convertido en su propio héroe. Él era su héroe y yo era el mío, y ahora estamos aquí los dos, juntos. Dos héroes. No dos mitades que forman un todo, sino dos todos que forman una sociedad. *Eso es atractivo.*

Retrocedo mentalmente hasta el día de mi boda. Me veo caminando por el pasillo de la iglesia hacia Craig. Ahí está, de pie con el ministro. Sonríe, pero es obvio que tiene miedo. No está preparado. ¿Alguna vez estamos preparados para los aterradores regalos que la vida nos ofrece? Ahora veo que, ahí de pie con su esmoquin, es todo lo que detesto: inseguro, débil, deshonesto, poco saludable. Pero también es todo lo que amo. Está esperanzado. Es valiente. Está asustado, pero aquí está de todos modos. Es humano. Yo no quería que fuera humano. Quería que fuera perfecto y dorado, firme y sólido, sencillo y fuerte para que yo pudiera ser desastrosa, complicada y débil. Pero los dos somos esas cosas. «Necesito saber si puedes conocerme de verdad y seguir queriéndome», me había dicho en la consulta de aquel psicólogo. Pienso en mis padres sentados en el sofá, sintiéndose traicionados, aterrados, exhaustos, diciéndome: «¿Pero tú nos quieres, Glennon?». *Sí. Sí que los quería.* Yo precisamente comprendo que puedes querer a alguien tanto que duele y seguir haciéndole daño una y otra vez. Sé que puedes querer y traicionar a la misma persona. ¿Es posible que aquel día en la iglesia emprendiera la marcha hacia justo la persona que es perfecta para mí? ¿Hacia mi compañero de sanación? ¿Hacia mí misma?

Cuando llegué al final del pasillo, Craig me tomó la mano. Sabía que yo era un desastre y se casó conmigo. Pensé que era perfecto y me casé con él. ¿Quién fue más valiente de los dos? Nos veo tomados de las manos. Me siento conmovida. Es la primera vez que siento esta ternura interior desde hace mucho. Ternura y respeto mezclados se parecen mucho al amor.

Me había sentido enfadada y avergonzada porque mi matrimonio distaba mucho de ser perfecto. Pero la perfección significa que *funciona justo como se supone que tiene que funcionar*. Si el matrimonio es una institución diseñada para facilitar el crecimiento de dos personas, significa que, a nuestra manera lisiada y frágil, nuestro matrimonio es perfecto.

Se me ocurre lo siguiente: *Hoy voy a acostarme con Craig.* Será idea mía. Mi cuerpo le ha entregado esta decisión a mi mente y a mi alma. Mi cuerpo se ha unido a nosotros para tomar la decisión.

Estoy aterrada. ¿Y si mi cuerpo intenta traicionarme otra vez? ¿Puedo confiar en mi cuerpo? ¿Y si me dice que me entregue y Craig lo manda todo a la basura otra vez? La respuesta que da mi mente: *Lo que él haga con mi amor no es mi problema ni mi preocupación.* Mi cuerpo quiere ofrecer y recibir amor y voy a escucharlo. No se trata de confiar en Craig, se trata de confiar en mí misma.

Más tarde aquel mismo día, Craig lleva a los niños a jugar a casa de unos vecinos y vuelve a casa a ducharse. Mientras él está en la ducha, me meto en la habitación sin que me vea, me desnudo y me meto en la cama. Me escondo debajo del edredón para que Craig no sepa que estoy ahí. Me siento ridícula y también una temeraria ahí debajo. Cuando lo oigo salir del baño y venir hacia la habitación, saco la cabeza de debajo del edredón y emito un sonido agudo, como el de un ratón. *Dios bendito, tengo cinco años.* Craig me mira, me ve debajo del edredón y enarca las cejas.

—Eh, ¿qué pasa aquí?

—No lo sé —respondo—. Aquí estoy. Debajo del edredón.

Esto no es sexy, pienso. Definitivamente no lo es.

¿Pero qué demonios significa eso, *sexy*? Me pregunto si la palabra *sexy* es precisamente lo que hace que el sexo me parezca mentira. Sexy significaba mujeres adultas comportándose como si para el día de San Valentín quisieran recibir lencería, aunque es obvio que se trata del envoltorio del regalo que nuestros maridos quieren recibir de vuelta. Sexy era fingir no tener hambre. Sexy era para mí pelo teñido y tacones e inclinarse sobre mesas de billar y otros lugares incómodos. Sexy era un tipo de cuerpo y un tono de pelo y pasarse la vida entera mirándote al espejo en vez de mirar el mundo exterior. Sexy era que una marca te hiciera creer que lo era para que compraras su producto. Durante veinte años intenté ser sexy siguiendo esas normas, y ahora, en la cama, me doy cuenta de que eso tiene que cambiar. La definición de sexy es lo que nos envenenó a mi marido y a mí, y jamás funcionará para nosotros. Voy a tener que intentar practicar sexo sin ayuda de falsificaciones comerciales de lo sexy. Tal vez sea posible no odiar el sexo simplemente porque odie la idea que el mundo tiene de sexy. Tal vez consiga encontrar lo que es sexy para mí.

Craig sigue de pie a mi lado, esperando a que hable. No hemos vuelto a tocarnos realmente desde hace año y medio, y nunca nos hemos tocado tal como somos ahora. Veo el miedo en su rostro y siento el mío. Me recuerdo que asustado y sagrado son hermanos.

—Está bien, yo también estoy asustada. Ven —digo con voz chillona.

—No puedo —dice él, señalando la toalla que lo cubre—. No llevo nada debajo.

—Lo sé —digo yo—. No pasa nada.

Se acerca despacio, deja caer la toalla y se mete en la cama conmigo. Lado a lado, nos abrazamos. Es un abrazo suave, no muy fuerte, como hemos ensayado. Me doy cuenta de que los dos estamos temblando. Siento que es sincero. Me pregunto si temblar es lo que yo entiendo por sexy. Miro más allá de Craig, hacia la ventana abierta. Los pájaros cantan. El sol brilla. No hay nada oscuro, aterrador, siniestro o sucio. Estamos fuera, a la luz del sol. Ruego en silencio que Dios aparezca. *Por favor, Dios, que sea diferente esta vez. Ayúdame. Si no lo es, me temo que será el fin. No solo para nosotros, sino para mí. Por favor, ven y ayúdanos con esto.* Inspiro profundamente varias veces. Aquí estoy. En mi cuerpo. He recordado.

Entonces nos besamos. Y se produce un milagro: dejo de preguntarme cosas. Mi cerebro cambia de modalidad. No sobrevuelo la acción. No soy Dios. Soy solo humana, así que puedo dejarme ir y estar presente y entregarme a esto, lo que quiera que sea. Aparezco. En cuerpo, mente y espíritu, todo mi ser, a la misma vez.

Me oigo decir cosas. No cosas falsas y estúpidas como las que he visto en las películas, como: «Oh, Dios mío» o: «Así, cariño», sino cosas de verdad, cosas que he aprendido a decir cuando ensayábamos los abrazos. Digo lo que siento por dentro.

—Despacio. Quédate ahí.

Hay un momento horroroso cuando Craig se separa de mí y cierra los ojos, y entiendo que comienza su desmembración. En cuanto desaparezca, yo también lo haré. Pienso: *Si te vas ahora, si cierras los ojos y te apartas, y me queda claro que tu mente está con las mujeres de los tacones de aguja y no conmigo, te juro que no volveremos a intentarlo. Te juro por Dios que como sienta que te vas, yo...* De repente, estoy sola otra vez. Sola con mi miedo mental. Soy dos personas: la parte exterior soy yo practicando sexo y la parte interior soy yo sola. Sé que tengo que contar lo que me ocurre si quiero mantenerme como una sola persona. No debo abandonarme. Así que digo:

—No, no lo hagas. Vuelve. Me estás asustando. Quédate aquí. Todo tú. Quédate.

Tiro de él hacia mí y él me sujeta con suavidad, pero muy cerca, y de repente vuelve. Lo sé. Los dos volvemos y ya no estamos solos, estamos juntos. No está con las mujeres de los tacones de aguja y su versión de lo que es sexy. Está aquí, conmigo y mi versión de lo que es sexy, que es: *Después de todo lo que ha pasado, vuelvo a intentarlo. Lo estoy intentando. Todavía estoy aquí. Entera.*

Y durante un momento se produce el encuentro entre dos cuerpos. Y durante un momento se produce el encuentro entre dos mentes. Y durante un momento se produce el encuentro entre dos almas, sin mentiras de por medio.

Aquí estoy. Aquí estás. Toda yo. Todo tú. Aquí. En el amor.

Después, nos quedamos en la cama tumbados, respirando juntos un rato. Miro a Craig y veo que está llorando. Ahí está. Todo él, en la superficie para que yo pueda verlo.

—Ha sido diferente —dice.

—Sí. Se parecía mucho al amor.

—

Amma recorre la cocina moviéndose provocativamente con una mano en la cadera y la otra detrás de la cabeza. Adopta poses sugerentes mientras canta a voz en cuello: «Soy sexy y lo sé. ¡Oh, yeah, oh, yeah!». Reconozco el estribillo de una canción que suena mucho. Me quedo mirándola y me pregunto: ¿Dónde habrá aprendido una niña de *kínder a ponerse las manos de esa forma y a mover así las caderas?* A un observador cualquiera se le perdonaría que pensara que pasamos las noches en familia en el club de estriptis del barrio. Amma deja de bailar lo justo para estudiar mi expresión interrogativa. Entonces dice orgullosamente:

—Beyoncé, mamá. He aprendido este baile viendo a Beyoncé.

Oigo la carcajada de Craig en la otra habitación. Estamos todos locos por Beyoncé.

Tish, la policía de la moralidad de la familia, entra en la habitación como un árbitro en el campo de fútbol agitando una tarjeta amarilla y grita:

—¡Inapropiado, Amma! ¡Sexy es inapropiado!

—¡No lo es! —le responde ella.

—¡Sí lo es! Sexy ES inapropiado, ¿verdad, mamá? —dice Tish.

Yo me quedo de una pieza. La discusión se parece mucho a la guerra civil que se lleva librando en mi mente desde hace dos décadas. ¿Sexy significa inapropiado? ¿Está mal? ¿El sexo está mal? No puede estar mal *en sí*, pero ¿cómo no va a *parecer* mal algo que se ha utilizado siempre de un modo muy retorcido para subyugar a las mujeres? Mis hijas me miran, esperando el veredicto. Darlo me parece que está muy por encima de mi cargo. El momento está lleno de significado, y mi respuesta podría determinar el tipo de mujeres que lleguen a ser estas niñas. *¿Cómo puede una mujer que tan confusa se ha sentido con respecto a su cuerpo y el sexo durante tanto tiempo guiar a sus hijas para que tengan una relación sana con el sexo? ¿Cómo podría ser yo la persona adecuada en momentos como estos? ¿Cuál es la respuesta correcta en esta situación?*

Miro los rostros expectantes y recuerdo que no hay una respuesta correcta. Solo historias que contar. Todos los días el mundo les contará a mis niñas su historia sobre lo que es ser sexy y lo que significa ser mujer. Mis hijas tienen que oír mi historia. No para que se convierta en la suya, sino para que entiendan que son libres de escribir sus propias historias. Tienen que saber que mucho de lo que el mundo les presenta no es verdad, es veneno. Y solo serán capaces de detectar las mentiras sabiendo qué aspecto tiene la verdad. Tomo aire profundamente y me obligo a relajarme. Esto es solo el comienzo de una larga conversación que durará toda la vida entre las tres sobre lo que significa ser mujer.

—¿Saben? Creo que sexy es algo bueno. Lo que ocurre es que la mayoría de la gente confunde lo que significa. ¿Quieren saber lo que significa de verdad?

Ellas afirman con la cabeza. Por sus ojos como platos sé que están pensando: *No me puedo creer que mamá siga diciendo la palabra.*

—Creo que sexy es una palabra de adultos para describir a una persona que está segura de sí misma, que sabe que es quien fue creada para ser. Una mujer sexy sabe quién es y le gusta su propio aspecto, su forma de pensar y su forma de sentir. No intenta cambiar para parecerse a nadie. Es amiga de sí misma, amable y paciente. Y sabe cómo utilizar las palabras para decirle a la gente en la que confía lo que piensa: sus miedos, su rabia, sus sueños, sus errores y sus necesidades. Cuando se enfada, lo expresa de una manera saludable. Igual que cuando está alegre. No esconde su verdadero yo, porque no se avergüenza. Sabe que solo es humana, tal como Dios la hizo, y esto le basta. Es lo bastante valiente como para ser sincera y lo bastante amable como para aceptar a los demás cuando son sinceros. Cuando dos personas son lo bastante sexis como para ser valientes y amables con el otro, hablamos de amor. Sexy es más un sentimiento que un aspecto físico. Lo verdaderamente sexy es dejar que tu verdadero yo salga de su escondite y encuentre el amor en aquellos sitios que considere seguros. Eso es bueno, muy bueno, porque todos queremos y necesitamos amor por encima de todo lo demás.

»La falsificación de lo sexy es otra cosa. Significa esconderse. Ser sexy de verdad es quitarse el disfraz y ser uno mismo. La falsificación es ponerse otro disfraz. Mucha gente vende disfraces que son una falsificación de lo sexy. Las empresas saben que la gente desea ser sexy porque lo que quieren es amor. Saben que el amor no se puede vender, así que se reúnen en grandes salas y dicen: "¿Cómo convencer a la gente para que compre nuestros productos? ¡Ya lo tengo! ¡Les prometeremos que se sentirán sexis con ellos!". Y se inventan el significado de sexy para poder venderlo. Esos anuncios que ven son las historias que han escrito para convencernos de que ser sexy es tener tal coche o llevar tal máscara de pestañas o laca de pelo o seguir tal dieta. Nos sentimos mal porque no tenemos lo que tienen o nuestro aspecto no es como el suyo. Eso es lo que quieren. Quieren que nos sintamos mal, para que compremos más cosas. Casi siempre funciona. Compramos sus productos y nos lo ponemos, lo conducimos o movemos las caderas como nos dicen, pero eso no es amor porque lo sexy no está en ninguna de esas cosas. Las personas se ocultan aún más debajo de la falsificación de lo sexy y precisamente lo que no puedes hacer si quieres que te quieran es esconderte. No se puede comprar lo que te hace ser sexy, tienes que convertirte en una persona sexy a lo largo de toda una vida de aprendizaje a amarte tal como Dios te hizo y aprender a amar a las otras personas tal como Dios las hizo.

Mis hijas escuchan en silencio. Observo sus rostros mientras ellas observan el mío. Amma ladea la cabeza y dice:

—Oh. Yo pensé que sexy significaba bonita.

—Ummm, no. Ser bonita es otra cosa que se puede vender. Qué o quién es bonito se decide en esas salas de reuniones que les mencioné antes. Es una idea que cambia constantemente. Entonces, si lo que quieres es ser bonita, tendrás que cambiar constantemente, y llegará un momento en que no sabrás quién eres.

»Lo que yo quiero ser, niñas, es hermosa. Hermoso significa "lleno de belleza". No se refiere al aspecto exterior; se refiere a aquello de lo que estás hecho. Las personas hermosas dedican su tiempo a descubrir cuál es su idea de la belleza. Se conocen lo bastante bien como para saber qué es lo que aman, y se aman a sí mismas lo suficiente como para llenarse con un poco de su belleza particular cada día.

—¡Como cuando bailo! —dice Amma, girando y haciendo cabriolas a mi alrededor.

—Sí. Como cuando bailas. Muchas de las cosas que me ven hacer todos los días las hago para alcanzar esa belleza. Por eso reservo tiempo para estar con amigas. Por eso leo y contemplo obras de arte y siempre tengo música que me gusta en casa. Por eso enciendo velas en todas las habitaciones. Por eso las miro cuando trepan por las higueras de Bengala del jardín. Por eso juego con los perros en el suelo de la casa y siempre les olfateo la cabeza a ustedes, pues me encanta el olor de su pelo. Por eso las arrastro a ver el atardecer todas las semanas. Para llenarme de belleza porque quiero ser hermosa. Ustedes, niñas, lo son para mí. Cuando sonríen, es palpable la sensación de llenarme de belleza.

Las niñas se miran, ríen y sonríen de oreja a oreja.

—Las dos conocerán a muchas personas bonitas que aún no han aprendido lo que significa ser hermosas. Tendrán el aspecto adecuado según la moda del día, pero no el resplandor. Las mujeres hermosas resplandecen. Cuando están con una mujer hermosa, tal vez no se fijarán en su pelo o su piel o su cuerpo o su ropa, porque les distraerá la forma en que las hace sentir. Estará tan llena de belleza que sentirán que parte de esa belleza les llega a ustedes. Tendrán una sensación de calidez, seguridad y curiosidad cuando están con ella. Sus ojos centellearán un poco y les mirará muy de cerca, porque las mujeres hermosas y sabias saben que la manera más rápida de llenarse de belleza es apreciar de lleno a otro ser humano. Otras personas son pura belleza. Las mujeres más hermosas toman su tiempo con otros. Se están llenando de belleza.

»Aquellas mujeres a las que les preocupa ser bonitas piensan en su aspecto, pero aquellas a las que les preocupa ser hermosas piensan en lo que tienen ante sí. Absorben lo que ven. Absorben la belleza del mundo y hacen suya esa belleza para dársela a otras personas. ¿Entienden lo que les digo?

—Creo que sí —dice Tish—. Es como cuando te despiertas, mami. Tienes muy mal aspecto. Tienes el pelo enredado y una cara rara. Pero, cuando me ves, te brillan los ojos. ¿Te pasa porque crees que yo soy belleza?

—Sí, cielo. Me lleno de ti. Porque quiero ser hermosa.

Las niñas asienten y fingen entender cada una de mis palabras. En ese momento, Chase las llama y Amma pellizca a Tish y las dos se van corriendo. Yo me quedo junto a la encimera, escuchando el eco de lo que acabo de decir a mis hijas. Me planteo la posibilidad de que a lo largo de mi vida estuve en lo cierto respecto a algunas cosas y con otras me equivoqué. Estaba en lo cierto sobre el hecho de querer ser hermosa y sexy. Me equivoqué al aceptar la idea de otras personas sobre lo que significaban esas palabras. Me doy cuenta de que tengo que deshacerme del diccionario que el mundo me proporcionó sobre lo que significa ser madre, esposa, persona de fe, artista y mujer y debo escribir uno propio. Al final, he desaprendido lo suficiente. He revertido la conversión y estoy lista para volver a empezar.

Me sirvo una taza de té y aguardo en la cocina en silencio. Me miro las manos que rodean la taza y mi estómago rozando la encimera. Le digo a mi cuerpo: *Lo siento. Esta soy yo, reparando los daños. Voy a amarte ahora porque eres el contenedor a través del cual el mundo brinda belleza y amor y sabiduría a mi alma. Mis ojos absorben la belleza del Golfo, mis pulmones absorben la libertad del aire, mi boca y mi estómago aceptan la vida de parte de la comida y la bebida, mis brazos reciben el amor de mis hijos y mis pechos, mis piernas y mis manos aceptan y devuelven el amor de mi esposo. Eres el barco que lleva el amor desde la orilla de otro ser hasta mi orilla. Antes era una isla. No sabía cómo salir de mí misma ni tampoco cómo dejar que otros entraran. Gracias. Gracias por aceptar todo este amor y toda esta belleza en nombre de mi alma. Gracias por ser tan paciente conmigo.*

De repente me doy cuenta de que quiero más belleza, más amor, como si la gratitud aumentara el tamaño del recipiente de inmediato, creando espacio para aceptar más. Salgo de la cocina y voy a mi habitación. Miro hacia la cama y noto una sensación de calidez. Le pregunto a mi cuerpo qué necesita para sentirse seguro y amado. Pienso en mis sentidos y enciendo unas varas de incienso. El olor me recuerda cosas sagradas, y el sexo, definitivamente, es sagrado. Abro las ventanas para que el trino de los pájaros me recuerde que lo que está a punto de suceder fue creado por Dios y bendecido por Dios y que integrar la vergüenza en ello es una mentira.

Voy al cuarto de baño y me quito el maquillaje. Me miro en el espejo y me fijo en las canas no teñidas que recorren mi cabello corto. Siento que ese cabello gris y la cara lavada me hacen parecer más joven. Fresca. Vulnerable e insegura. La mujer del espejo no me resulta familiar, pero está claro que no está actuando. Me gusta. Retrocedo y me miro el cuerpo entero. Miro las estrías producidas por los embarazos y los pechos caídos por haber amamantado. Las marcas del Guerrero. No hay aquí nada más que lo que la naturaleza me ha dado. Esta soy yo. Desnuda, sin vergüenza, reducida a lo esencial. Solo yo. Eso es lo único que le ofreceré a la gente. Gracias, Dios, porque eso es lo que Craig necesita, solo a mí.

Me tumbo en la cama e invito a Craig. Él se acuesta a mi lado lenta y cuidadosamente, en actitud reverencial. Y da comienzo la danza de la rendición. Dejo que mi cuerpo responda al de Craig instintivamente —mi cuerpo y mi alma y mi mente se mueven sincronizadamente— como un banco de peces que gira como por arte de magia en dirección a la corriente, todas a una y sin haberlo decidido previamente. Simplemente saben lo que tienen que hacer. Tienen fe. Y aquí estoy, presente con Craig. Cuerpo, mente y alma, todos presentes. Aquí y ahora, en la superficie. Toda yo, enamorada.

Epílogo

❧

CRAIG Y YO estamos en la playa, frente al Golfo de México. El sol se está poniendo, bandas moradas y naranjas cubren el cielo y toda la gama de azules está presente en el agua. Llevo unos vaqueros recortados, camiseta de tirantes y el pelo recogido en una cola de caballo. Craig lleva camiseta y bermudas. Los dos estamos descalzos y la arena más superficial se nota caliente mientras que por debajo está fría. Enterramos los pies y nos volvemos a mirarnos, tomados de las manos. Nos miramos a los ojos y sonreímos. No hay nadie más. Ni ministro, ni padres, ni hijos. No es un espectáculo. Estamos solamente los dos. Intercambiamos nuestros votos nuevos.

—Aquí estoy, Craig —le digo.

Él sonríe y dice:

—Aquí estoy, Glennon.

Nos besamos y aquí estamos.

Aquí estamos y esto es lo que prometemos ser: nuestro verdadero yo, en la superficie. Estar juntos es lo que Craig y yo hemos elegido hoy. Mañana, si la sabiduría nos lleva en otra dirección, no quedaremos destruidos. Sabemos que la vida ofrece numerosos caminos. Cada uno con su propia belleza y dolor. Cada camino es amor y al final de cada uno está la redención.

No sé si estaremos casados toda la vida o nos amaremos a la distancia, pero ahora conozco el camino del Guerrero del Amor: no me traicionaré. Confiaré en la sabiduría de la calmada vocecilla. No dejaré que el miedo la silencie. Confiaré en ella y confiaré en mí misma.

Amor, Dolor, Vida: no tengo miedo. Nací para hacer esto.

Agradecimientos

A CRAIG, por convertirte en tu propio héroe, así que Aquí Estamos.

A mi hermana AMANDA, por volver por mí, por llevarme, por seguirme, por guiarme y por ser mi compañera desde el día que naciste.

A AMY, por tu corazón de Guerrera, por tu incansable devoción por los olvidados, por ser nuestra tercera hermana.

A mi MADRE, por enseñarme que el amor quiere decir aparecer presente vez tras vez tras vez, sin cesar, para nuestra gente. Me convertí en alguien como tú después de todo, gracias a Dios.

A mi PADRE, por enseñarme que corre sangre de Guerrero por mis venas. Tenías razón: no pasa nada.

A CHASE, por traerme a este mundo, por ser la persona más sabia que conozco, por perdonarnos, por seguir creyendo en nosotros.

A TISH, por enseñarme mi propia belleza mostrándome la tuya, por tu elegancia, tu valentía y tu asombrosa sinceridad, y por tu dulzura, que es mi forma favorita de mostrar la valentía.

A AMMA, por querernos a todos con tanta libertad y fiereza,

por decirme siempre: «Yo también te quiero, mamá», por el olor de tu pelo y tu cuello: lo más reconfortante que conozco.

A JOHN y a JEFFREY, por la sincera sociedad que permite a la hermana Amy ser fiel a sus llamadas.

A BOBBY y a ALICE, por hacernos tan felices.

A JOSH, DREW y NATHAN, por animar a su mamá, Amy, a participar en una historia capaz de cambiar el mundo, por ser y por creer.

A la TÍA PEGGY, por ser nuestra roca y nuestro piloto.

Al TÍO KEITH, ahora ya sabrás en qué página tienes que firmar.

◆

A ALLISON, por tu mente despierta, por aprovechar la oportunidad, por ser la mejor.

A LIZ B., por tu incansable devoción y tu corazón sin fondo.

A KATHERINE, NICOL, MEGHAN, ERIN, NATALIE, KAREN, TAMARA, CHRISTINE y ASHLEY, por las incontables horas de trabajo de amor que han cambiado el mundo.

A AMY P., por querer a través de esa lente.

A WHIT, por ser incansable, por tu brillantez y devoción, y por creer en mí primero. Por todos esos correos electrónicos a primera hora de la mañana: ¡Lo vas a conseguir, G! ¡Eso es! ¡Sigue así! Mi gratitud no tiene fin. Estamos hechos el uno para el otro.

A FLATIRON —Bob, Liz, Marlena, Molly, Karen y Emily— por cambiar el mundo editorial con su valentía e innovación y dedicación. No se me ocurre nadie mejor para confiarle mi historia.

A MARGARET, por acogerme y llevarme a todas partes. Acabamos de empezar.

A KATHLEEN, por tratar a nuestra gente como si fuera su propia familia. Por haberse hecho familia para nosotros.

A Jennifer, por tu visión y tu fuego.

A Joanna, por honrar tu don, utilizándolo incluso cuando nadie mira. Por ser lo bastante valiente como para decir que sí. Por ser la única artista que podría haber dado vida a nuestro Guerrero del amor.

—

A Sarah, por prometerme que esto era lo bastante guapo.

A la hermana Liz, por amar y ser una hermana para ambos lados de mí: Tempestad y Gentileza.

A Rob, por una llamada de teléfono que no olvidaré nunca.

A Brené y a Cheryl, por traer la luz.

A Brian y a Rachel, por mantener la fe y liderar con valentía y ternura.

A Ann, Niki y Parnassus, por guardarme un rincón confortable.

A Nancy, por un corazón tan grande que se convirtió en un segundo hogar para nuestra familia.

A la niña de Dios, por ser la Guerrera del amor del mundo.

—

A los lectores de Momastery, por hacer esta vida brutal y hermosa conmigo.

A todos los Guerreros del amor que se han levantado gracias a Together Rising: no paremos. Hagamos que el Amor Gane o muramos en el intento.